Martin Walser: *International Perspectives*

American University Studies

Series I
Germanic Languages and Literature

Vol. 64

PETER LANG
New York · Bern · Frankfurt am Main · Paris

Martin Walser

International Perspectives

edited by

Jürgen E. Schlunk
and
Armand E. Singer

PETER LANG
New York · Bern · Frankfurt am Main · Paris

Library of Congress Cataloging-in-Publication Data

Martin Walser : international perspectives / edited by Jürgen E. Schlunk and Armand E. Singer.
  p. cm. — (American university studies. Series I, Germanic languages and literature ; vol. 64)
  English and German.
  Papers presented at the International Martin Walser Symposium, sponsored by and held at the West Virginia University. Morgantown Campus, Apr. 11–13, 1985.
  ISBN 0-8204-0608-2
  1. Walser, Martin, 1927–   —Criticism and interpretation— Congresses.   I. Schlunk, Jürgen E.   II. Singer, Armand E. (Armand Edwards)   III. West Virginia University.
  IV. International Martin Walser Symposium (1985 : West Virginia University)   V. Series: American university studies.   Series I, Germanic languages and literature   ; vol. 64.
  PT2685.A48Z784   1987
  838'.91409—dc19
  ISSN 0721-1392

CIP-Kurztitelaufnahme der Deutschen Bibliothek

Martin Walser : internat. perspectives / ed. by Jürgen E. Schlunk and Armand E. Singer. – New York; Bern; Frankfurt am Main; Paris: Lang, 1987.
  (American University Studies: Ser. 1, Germanic Languages and Literature; Vol. 64)
  ISBN 0-8204-0608-2

NE: Schlunk, Jürgen E. [Hrsg.] ; American University Studies / 01

From *Anniversaries* by Uwe Johnson, copyright © 1970, 1971 by Suhrkamp Verlag; English translation copyright © 1974, 1975 by Uwe Johnson. Reprinted by permission of Harcourt Brace Jovanovich, Inc.

From *The Deception* by Nicolas Born; English translation © 1985 by Leila Vennewitz. By permission of Little, Brown and Company.

Photograph of Martin Walser by Herlinde Koelbl.

Typeset prepared by West Virginia University's Printing Services, Morgantown.

© Peter Lang Publishing, Inc., New York 1987

All rights reserved.
Reprint or reproduction, even partially, in all forms such as microfilm, xerography, microfiche, microcard, offset strictly prohibited.

Printed by Weihert-Druck GmbH, Darmstadt, West Germany

Contents

vii Acknowledgments

ix Preface

xi Abbreviations

xiii Introduction
 Jürgen E. Schlunk

1 Martin Walsers Tendenz
 Peter Hamm

15 "Ich bin sehr klein geworden."
 Versuch über Walsers 'Entblößungsverbergungssprache'
 Thomas Beckermann

29 Podiumsdiskussion als politisches Paradigma
 Das Einhorn und Milan Kunderas *Das Leben ist anderswo*
 Thomas Rothschild

37 The Role of Film in *Die Gallistl'sche Krankheit*
 Robert Acker

47 A Subjective Confrontation with the German Past in
 Ein fliehendes Pferd
 Jonathan P. Clark

59 Fantasies of Individualism: Work Reality in *Seelenarbeit*
 Donna L. Hoffmeister

71 Der Kapitalist als Gegentyp
 Stadien der Wirtschaftswunderkritik in Walsers Romanen
 Joachim J. Scholz

81 Die Anwesenheit der Macht
 Horns Strategie im *Brief an Lord Liszt*
 Heike A. Doane

- 103 Walser und die Möglichkeiten moderner Erzählliteratur
  Beobachtungen zum *Brief an Lord Liszt*
    Bernd Fischer
- 111 The Art of the Other
    Leila Vennewitz
- 127 My Walser, or the Author as Friend
    Siegfried Unseld
- 137 Between Utopia and Resignation: *Das Sauspiel*
    Steven D. Martinson
- 145 Cultural History on Stage: *In Goethes Hand*
    Gerald A. Fetz
- 157 Der Schriftsteller und die Tradition
  Walser, Goethe und die Klassik
    Wolfgang Wittkowski
- 171 Der Schriftsteller als Literaturkritiker
  Ein Porträt Martin Walsers
    Thomas Nolden
- 185 "Wer wird nicht einen Walser loben..."
  Zur Rezeption Walsers in der Sowjetunion
    Henry Glade & Peter Bukowski
- 195 Über den Umgang mit Literatur
    Martin Walser
- 215 Contributors

Acknowledgments

Three of the contributions in this volume have previously been published:

Peter Hamm's eulogy "Walsers Tendenz" appeared both in *Frankfurter Rundschau* (October of 1981) and in the 1981 *Jahrbuch der Deutschen Akademie für Sprache und Dichtung*. The essay appears here in an updated version.

The paper by Henry Glade and Peter Bukowski, "'Wer wird nicht einen Walser loben...': Zur Rezeption Walsers in der Sowjetunion," was first published 1985 in: *Germano-Slavica: A Canadian Journal of Germanic and Slavic Comparative Studies*.

Steven D. Martinson's presentation "Between Utopia and Resignation: *Das Sauspiel*" constitutes a subchapter in his book *Between Luther und Münzer: The Peasant Revolt in German Drama and Thought* which appeared as vol. 24 of the *Frankfurter Beiträge zur Germanistik* (Heidelberg: Carl Winter, 1987).

We gratefully acknowledge permission to reprint passages from Leila Vennewitz's translations of the following works: Nicolas Born's *Die Fälschung* (*The Deception*, Boston: Little, Brown & Co., 1983); Uwe Johnson's *Jahrestage* (*Anniversaries*, New York: Harcourt Brace Jovanovich, 1975); Heinrich Böll's *Das Brot der frühen Jahre* (*The Bread of Those Early Years*, New York: McGraw-Hill Book Co., 1976) and *Gruppenbild mit Dame* (*Group Portrait with Lady*, New York: McGraw-Hill Book Co., 1973); and Martin Walser's *Seelenarbeit* (*The Inner Man*, New York: Holt, Rinehart & Winston, 1984).

Suhrkamp Verlag kindly granted permission to use the photograph and to reprint passages from Martin Walser's essay "Über den Leser — soviel man in einem Festzelt darüber sagen soll."

Martin Walser

Preface

On April 11-13, 1985, the *International Martin Walser Symposium* was held at the West Virginia University campus in Morgantown. The Symposium was sponsored by the WVU Department of Foreign Languages, with financial assistance from the WVU Vice President for Academic Affairs and Research, and the Goethe House New York.

This volume contains all special addresses as well as selected papers submitted for the Symposium. As it is a bilingual edition, the form of documentation adheres to the usage within the individual language. References to Walser's works and selected titles of secondary literature have been incorporated into the text whenever possible. Unless otherwise noted, pagination refers to first editions. Abbreviations used are listed on pages xi and xii. Whenever documentation was missing, as for example in some of the keynote addresses, the editors supplied it. Though both editors share in the responsibility for this volume, Jürgen E. Schlunk, assisted by Helmut G. Hermann, edited the German manuscripts while the English ones were edited by Armand E. Singer.

The editors

Abbreviations

I. Works by Martin Walser

B	*Brandung.* 1985.
BL	*Brief an Lord Liszt.* 1982.
BF	*Beschreibung einer Form* (München: Hanser, 1961).
E	*Das Einhorn.* 1966. Also quoted as *KT II.*
EL	*Erfahrungen und Leseerfahrungen.* 1965.
EP	*Ehen in Philippsburg.* 1957.
F	*Fiction.* 1970.
FP	*Ein fliehendes Pferd.* 1978.
GF	*Der Grund zur Freude. 99 Sprüche zur Erbauung des Bewußtseins* (Düsseldorf: Eremiten-Presse, 1978).
GG	*Gesammelte Geschichten.* 1983.
GH	*In Goethes Hand. Szenen aus dem 19. Jahrhundert.* 1982.
GK	*Die Gallistl'sche Krankheit.* 1972.
GR	*Geständnis auf Raten.* 1986.
H	*Halbzeit.* 1960. Also quoted as *KT I.*
HE	*Heimatkunde. Aufsätze und Reden.* 1968.
JL	*Jenseits der Liebe.* 1976.
KT I-III	*Die Anselm Kristlein Trilogie (Halbzeit, Das Einhorn, Der Sturz).* 1981.
LI	*Liebeserklärungen.* 1983.
MG	*Meßmers Gedanken.* 1985.
S	*Das Sauspiel. Szenen aus dem 16. Jahrhundert.* 1975.
SE	*Seelenarbeit.* 1979.
SM	*Das Sauspiel. Szenen aus dem 16. Jahrhundert. Mit Materialien,* edited by Werner Brändle. 1978.
SH	*Das Schwanenhaus.* 1980.

SI   Selbstbewußtsein und Ironie. Frankfurter Vorlesungen. 1981.
ST   Der Sturz. 1973. Also quoted as KT III.
WL   Wie und wovon handelt Literatur. Aufsätze und Reden. 1973.
WS   Wer ist ein Schriftsteller? Aufsätze und Reden. 1979.

II. Works about Martin Walser:

Beck.   Beckermann, Thomas, ed. Über Martin Walser. 1970.
Sibl.   Siblewski, Klaus, ed. Martin Walser. 1981.
Waine   Waine, Anthony. Martin Walser (München: C. H. Beck, 1980).

N.B.: Unless otherwise noted, all published in Frankfurt/M. by Suhrkamp.

III. Periodical Acronyms:

CG   Colloquia Germanica
GL&L   German Life and Letters
GQ   German Quarterly

Introduction

Jürgen E. Schlunk

MARTIN WALSER'S PROMINENCE among contemporary German authors and as a public figure is undisputed. Born in 1927 at Lake Constance, he belongs to a generation greatly affected by the war, but he focused his attention on the present rather than—like, for example, Heinrich Böll—showing a preoccupation with the past. In his early years as a successful radio reporter, Walser witnessed the rapid rebuilding of Germany and became personally involved in the societal restructuring process without losing his critical perspective. Earning his degree in literature from the University of Tübingen, he found his literary model in Franz Kafka, whose vision and style can be traced in his first major publication, the stories of *Ein Flugzeug über dem Haus* (1955). From there he rapidly climbed the steps to literary prominence, developing his own brand of realism while, at the same time, taking a public stand on major political, social, and cultural issues. As he is a tireless worker, the publication of his stories, novels, and plays followed with astounding regularity. Today he is—as his publisher confirms in this volume—independent of fluctuations in the German book market. Whether or not this is an asset to an author, Walser's name is widely recognized throughout Germany.

What accounts for his fame? Though it is impossible to do him justice by describing in a few sentences the characters, configurations, and conflicts of his diverse prose works and plays, it is a necessary step in establishing the significance of his themes. Walser the novelist unfolds in ever changing detail the intricate inner worlds of mostly average male protagonists who usually cannot cope with their competitive environment and whose employment-related frustrations dominate their thinking and spill over into their family lives. Although the conflicts these protagonists experience are obviously invented, they are always real: we sense that they are extensions and amplifications of Walser's own conflicts. The ultimate source of Walser's fiction is his own experience and each of his protagonists represents a different strategy for responding to those conflicts. Yet, revealing as Walser's literary self-scrutiny is, he nevertheless conceals his inner life in the very process of fictionalizing his experiences.

Walser's attitude toward his protagonists is mostly sympathetic, though often ironic. Preferring either first- or third-person narrative, he avoids the detached bird's-eye perspective of an omniscient author; most often he hides behind the limited subjectivity of his protagonists, which is one of the reasons the world Walser describes takes on a frighteningly familiar complexity for the reader. Walser neither tries to simplify this complexity by propagating an abstract ideology nor does he even attempt to prescribe solutions. He is primarily interested in locating and describing the actual conditions underlying the social and economical inequities which have damaged his protagonists' egos and soured their private relationships with those to whom they are closest. Walser's legitimacy as a writer largely derives from his solidarity with the battered egos of his protagonists and their fragile position in life. He is personally affected by the discrepancy between what their life is and what it could be, and through his fiction he responds to this discrepancy. Walser considers it his and any serious writer's obligation to reveal the distance between the promise a society holds for everyone and its everyday reality. However, seriously as he takes the writer's function as a critic of society, Walser's unique gift for language, his ironic style, and his sense of humor make even his most somber works eminently readable.

With some modifications, the same could be said for Walser the dramatist. Before he started writing plays in 1961, there had not been a true contemporary German drama. This may account for the speed with which he established himself as a dramatist—though it did not spare him from mixed reviews by the critics. Walser was one of the first German dramatists to turn to current social and political issues, and in his dramatic theory he incorporated and developed further some of Brecht's concepts. Walser's trilogy (*Eiche und Angora,* 1962; *Überlebensgroß Herr Krott,* 1964; *Der Schwarze Schwan,* 1964) was a critical comment on Germans' attitudes toward their national past and their growing preoccupation with materialism. He also wrote plays in which he employed character constellations and themes reminiscent of his novels, most notably *Die Zimmerschlacht* (1967). But limiting the number of characters and focusing on a private marriage relationship, however much he had used this method to his advantage in the novels, may have left too little room for dramatic innovation. The succeeding plays therefore represent a combination of the major impulses of his dramatic work: sensitivity toward all forms of oppression, active concern with contemporary social and political conditions, and a strong interest in German history. These are the key motivations recognizable in the historical play *Das Sauspiel* (1975), with its scenes about the time of the peasant revolts in the sixteenth century, and *In Goethes Hand* (1982), a critical account of the Goethe-Eckermann relationship.

For Walser, history is only valuable to the extent that it provides insights into our present situation. Consequently, he does not pretend to give an objective account of past historical events; instead, he confronts the past with a contemporary perspective. Such dialectical confrontation provokes a different understanding of both the past and the present. Though their specific historical context may restrict their reception, the historical plays are actually Walser's unique contribution to German drama.

These brief remarks necessarily fail to reflect the diversity of Walser's works. One must acknowledge as well his prominence as an astute commentator on social, political, and cultural issues who has written countless essays and speeches, many of which have been collected in separate volumes (from *Erfahrungen und Leseerfahrungen* in 1965 to *Wer ist ein Schriftsteller?* in 1979). These volumes are of utmost importance because they inform the reader of the theoretical underpinnings of his writing and greatly enhance the reader's appreciation. On a more personal level the essays reflect Walser's ongoing effort to remain open to change and to be permanently involved in the process of transforming himself.

Another aspect of his work is Walser's competence as a literary analyst as evidenced in his essay collection *Liebeserklärungen* (1983). These essays represent an important introduction to Walser because by interpreting authors like Proust, Hölderlin, Kafka, Swift, Robert Walser, Schiller, Heine, Brecht, Büchner, or Goethe, he not only illuminates their works but also his own thematic priorities and writing techniques.

Walser's significance lies both in the range and importance of his themes and in his writing strategies. A reader aware of the contradictions of life in modern society and the frustrations of trying to make sense of his experiences will find it difficult not to be interested in Walser's themes. His brilliant use of language is likely to capture the imagination of most readers. And finally, there is Walser's realism, which tends to involve the reader in the protagonists' conflicts and to make him question his perceptions about himself.

All of which would suggest that the impact of Walser's books is not necessarily restricted by national boundaries and that his novels and plays enjoy at least a moderate degree of popularity in the United States as well. Indeed, Walser himself feels a special relationship to the United States, as reflected in his many extended visits to American university campuses, which found such memorable expression in his 1985 novel *Brandung*. However, in establishing an American audience for himself, Walser faces a difficulty with which most writers of a foreign language must cope. Edmund Fawcett and Tony Thomas put it well in their *American Condition*: ". . . in neither the United States nor Britain are many people willing to read books that appeared originally in a foreign language. In both countries the works of even the best-selling contemporary authors of Continental Europe and Latin America remain, with few exceptions, almost unknown" (New York: Harper & Row, 1982: 332). Exceptions among German writers are Günter Grass and the late Heinrich Böll, but even their audience is relatively small compared to the size of the American reading public.

The limited Walser reception in the United States is particularly regrettable in view of his popularity in Germany. John Simon, reviewing the English-language translation of *Seelenarbeit* in the *New York Times Book Review* of February 24, 1985, pointed out this discrepancy by introducing Walser as "the one major German-language author least known in America."

In considering possible reasons for Walser's limited U.S. reception, one notices a relative lack of translations into English. Up until 1980 when Leila Vennewitz's excellent translations started to be published by Holt, Rinehart & Winston, only two of his novels (*Marriage in Philippsburg* and *The Unicorn*), three plays (*The Rabbit Race*; *The Detour*; *Home Front*), and one short story ("After Siegfried's Death") had been readily available in English. Even today American readers must resort to the German originals if they want to read important Walser novels, such as *Halbzeit*, many of his plays, or the essays, which add so much to understanding him. A more complete translation record is therefore an urgently needed prerequisite for a broader reception of Walser's writings in the United States.

What might be equally important is the ongoing process of cultural mediation through interpretation and critical analysis. Furthering this process was one of the express goals of the *International Martin Walser Symposium* at West Virginia University. The ties between the sponsoring department and Martin Walser go back to the fall of 1976 when Walser spent a semester at WVU as a writer in residence, conducting a graduate seminar on German literature and irony.

In addition to Martin Walser himself, specially invited speakers attending the Symposium were his publisher, Siegfried Unseld, his translator, Leila Vennewitz, literary critic Peter Hamm, and Thomas Beckermann, editor of *Neue Rundschau*. In addition, eighteen scholars from Germany and the United States delivered papers about Walser's novels, plays, and selected aspects of his literary work. The majority of presentations at the Symposium are contained in this volume. The addresses of our guests of honor mark the beginning (Peter Hamm, Thomas Beckermann), the center (Leila Vennewitz, Siegfried Unseld), and the conclusion (Martin Walser) of the volume, providing a framework for the book's two major sections. The papers in the first section chronologically deal with Walser's novels while those of the remaining section discuss his plays and selected aspects of his work.

The special addresses differ widely in their approach and perspective, ranging from official eulogy (Hamm) and comprehensive interpretation (Beckermann) to a publisher's personal behind-the-scene view (Unseld). Leila Vennewitz's unique insights into the craft, or rather the art, of translation seem particularly appropriate for a volume which with its bilingual format is itself an example of cultural mediation. As suitable as both Peter Hamm's and Thomas Beckermann's presentations are for the beginning of this volume and as fittingly as Siegfried Unseld's and Leila Vennewitz's addresses occupy the middle, just as naturally do Martin Walser's extemporaneous speech, "Über den Umgang mit Literatur," and the transcription of the following question-and-answer session with the conference participants conclude it.

A similar diversity of interpretive methods and views will be noticed in the two sections of scholarly contributions. This diversity bears witness to Walser's statement in his concluding speech that every reader responds differently to his books since he brings his own singular personality into the process of interpretation. Thomas Rothschild takes a close look at two revealingly similar passages, one from *Das Einhorn* and the second from a novel by Walser's Czech contemporary Milan Kundera; Robert Acker points out structural devices in *Die Gallistl'sche Krankheit* which demonstrate the proximity between Walser's narrative style and film; Jonathan Clark considers Helmut Halm's dread of the past as a reflection of the larger societal dilemma; and Donna Hoffmeister presents a sociological analysis of Xaver Zürn's working conditions in *Seelenarbeit*. Whereas these papers focus on one novel each, Joachim Scholz investigates various stages of Walser's criticism of Germany's economic miracle in the novels from *Ehen in Philippsburg* to *Brief an Lord Liszt*. Two presentations concerning the latter work conclude the section on Walser's novels, and the difference between Heike Doane's and Bernd Fischer's approach may explain why both were included here.

Walser's latest history plays, *Das Sauspiel* and *In Goethes Hand*, are discussed by Steven Martinson and Gerald Fetz. Readers interested in opposing views might like to read Gerald Fetz's paper in conjunction with the following one by Wolfgang Wittkowski, who passionately criticizes Martin Walser's role in publicly debunking Germany's classical writers. Though arguments by the guardians of our literary tradition and those questioning them have been familiar since the late sixties, Walser's still evolving position on the classics—best exemplified in his ambivalence toward Goethe—is most fascinating to observe. However, since according to Walser openness to change constitutes one of a writer's most essential prerequisites (*WS* 42), his evolving attitude toward the classics does not detract from his integrity, a fact even Wolfgang Wittkowski would not dispute. The next contribution is Thomas Nolden's detailed portrayal of Walser qua literary critic. Not inappropriately, the academic portion of a Walser volume published in the United States concludes with Henry Glade's and Peter Bukowski's study of the reception of Walser's works in the Soviet Union, which reveals a dearth of Walser translations in the USSR comparable to that noted for the United States earlier in this introduction.

Many individuals helped make this volume possible and their assistance is deeply appreciated. In addition to expressing my gratitude to all contributors of this book, I wish to thank Robert J. Elkins, chairman of the WVU Department of Foreign Languages, who conceived the idea for the Symposium, supported its organization, and provided the major portion of funding toward this publication. Armand E. Singer kept me posted about problems due to an unexpected change in leadership at the WVU Press while I was on a teaching exchange in Germany and provided some private funds toward this volume. Ralf Nicolai kindly agreed to evaluate the manuscript and Andreas Weihe proofread the German papers after they were retyped. Deborah Fast did credit to her name by utilizing telecommunication devices between my computer and her typesetting equipment in order to minimize further delays. The late director of the WVU Press, Robert Munn, and the staff of the WVU Office of Printing Services gave their valuable advice and cooperation. My final thanks, however, go to Martin Walser himself for his support in all matters relating to the Symposium, for his editorial help with the transcription of the concluding speech and discussion, and, not least of all, for both the challenge and reward that reading his books has provided.

Martin Walsers Tendenz[*]

Peter Hamm

NACH DEM SCHÖNEN Wort Simone Weils ist *der Abstand die Seele des Schönen*. Doch Abstandgewinnen ist, wie die Erfahrung lehrt, das Schwierigste überhaupt. Vor allem, wenn Abstand etwas sein soll, von dem aus das Gelände, wovon man ihn gewann, sich nicht etwa verflüchtigt, sondern gerade im Gegenteil sich desto deutlicher zeigt.

Walter Benjamin hat in seiner *Einbahnstraße* behauptet, Kritik sei »eine Sache des rechten Abstands«, der jedoch nicht mehr zu gewinnen sei, weil die Dinge inzwischen »viel zu brennend der menschlichen Gesellschaft auf den Leib gerückt« wären, so daß nur noch *Reklame* ihr adäquater Ausdruck sein könne. Obwohl der Literaturkritiker Benjamin selbst erfreulicherweise den Gegenbeweis zu seiner »Einbahnstraßen«-These lieferte, bleibt festzuhalten, daß ein Großteil derer, die sich heute als Literaturkritiker verstehen, Benjamins Sätze offenbar wortwörtlich genommen und tatsächlich nur noch Reklame im Sinn hat, sich nur noch als Bauchbinden-Lieferant für die Buchtitel der jeweiligen Saison versteht.

Reklame braucht für Martin Walser sicher nicht mehr gemacht zu werden, bleibt nur die Abstands-Rolle, die einzunehmen mir freilich fast unmöglich scheint, weil Martin Walsers Bücher mit den von Walter Benjamin beschworenen »Dingen« das gemeinsam haben, daß sie mir »viel zu brennend auf den Leib gerückt« sind, ihre Fragestellungen und ihre Tendenz.

[*]Dieser Vortrag ist eine erweiterte Fassung von Peter Hamms Laudatio anläßlich der Verleihung des Georg-Büchner-Preises an Martin Walser. Unter dem Titel »Walsers Tendenz« erschien sie am 31. Oktober 1981 in der *Frankfurter Rundschau* und außerdem im *Jahrbuch* 1981 der Deutschen Akademie für Sprache und Dichtung.

Martin Walsers Tendenz

»Martin Walsers Tendenz« habe ich dieses Referat überschrieben — und ich fürchte, »die Seele des Schönen« wird sich da nicht so leicht blicken lassen. Nur ein bescheidener Trost liegt für mich in der Tatsache, daß Martin Walser selbst diesen schönen Abstand auch ziemlich selten gefunden hat oder finden wollte, — weder für sich noch in seinen Romanfiguren, unter denen vielleicht nur eine einzige, die Magdalena aus dem Roman *Seelenarbeit*, selbst so etwas wie eine Verkörperung der »Seele des Schönen« darstellt, während den meisten anderen der Abstand zu sich selbst und zur Welt permanent verstellt wird durch die unschönen und ruinösen Bedingungen, die ihnen unsere Gesellschaft — sprich: der in ihr favorisierte Sozialdarwinismus — diktiert, weswegen sie alle mehr oder weniger Gefangene sind, Gefangene der Geschichte, unserer Geschichte, statt Souveräne des eigenen Ich und Souveräne innerhalb einer souveränen Gesellschaft.

Kommt erschwerend hinzu, daß die meisten dieser Gefangenen ihre Situation gar nicht durchschauen oder durchschauen wollen, vielleicht sogar bestreiten, daß es noch Herrschaft gibt und daß sie selbst Herrschaftsabhängige sind. Tatsächlich tritt ja Herrschaft nicht mehr ganz so plump wie noch vor 100 oder 150 Jahren auf; die Verhältnisse haben sich offensichtlich für fast alle von uns, zumindest in dem bevorzugten Westeuropa, zu dem die Bundesrepublik zählt, zum Besseren verändert, sind allerdings eben auch undurchschaubarer geworden.

Diese Undurchschaubarkeit kommt jenen gelegen, die behaupten, wir hätten jetzt das Ziel unserer Geschichte erreicht, obwohl eine solche Behauptung allenfalls belegt, daß sie selbst sich am Ziel, also an der Herrschaft, angelangt sehen. Wäre es anders, müßten sie nicht so gereizt bis gewalttätig auf jeden reagieren, der — wie Martin Walser — weiterarbeitet an dem, was er einmal als »das allergrößte Projekt, das Menschen unternehmen können«, beschrieben hat, nämlich »der Versuch, nachzuweisen, daß wir Geschichte haben können« (*WS* 11) —, auch weiterhin haben können. Wobei Geschichte für Martin Walser, wie für Hegel, nichts anderes als die Entwicklung des Begriffs Freiheit ist. Wenn irgend etwas an Walsers Erzählungen, Romanen, Theaterstücken, Essays, Reden, tagespolitischen Stellungnahmen und noch beim persönlichen Umgang mit ihm vor allem anderen auffällt, dann sind es die Leidenschaftlichkeit und die schier unerschöpflich wirkende Energie, mit denen er dieses allergrößte Projekt voranzubringen trachtet, eben die Geschichte, die er einmal einen »unterirdischen Himmel« nennt, der, »wenn er sich treu bleibt, subversiv« ist.[1]

Walsers Tendenz zu solcher Subversivität macht ihn nicht gerade allzu beliebt bei den höheren Herrschaften und ihren Medien-Verbündeten im Parterre, die sich von einem Schriftsteller nicht sagen lassen möchten, er könne nicht einsehen, daß sich 1789 nur *eine* Klasse — die bürgerliche — befreit haben soll, daß man Bürger aber keineswegs werden könne, indem man — wie Thomas Mann noch suggerierte — die Humanität hochhielte, sondern fast ausschließlich durch wirtschaftliche Leistung, die oft gerade das Gegenteil von Humanität verlange. Und auch dies wollen sie vom Schriftsteller zuallerletzt hören, daß eine Demokratie, in der der wichtigste gesellschaftliche Bereich — die Wirtschaft also — von der Demokratie ausgespart bleibt, nur eine des Scheins ist.

Doch die diesen Schein produzieren und von ihm profitieren, wollen ja gerade auch den Schriftsteller als Schein-Produzenten, als Verklärer oder Vernebler oder als Stimmungskanone; und selbst jene finstersten Entertainer der Sinnlosigkeit, die unentwegt das Dasein als nichts als ein schwarzes Loch ausmalen, in dem wir alle nur versinken dürfen, sind ihnen immer noch weit willkommener als jeder, der auch nur ein klein wenig Licht in dieses Loch bringen möchte; die »Negationsfraktion« erhält auf jeden Fall mehr Beifall als die Sinnfraktion. Am liebsten haben sie den Autor entweder als *Repräsentanten* — dann ist er bereits irgendwie bei ihnen oben angelangt — oder als *Märtyrer* — dann ist er so weit weg von ihnen wie überhaupt möglich. Auch der *Priester*, der in einer möglichst fremden Sprache den Segen erteilt, erfreut sich immer noch großer Beliebtheit. Alle drei — Repräsentant, Märtyrer und Priester — haben aber eines gemeinsam: sie wehren sich nicht mehr — weil sie es entweder nicht mehr nötig haben oder nicht mehr wollen und können. Martin Walser jedoch wehrt sich eigentlich ununterbrochen.

Daß er der Versuchung zu widerstehen vermochte, bei sich selbst auszuruhen und nur noch für erlesenen Ekel und feines Versinken zu sorgen, hat etwas mit seiner Herkunft, seinen frühesten Erfahrungen zu tun, deren Unzumutbarkeit ihn das in seiner Bodensee-Gegend besonders stark vorhandene Bedürfnis nach Heiligen nur zu gut verstehen ließ; — ihn aber verlangte, wenn schon nach Heiligen, dann nach »Bewegungsheiligen«. So nannte er einmal jene der von ihm favorisierten Schriftsteller und Philosophen, die auf eine Mangelerfahrung mit deren Bewirtschaftung, mit Widerspruch, statt mit Stillstand reagierten und die ein Verlangen nach Veränderung — nach Geschichte — auch in jenen erzeugten, die schon glauben gemacht worden waren, jeder Mangel sei eine Gottesgabe. Hölderlin, Fichte, Forster, Seume, Karl Philipp Moritz, Jean Paul, Kierkegaard, Kafka, Robert Walser, sie sind für Martin Walser solche

»Bewegungsheiligen«, die sich durch keine noch so mächtige negative Erfahrung von ihrer Sucht nach Positivem abbringen ließen, von dem, was Martin Walser ihre »Mitbürger-Leidenschaft« nannte, die stets davon ausgingen, daß — um Walser selbst noch einmal zu zitieren — »[w]enn etwas die Lüge geradezu hervorbringt, dann die Vereinzelung. Wenn etwas das Gutwerden vereitelt, dann das Alleinsein. Denn was wäre das für ein Gutwerden, das einer allein erreichen könnte? › Gut ‹, das kann der Einzelne überhaupt nicht beurteilen. Nur andere, mehrere können ihm darüber etwas sagen, nur sie können das beurteilen« (*WS* 20).

Nun hat es, wer nichts hat, sicher leichter, sich andern zuzuwenden, als wer viel hat. Nur der Arme sei fähig, sagt Martin Walsers Lieblings-Bewegungsheiliger Robert Walser, »vom engen Selbst geringschätzig wegzugehen, um sich an etwas Besseres zu verlieren, ... an die Bewegung, die nicht stockt, ... an das schwingende Allgemeine, an das nie erlöschende Gemeinsame, das uns trägt« (*LI* 144). Im Namen dieses Gemeinsamen fordert Martin Walser vom Schriftsteller, also von sich, daß er den Mangel, die Armut, die Wunden, die ihn ursprünglich zum Schreiben zwangen, nicht in schöne Kunstnarben verwandelt, deren Herstellung irgendwann gar keiner Wunden mehr bedarf, also keiner Notwendigkeit, also auch keiner Hilfe von anderen, keiner Mitwirkung. Über wen immer Martin Walser geschrieben hat, ob über Schiller oder Maria Menz, über Hölderlin oder Ursula Trauberg, über Heine oder Maria Beig, über Brecht oder Maria Müller-Gögler, — am allseits beliebten ästhetischen Rang-Spiel hat er sich nie beteiligt, die Literaturgeschichte war für ihn nie eine Instanz, schon gar keine oberste Instanz. Und er begriff nie, wie Kritiker und Literaturwissenschaftler noch immer verbreiten mögen, ein Autor arbeite an einem Beitrag zur Literaturgeschichte oder gar nur zu einer literarischen Gattung, wie sie eine Autonomie der Kunst behaupten mögen, die, gäbe es sie, doch nur ein Eingeständnis ihrer Überflüssigkeit bedeuten könnte. Und noch weniger wollte er akzeptieren, daß es tatsächlich welche gibt, die diese Künstler-Rolle zu spielen und das Märchen von der Freiwilligkeit des Schreibens noch zu verbreiten bereit sind, virtuose Kunstnarben-Fabrikanten, die sich, wie jeder andere Fabrikant, offenbar allein dadurch, daß sie die Produktionsmittel besitzen, gerechtfertigt fühlen.

Solange aber durch das Bildungsprivileg die Produktionsmittel Ausdruck und Phantasie bei den einen gefördert und den anderen von Anfang an ausgetrieben werden, solange jeder, der diesem Zustand nicht ausdrücklich und andauernd widerspricht, ihn andauernd gutheißt und befördert, solange also noch irgendwo Herrschaft existiert, die nichts so zu fürchten hat wie das Gemeinsame und deshalb unsere asozialen Fähigkeiten stets mehr begünstigt als unsere sozialen, solange legt Martin Walser Wert auf die Feststellung, er sei kein Künstler, also keiner, der sich selbst genug ist, und solange interessiert ihn an denen, die man Künstler nennt, primär dies, welche Verwundung ihre spezifische Ton-Frequenz erzeugt hat und wie sie auf Verwundungen anderer reagieren, ob sie der Herrschaft Legitimation liefern oder bestreiten, solange interessiert ihn vor allem deren *Tendenz*: ob sie — um einen von Walsers Stücktiteln zu verwenden — das »Sauspiel« mitmachen oder nicht, ob sie einen Praxis-Anspruch erheben oder nicht.

Martin Walser hat einmal Kant zitiert, der geschrieben hat, die beste Verfassung sei jene, die noch eine Gesellschaft von Teufeln zwänge, einander Gutes zu tun; und Walser hat ergänzend dazu angemerkt: »Von den marktwirtschaftlichen Spielregeln, nach denen unser Leben sich richten muß, könnte man sagen, daß sie auch noch eine Gesellschaft von Engeln zwänge, einander Ungutes zu tun« (*HE* 65). Dieses Ungute ist der Stoff, aus dem Walsers Stücke und Bücher gemacht sind, der sie provoziert hat; dieses Ungute wird aber zum Gut dadurch, daß Walser es bewirtschaftet, dadurch, daß er auf das Negative, das ihm entgegenschlägt, mit dem Positiven reagiert, das jedoch keine Parole und auch keine auf positiv herausgeputzte Romanfigur ist, sondern nichts anderes als er selbst, er selbst und seine Arbeit, seine Schreibarbeit. Mit einem seiner Romantitel könnte man die auch »Seelenarbeit« nennen. Xaver Zürn, die Hauptfigur des Romans, beschreibt diese »Seelenarbeit« so:

> Das Fehlgegangene so zu erzählen, daß man, Sekunde um Sekunde, glauben konnte, diesmal werde es gut ausgehen, war das Ideal, das Xaver vorschwebte, wenn er die hiesige Geschichte erzählte. Bei ihm war nichts so tief verankert wie der Glaube, daß alles gut ausgehen müsse. Aber vielleicht war es doch mehr ein Bedürfnis als ein Glaube.
> (*SE* 192)

Solange es nicht gut ausgeht, ist diese Seelenarbeit — diese Erzählarbeit — zwar das Positive, aber der, der sie leistet, der Autor, dabei doch immer der Unterliegende. Im und ums Unterliegen herum, da ist Martin Walser allerdings zuhause — oder, um ein Synonym für diesen Sachverhalt zu verwenden, zuhause ist er im Kleinbürgertum. Er selbst ist der »Kleinbürgerexperte«, als den er einmal Jean Paul gerühmt hat, und übrigens sind ja eigentlich alle seine »Bewegungsheiligen« auch solche Kleinbürger- und Unterliegens-Experten. Seltsamerweise ist die Spezies des Kleinbürgers, obwohl sie doch am häufigsten in unserer Gesellschaft vorkommt, verachtet wie es sonst nur Minderheiten sind. Verachtet sogar von sich ziemlich progressiv dünkenden Schriftstellern, die — da sie doch nicht alle aus dem Großbürgertum stammen können — offenbar einer schlechten literarischen Tradition aufgesessen sind; wie sonst ließe sich erklären, daß Kleinbürger in ihren Büchern fast nur als Karikaturen oder als Monster vorkommen oder als »gewesene Menschen«, als die sie Gorki, ganz im Einklang mit den bürgerlichen Marx-Engels-Kirchenvätern, mitleidlos bezeichnete? Auch Brecht höhnte, als er zusammen mit Walter Benjamin Kafkas Erzählung »Die Sorge des Hausvaters« diskutierte: »Dem Kleinbürger muß es schief gehen . . .« Er, der Augsburger Direktorensohn, hielt sich lieber an sein kunstsinnig ausgedachtes Bilderbuch-Proletariat, dem auf dem Papier und auf der Bühne wenig schief gehen konnte; doch realiter war ja das Proletariat mehrheitlich längst — statt zum letzten Gefecht — Richtung Kleinbürgertum marschiert.

Martin Walser hat es immer besonders hingezogen zu denen, denen es schief gehen muß, also zu seinesgleichen. Die Schiefen, die vor lauter vergeblicher Anpassungs- und Aufstiegs-Anstrengung schon ganz und gar Verrenkten bevölkern seine Bücher ebenso wie jene, denen der Aufstieg in die höhere Gesellschafts-Etage scheinbar gelang. Beide aber kommen nie dazu, ihre Identität, ihr Selbstwertgefühl auszubilden; die einen nicht, weil sie sich wie der Gallistl aus Walsers Roman *Die Gallistl'sche Krankheit* sagen müssen: »Ich arbeite, um das Geld zu verdienen, das ich brauche, um Josef Georg Gallistl zu sein. Aber dadurch, daß ich soviel arbeiten muß, komme ich nie dazu, Josef Georg Gallistl zu sein« (GK 22); und die anderen nicht, weil sie sich auf der Erfolgsetage nur behaupten können als eitle Entfremdungspuppen und kalte Charaktermasken. Die einen wie die anderen sind Opfer der Konkurrenz- und Leistungs-Gesellschaft, die jeden gegen jeden zu agieren zwingt und sogar noch das Privateste, die Sexualität, dem Wettbewerb unterwirft und zum Hochleistungssport pervertiert.

Wo einer aber andauernd mehr darstellen muß als er ist, mehr leisten muß als er kann, wo einer unerbittlich recht haben muß, um sich durchzusetzen, da bleibt als Ausflucht nur Aggression oder Identifikation mit dem Aggressor. Bei denen, die am besten ausgerüstet sind, die brutalen Prämissen zu erfüllen, richtet sich diese Aggression — wie vom System gewünscht — gegen andere, bei den weniger Brutalen richtet sie sich gegen sich selbst, wird zum Selbsthaß, der bis zum Suizidwunsch geht; so bekennt etwa der Firmen-Repräsentant Franz Horn in Walsers Roman *Jenseits der Liebe*: »Ich warte nur noch auf die Kraft, die es mir ermöglicht, mich von mir abzuwenden« (JL 159); aber selbst diese läßt ihn im Stich — und sein Selbstmordversuch scheitert kläglich.

Novalis hat bekanntlich den *Wilhelm Meister* als Goethes »Wallfahrt nach dem Adelsdiplom« gerügt, obwohl er, wie Martin Walser anmerkt, mehr war, nämlich »die das bürgerliche Selbstbewußtsein weihende Programmschrift«. Von Martin Walsers Büchern ließe sich keines mißverstehen als Wallfahrt nach dem Bürgerbrief, als Aufstiegsprogramm; Selbstbewußtsein können Walsers Figuren meist nur fingieren. Es läßt sich sogar, liest man Walsers Bücher in ihrer chronologischen Folge, eine sich mehr und mehr verstärkende Abstiegs-Tendenz in ihnen feststellen. Zumal die Romane *Jenseits der Liebe* und *Seelenarbeit* lesen sich wie Anweisungen zum angemessenen Abstieg. Die für mich ergreifendste Figur aus dem Roman *Seelenarbeit*, die bereits erwähnte Tochter des Chauffeurs Xaver Zürn mit dem Büßerinnen-Namen Magdalena, verkörpert diese Abstiegs-Tendenz am reinsten, bei ihr wird sie zu einem Prinzip von der Überlegenheit der Unterlegenheit — und ihr ruft der Vater zu: »Du schaffst es. Du bist die erste von uns, mit der sie es nicht machen können, wie sie es mit allen gemacht haben. Du willst hinab und nicht hinauf« (*SE* 290 f.). Natürlich ist so eine Tendenz von der Religion vorgebildet, die in der ungebrochenen *Ora-et-labora*-Form, in der sie in Walsers Bodensee-Heimat vorkommt (und das heißt: nötig zu sein scheint), ohnehin unter Siegen immer nur Sich-Besiegen verstand. »Sieglos werden«, so lautet der typische Imperativ des Heinrich Seuse, jenem innigsten mittelalterlichen Mystiker, der ebenfalls aus Walsers Gegend kam, und von dem auch der Satz stammt: »Ich bin ein Gut, das gebrauchet wächst, und gesparet schwindet«. Das war auf Gott gemünzt, doch damit gilt es für jeden Ausdruck einer Mangelerfahrung.

Süchtig nach Gebrauchtwerden, nach Praxis, sind Walser und seine Bewegungsheiligen immerzu, von denen Hölderlin mit seiner fordernden Frage »Leben die Bücher bald . . .?« das schönste Motto für dieses Praxis-Bedürfnis geliefert hat. Aber ob man womöglich nicht nur von Gott gebraucht wird, sondern auch von Menschen, das ist die bange Kleinbürger-Frage. Wer nicht gebraucht wird, ist verloren, wird krank. In Martin Walsers zwischen dem Roman *Jenseits der Liebe* und dem Roman *Seelenarbeit* erschienener Novelle *Ein fliehendes Pferd* heißt es von einem: »Er hatte, weil er merkte, daß er nicht gebraucht wurde, einen Grad von Egoismus erreicht, den man eine Geisteskrankheit nennen sollte« (*FP* 140 f.). Wir alle wissen sehr gut, daß diese Geisteskrankheit nicht nur die verbreitetste, sondern auch die am meisten geförderte Krankheit unter uns ist.

Vielleicht erklärt es sich aus der Angst vor dieser Art Geisteskrankheit, daß Martin Walser in seinem unlängst publizierten Aufsatz mit dem Titel »Wer ist ein Klassiker?« sogar diese Frage nur unter dem Gesichtspunkt der Brauchbarkeit beantworten wollte: Klassiker ist für Walser ganz einfach ein

Autor, der immer noch gebraucht wird. Begriffe wie Abstand und Schönheit kommen in seinem Aufsatz nicht vor. Natürlich ist sich Walser der Zweideutigkeit des Begriffs Brauchbarkeit bewußt, er bekennt, daß er diese Kategorie nicht für »harmlos« halte; er weiß wohl, daß mit Goethe-, Schiller- und sogar mit Hölderlin-Sätzen Kanonen gesegnet und Heldentode gefeiert wurden, Brauchbarkeit schließt Mißbrauch mit ein. Walser betont denn auch: »Brauchbarkeit ist überhaupt nichts Absolutes«. Gerade dies aber scheint ihm das Beste an der Brauchbarkeit; er ist offenbar allergisch gegen alles Absolute, genauer: gegen jeden Absolutheitsanspruch — auch den der Kunst.

Walser denkt in Entwicklungen, in Prozessen, er denkt dialektisch und er denkt geschichtlich: »Brauchbarkeit entsteht durch historische Bedingungen«, sagt er, und: »Unsere Sprache ist das Geschichtlichste, was wir haben«. Auch sie ist ein Prozeß — und der Autor Teil dieses Prozesses. Wenn ich mir also die Frage stelle: wie brauchbar ist Walsers eigenes Werk, so schiebt sich mir sofort vor diese Frage eine andere, die lautet: was hat Walser selbst gebraucht, um dieses Werk zu schaffen? In seinem Klassiker-Aufsatz heißt es einmal: »Je mehr Tendenz das eigene Leben unwillkürlich entwickelt, desto deutlicher erfährt man, was man braucht«. Zum Beispiel: Gebrauchtwerden braucht man, braucht Walser.

Er hat ja nie seine frühesten Kleinbürger-Erfahrungen, von wem er zu was gebraucht oder nicht gebraucht wurde, vergessen. Als er nach dem frühen Tod des als notorisch erfolglos belächelten Vaters neben der Schule her dessen kleinen Kohlenhandel weiterführte und zusammen mit einem Kriegsgefangenen pro Jahr 36 Waggons Kohle ausladen und in die Keller der Witwen und der Bäckereien schleppen mußte, trug ihm eines Tages der Direktor der Oberschule in Lindau auf, er solle seine Mutter fragen, »ob sie einen Oberschüler [wolle] oder einen Kohlenarbeiter, sie [solle] sich da entscheiden« (Waine 8). Das war für den jungen Walser ein »Klassenerlebnis« und mindestens ebenso prägend wie jene erste demütigende Erfahrung des Konkurrenzkampfes, die darin bestand, daß seine Mutter, die die kleine Bahnhofswirtschaft in Wasserburg betrieb, ihn im Sommer täglich zu den anderen Wasserburger Gasthöfen schickte, um die Zahl der dort beherbergten Touristen herauszufinden.

Wer Martin Walser nicht auf diesem seinem Vergangenheits-Territorium aufspürt, eben jener Bahnhofswirtschaft mit dem Ziegelsteingesimse und der fensterlosen, blechgedeckten Terrasse, die der Großvater, der seinen kleinen Bauernhof verkauft hatte, selbst anbaute, wer nicht neben den Fischern, Handwerkern und Bauern, die hier ihr Bier tranken, die Kolonnen des Kriegervereins, des Gesangvereins, des Musikvereins und der Marine-SA vor sich sieht, die alle in dieser Wirtschaft ihre Reden schwangen und Lieder sangen, und daneben noch die auffallenden, weil vereinzelten und meist ortsfremden Ärzte, Unternehmer, Politiker, Pfarrer, Vertreter, die gelegentlich einen Hauch von großer Welt hereinbrachten, wer also diesen »winzigen Tummelplatz der Geschichte« nicht imaginiert, wird Martin Walser nur schwer verstehen; weder die ihn auszeichnende Beobachtungs- und Erzählbesessenheit, noch sein Dialektik-Programm von der Überlegenheit des Unterlegenen. Die Grunderfahrungen des Sohns der frommen Gastwirtin waren doch: Beobachten und Bedienen — oder Besorgen; das Gegeneinander und das Miteinander beobachten, was trennt und was verbindet; und das Miteinander zu fördern — schon deshalb, weil es der Wirtschaft besser bekommt, auch ökonomisch.

Als Walser in einem frühen Aufsatz für den Beobachtungs- und Erinnerungs-Experten Proust warb, prägte er die Formel: »Proust-Leser sind im Vorteil« (*EL* 141). Diese variierend möchte ich fast glauben: Gastwirtsöhne sind im Vorteil — zumindest als Autoren, weil sie täglich mehr hören und sehen als andere, weil ihnen Erfahrungen frei Haus geliefert werden, die andere bestenfalls aus Büchern beziehen können. Und sie dürfen ja auch keineswegs nur stumm ihren Gästen zuhören, müssen vielmehr mitreden, müssen Gespräche anzetteln oder glätten können und dazu auf vielen Gebieten beschlagen sein oder doch so tun können als ob; ohne Mimikry-Beherrschung — mit »Mimikry« war bekanntlich das erste Kapitel von Walsers Roman *Halbzeit* überschrieben — sind sie jedenfalls verloren, denn sie sind schließlich ökonomisch abhängig von der Zufriedenheit ihrer Gäste. Die nicht immer und überall nur bewunderte Eloquenz Walsers, seine Sprach-Virtuosität, die seine Bücher immer mehr gesprochen als geschrieben erscheinen läßt (weswegen auch Walser-Lesungen stets sogar bei denen zum Erfolg werden, die bei der Lektüre seiner Bücher Probleme hatten), die ganz spezifische Walser-Suada, die — trotz inzwischen kürzer werdender Sätze — auch noch für die letzten seiner Bücher charakteristisch ist, die doch mit viel weniger wendigen Figuren bevölkert sind als die früheren Bücher — ohne diesen Gastwirtschafts-Hintergrund wären sie kaum denkbar!

So wenig wie etwa auch ohne die für den früheren Walser so typische Figur des Vertreters, der ja auch stets zum Reden, zum Überreden und gleichzeitig zur Anpassung gezwungen ist. Auch noch das, was manchen vielleicht als pure Geschwätzigkeit bei Walser erscheinen mag, hat seine Wurzeln hier, denn — um es mit einem Bild des auch gern als geschwätzig verschrieenen Jean Paul zu umschreiben — man sagt ja auch: heute ist schönes Wetter, obwohl es der andere selber sieht! Reden läßt sich eben nicht reduzieren auf reinen Informationstausch, es ist — neben dem Versuch Zeit zu überspielen, um nicht ins schwarze Vergänglichkeitsloch starren zu müssen — immer auch Bestätigung des Zusammengehörens, ein sich des gemeinsamen Bewegungsprozesses Versichern im Sinne der Gedichtzeilen Gottfried Benns: »Kommt reden wir zusammen, / wer redet, ist nicht tot«. Und es ist letztlich Teil jener Frömmigkeit, die Martin Walser etwa bei Hölderlin am Werk sieht, über den er in seiner Rede zum 200. Geburtstag des Dichters, die er »Hölderlin zu entsprechen« betitelte, sagte: »Fromm war er sicher und in dem allerbestimmbarsten Sinn, daß er sich nämlich als Teil eines Prozesses sah, als Einzelnes, das ohne Aufhebung im Ganzen kalt und klanglos stumm war« (*WL* 58).

Die kleine Bahnhofswirtschaft, die Walsers Wunsch nach Aufhebung im Ganzen, nach Mitsprechen und Entsprechen, nährte, sie steht aber — auch das will zuletzt noch bemerkt werden — auf dem Land, nicht in der Stadt, wo — nach Robert Musil — »das berüchtigte Abstraktwerden des Lebens« beginnt. Und wenn auch Walsers Roman-Personal — vor allem das der früheren, der Anselm-Kristlein-Romane — immer wieder lustvoll schauend und schaudernd durch die großen Städte der Republik treibt, stets kehren und kehrten diese Vertreter, Chauffeure, Makler, Firmen-Repräsentanten, Studienräte und Schriftsteller gleichsam reumütig dorthin zurück, wo für Martin Walser selbst die Heimat liegt. Und wer der Heimat verlustig ging, wie etwa der Fabrikant Dr. Gleitze aus dem Roman *Seelenarbeit*, dem werden von Martin Walser gleich gewissermaßen »mildernde Umstände« zugebilligt. Bezeichnend auch, daß Martin Walser, wenn er über Heinrich Heine schreibt, am meisten doch dessen Heimatlosigkeit beschäftigt, dessen dadurch hervorgerufene Anpassungs-Akrobatik. Ohne Heimat gibt es für Walser keine Identität. Und Heine brachte es, laut Walser, in seinem Leben zu zwei Identitäten: zu der eines deutschen Dichters und der eines Juden. »Aber zwei Identitäten«, so meint Walser, »das ist weniger als eine«. Warum? Walser: »Dichter sind auf das Nationale strenger angewiesen als etwa Soldaten oder Generale. Das Nationale ist das Element des Dichters« (*LI* 183).

Nicht gerade als National-Schriftsteller, aber doch als »Heimatschriftsteller« hat Walser sich selbst einmal bezeichnet, obwohl er natürlich wußte, daß dieser Begriff nicht minder belastet ist als der der »Nation« oder des »Nationalen«. Dennoch: »Heimatschriftsteller«, so hat dieser von aller Blut- und Boden-Ideologie weit entfernte radikale Herrschafts- und Titel-Feind einmal bekannt, das sei überhaupt der einzige Ehrentitel, den er akzeptiere. Dabei weiß er besser als jeder andere, daß diese Heimat kein herrschaftsfreier Raum ist, keine Idylle, zu der die Reiseprospekte sie stilisieren, aber eben doch jenes Gelände, das durch Vertrautheit — und weil in ihm das Verlangen nach Aufhebung im Ganzen zuerst entzündet wurde — diese am meisten zu begünstigen scheint.

Daß sie nie absolut gelingen kann, solange nicht jener Zustand erreicht ist, den Hölderlin in seiner »Friedensfeier« beschwor — »[...] jetzt. / Da Herrschaft nirgends ist zu sehn, bei Geistern und Menschen« —, das befördert immer wieder auch das Bedürfnis nach Rückzug ins Innere, ins enge Ich, in die Illusion — »wenn ich morgens aufstehe, ist mein tägliches Gebet: Meine Illusion, meine tägliche Illusion gib mir heute«, gestand ein anderer Kleinbürger-Experte, Wilhelm Raabe —, befördert aber auch das Bedürfnis nach *Ironie*, die Walsers wahrscheinlich wichtigstes Werkzeug bei der Vorantreibung des Geschichtsprojekts wurde. In seinen Frankfurter Vorlesungen, die unter dem Titel »Selbstbewußtsein und Ironie« standen, hat Walser diese Ironie am Beispiel Jean Pauls, Robert Walsers und Kafkas als »Vernünftigsprechung eines Übels« definiert, als eine »Existenzbestimmung« im Sinne einer »Vernichtung des eigenen Anspruchs«, im Gegensatz zu der für ihn rein rhetorischen Sowohl-als-auch-Ironie etwa eines Thomas Mann, die, weil sie nur der eigenen Gefälligkeit und Überlegenheit dient, für Walser eine Kunstspielerei ist, ein Kunsttrick, mit dem sich der Autor der Verantwortung ums Ganze enthebt.

Das heißt: der ironische Autor der Walser-Prägung macht also andauernd auch sich selbst den Prozeß. Er genügt sich nicht. Entsprechend drückt es ein programmatisch mit »Praxis« überschriebener Vierzeiler aus, der sich in Walsers Büchlein *Der Grund zur Freude. 99 Sprüche zur Erbauung des Bewußtseins* findet:

> Wem es genügt, mit sich selbst übereinzustimmen,
> hat nichts zu sagen. Wer dem Bestehenden
> widerspricht, um der Tendenz willen, der
> widerspricht auch sich selbst.   (*GF*, Spruch 36)

In diesem Sinne auch zitiert Martin Walser zustimmend Brecht, der sich immer wieder bewußt macht, selbst Teil der Herrschaft zu sein, und deshalb sagt: »... Nichts / Von dem, was ich tue, berechtigt mich dazu, / mich sattzuessen« (*LI* 220). Walser kommentiert diese Brecht-Zeilen so:

> Wer sich selbst genug ist, hat bei Brecht nichts verloren bzw. er wird bei ihm nichts finden. Das altchristliche Wort »Anfechtung« enthält die Elemente dieser [Brechtschen] Biographie. Er fühlt sich prinzipiell angefochten, unselbständig, unterlegitimiert. Wer außer Hölderlin hat soviel über das Dichten gedichtet wie Brecht!? In tausend Wortwendungen sucht er nach ein bißchen Rechtfertigung dessen, was er tut.   (*LI* 221)

Martin Walser, der auch polemisch sein kann, ist das nie schneidender, als wenn er sich diejenigen unter seinen schreibenden Kollegen vornimmt, die glauben, ohne Legitimation auskommen zu können; es sind dies die in unserer Gesellschaft besonders gefeierten Autoren (da Walser nie ihre Namen nennt, sondern sie stets nur präzise charakterisiert, schenke auch ich mir hier die Namen). Es entspricht Walser, daß er auch bei derartiger Polemik sich selbst nicht ausnimmt, nicht freispricht, so wenn er etwa in seinem Brecht-Aufsatz die momentane literarische Situation bei uns so beschreibt:

> Jeder von uns scheint nirgends als bei sich selbst gelandet zu sein. Und daß das die unbewohnbarste Weltstelle ist, bestreiten wir durch Umwandlung unserer Persönlichkeiten in Festungen aus Spiegelglas. Das entspricht der Lage. Druck und Ausdruck von Herrschaft sind jetzt so sublim, daß die Intellektuellen am Erlebnis ihrer Überflüssigkeit eingehen oder sich in narzißtische Orgien retten. [...] So wie alles ist, kommt heute noch jede Menge prima Literatur zustand. Von der virtuosen Verzweiflung bis zum narzißtischsten Hostienschmelz, alles da. Also auf dem Papier kein Mangel. Praxis nicht gefragt.
> Gefragt ist: Trostlosigkeit, direkt vom Erzeuger; das heißt: authentisch.
>
> (*LI* 223 f.)

Daß sich Walser selbst dieser beklagten Trostlosigkeit, die aus der Vereinzelung resultiert, nicht entziehen konnte, daß sie auch über ihn Macht gewann, wissen wir spätestens seit seiner Rede zur Verleihung des Büchner-Preises im Jahr 1981, in der Walser bekannte: »Wenn ich [...] an mir feststelle, daß ich mich am liebsten durch Teilnahmslosigkeit leidlos hielte, ahne ich, daß ich so wahrscheinlich dem ersten Gebot des jetzt herrschenden Gottes gehorche: Kultur der Teilnahmslosigkeit« (*LI* 234). Und wir wissen es seit seinem 1985 erschienenen Buch *Meßmers Gedanken*, in dem ein total isoliertes Ich — eben Meßmers Ich — einem Klima äußerster Kälte und Feindseligkeit ausgesetzt ist, das ihn gleichsam von innen heraus erfrieren läßt. Wir, die Leser, erfahren nicht, wie sonst bei Walser üblich, woher dieser Meßmer stammt, wie alt er ist, von was er seinen Unterhalt bestreitet, es gibt auch keinen einzigen Menschen neben ihm, er ist vollkommen allein auf der Bühne dieses Buches — und sicher ist nur, daß sein Fundus an Freundlichkeit, Anteilnahme und Liebeskraft sich vollkommen erschöpft hat. Daß er mit den Figuren aus Walsers letzten Büchern etwas zu tun hat, erkennt man daran, daß sich die große Feindseligkeit gegen alle und alles, die sich seiner bemächtigt hat, eben auch gegen ihn selbst richtet. Meßmer hat erfahren müssen, daß es »keine Nähe zu anderen [gibt], die nicht zur Feindseligkeit führt« (*MG* 37), was ja auch der Angestellte Franz Horn schon wußte, der seinen »Brief an Lord Liszt« schrieb; aber Horn wehrte sich noch, konnte sich noch wehren, konnte noch gegen Herrschaft anschreiben, etwa dies: »Ich ertrage keinen über mir, es sei denn, ich hätte ihn selber dahin gesetzt« (*BL* 105). Für Meßmer jedoch stellt sich offenbar das Problem oben-unten schon nicht mehr; er bilanziert: »Nichts Politisches übrig. Ein Satz vielleicht. Nicht auszusprechen. Weil er dadurch falsch würde. Er darf sich nur an mich richten« (*MG* 94). Und so in der Vereinzelung erstarrt, kommt Meßmer für sich zu der bescheidensten aller Maximen: »Möglichst wenig schädlich zu sein, das wäre jetzt mein Stolz« (*MG* 105). Genießen kann er jedenfalls nur noch, was er entbehrt.

So hat also Martin Walser jetzt, auf dem Entbehrungsweg, doch auch Abstand erlangt, einen ungeheuren Abstand zur Welt, wie sie ist, zu sich, der selbst wohl oder übel ein Teil dieser Welt geblieben ist. Und immer noch widerspricht jede Zeile von ihm dem Bestehenden, auch wenn es ihm immer schwerer fällt, Geschichte noch als Heilsgeschichte zu sehen (wie das Brecht, seiner Ansicht nach, gelang). Indem er aber überhaupt noch spricht, widerspricht er bereits — auch der eigenen Neigung zur Teilnahmslosigkeit. Walser hat einem, der unlängst erklärte, er würde fortan die Produktion einstellen und schweigen, er hat seinem Kollegen Wolfgang Hildesheimer geantwortet, er seinerseits *müsse* weitermachen, ohne daß er dieses Weitermachen begründen könne. »Muß man alles begründen können?«, fragte Walser und fuhr fort: »Ich glaube sogar, begründen muß man nur, wenn ein direktes, unmittelbares Motiv fehlt. Daß man ißt und trinkt, muß man nicht begründen« (*GR* 54).

Es gab zwar solche, die glaubten, auch das begründen oder doch legitimieren zu müssen, etwa Brecht in seinen vorhin bereits zitierten Zeilen oder die eingangs erwähnte Simone Weil, die der bestehenden Praxis ihren freiwilligen Hungertod entgegensetzte. Das war also der denkbar größte Abstand, den man zur Welt einnehmen kann, ein Abstand, welcher wirklich »die Seele des Schönen« genannt zu werden verdient. Wer so weit noch nicht ist — und wer unter uns wäre wohl so weit? —, der kann sich an Martin Walsers Tendenz halten:

> [...] Wer dem Bestehenden
> widerspricht, um der Tendenz willen, der
> widerspricht auch sich selbst.

Anmerkungen

1 Außer den durch Siglen gekennzeichneten Walser-Zitaten wird vornehmlich auch aus folgenden Aufsätzen Walsers zitiert: M. W., Der unterirdische Himmel, in: Jahrbuch der Deutschen Schillergesellschaft, 24 (1980), S. 490-493, hier 493; und M. W., Was ist ein Klassiker?, in: Warum Klassiker? Ein Almanach zur Eröffnung der Bibliothek deutscher Klassiker, Hrsg. Gottfried Honnefelder, Frankfurt/M. 1985, S. 3-10.

»Ich bin sehr klein geworden.«

Versuch über Walsers ›Entblößungsverbergungssprache‹

Thomas Beckermann

I. Die Abenteuer eines Überläufers
Der Sturz und seine Folgen

EINEN SCHRIFTSTELLER STELLE ich mir vor als jemanden, der es nicht mehr aushält, das, was ihm widerfährt, hinzunehmen. Staunend und zornig fällt ihm auf die Unangemessenheit, ja Beliebigkeit des Verhältnisses zwischen dem, was er ist oder doch sein möchte, und dem, was ständig um ihn herum, aber ohne sein Zutun, geschieht. Möglichkeiten, dieses Mißverhältnis aufzuzeigen und damit handelnd zu reagieren, hat er, wie alle anderen auch, viele. Aber er zieht es vor, mit und in der Sprache zu arbeiten. Vielleicht weil er zu lange sprachlos gewesen ist, vielleicht aber auch nur deshalb, weil er fasziniert darüber war, wie andere vor ihm in der Sprache gehandelt haben.

Sein besonderer Ausgangspunkt ist der Anlaß seines Erzählens. Aber wie erzählt er dieses uralte Dilemma, das die Schriftsteller von jeher als die größte Herausforderung angenommen haben? Schaut er in die Welt, so findet er sich nicht mehr. Schaut er sich an, so ist ihm die Welt abhanden gekommen. Diesen Ausgangspunkt kann man nicht wählen, in ihn wird man hineingeboren: in die Familie, in eine Religion, in eine Kultur, in einen politisch-sozialen Kontext zu einer bestimmten Zeit.

Unser Schriftsteller ist gerade noch dem Naziregime und dem Krieg entronnen und stolpert nun jung und als Aufsteiger der Familie in die fünfziger Jahre, in eine Zeit des Wiederaufbaus, der grenzenlosen Chancen für jedermann, des raschen Reichtums, Ansehens und der Macht. Aber man kann seinen Ausgangspunkt, die Herkunft nicht vergessen. »Ich ärgere mich mit Recht schon über meine Schuhe. Ich habe noch nie Schuhe gehabt, die mir paßten. Gut, das ist lächerlich. Ein Luxusproblem. Es gab Zeiten, da hatte man in meinen Schichten überhaupt keine Schuhe. Da wäre jeder in meiner Klasse froh gewesen, wenn er wenigstens zu große oder zu kleine Schuhe gehabt hätte« (*MG* 71 f.). Beides ist Walsers Thema: diese Herkunft und diese Gegenwart.

Hans Beumann und Anselm Kristlein stürmen in diese Nachkriegszeit, um sich ihren Anteil zu sichern. Besonders der Anselm Kristlein der Romane *Halbzeit* (1960) und *Das Einhorn* (1966) hetzt jeder Möglichkeit nach, jedem Geschäft, jeder Frau und jeder Partymode. So zielbewußt und so sehr alle Einbußen wegsteckend ist er geradezu geschaffen für den Aufstieg: erst Vertreter, dann Werbefachmann und dann gerühmter Schriftsteller in einer Meinungsmachergesellschaft. Da blüht die Sprache auf, treibt Eskapaden und irre Späße, daß einem schier der Atem ausgeht. Nur fällt ihm dabei immer schmerzlicher auf, daß die Verluste größer als der erreichte Erfolg sind und daß sein Ich in diesem allgemeinen Rausch aus Gier, Geld und Geschäft zu kurz kommt, ja verkümmert. Dieser Anselm Kristlein sucht nicht nur die Karriere, sondern vor allem den anderen, die Gemeinschaft, er braucht diese gemeinsame Decke, aber er findet nur Rollenspieler, Egomanen, eben Aufsteiger aller Art.

Walsers Roman *Der Sturz* (1973) bezeichnet den Endpunkt dieses besinnungslosen Wettbewerbs, genauer: einen Wendepunkt, der gravierender ist als nur der Wechsel der Perspektive oder des Interesses. Wie schwer muß es ihm gefallen sein, diesen Roman zu schreiben. Und wie schwer fiel es seinen Zeitgenossen, ihn zu lesen und zu begreifen, was er erzählt. Zweimal hat sich Walser, sozusagen probeweise, ein Stückweit an diesen Roman herangezählt (zum Entsetzen seiner Kritiker, auch seiner Freunde). So kann man *Fiction* (1970) auch lesen als vorweggenommene Variante des ersten Kapitels »Geldverdienen«, dieser apokalyptischen Odyssee durch München und von dort heimwärts. Alles ist gegen dieses Ich gerichtet, lockt es in seine Fallen, zwingt es immer mehr zu Verkleinerung, verursacht durch das unversöhnliche: »Ich. Es gibt« (*F* 7).

Und das Ende, also die Rettung aus der *Gallistl'schen Krankheit* (1972), gelingt im Ausprobieren einer strahlenden Utopie einer uneigennützigen Gemeinschaft mit anderen im Interesse der gemeinsamen Sache, im hoffnungsvollen und etwas ungläubigen neuen Leben im Märchen der Zukunft: »Es wird einmal«. Es gibt sie nicht, aber sie kann, sie sollte werden: diese Gemeinschaft aller Heiligen schon auf Erden. Diese christliche, aber ganz irdische Heilserwartung macht Walser zu einem Humanisten und läßt seine Hauptfigur noch in bedrängtesten Verhältnissen an den geringsten Lebensmöglichkeiten festhalten. Und sie mag auch das Motiv für seine Suche nach lebenswerten Alternativen, für sein Engagement für einen menschlichen Sozialismus und weltweit für die Befreiungsbewegungen, aber auch für sein unerbittliches Ablehnen aller falschen Tendenzen sein.

Erst nach diesem extremen Widerspruch zwischen dem ›Es geht nicht mehr‹ und dem ›Es wird einmal‹ waren Walsers erzählerische Wut und sein Mut groß genug, um Anselm Kristlein und seine Freunde und mit ihnen die ganze Aufbruchsstimmung, die Verdrängungsmentalität und das falsche Prestigedenken der Nachkriegszeit in einer düsteren und grauenvollen Höllenfahrt untergehen zu lassen. Die fünfziger Jahre lösen sich auf zu dem, was sie immer waren. Es ist aber auch der Abschied von der Hoffnung, daß sich die Welt ändere; und es ist der literarische Ausdruck der unabänderlichen Erkenntnis, die eigene Unbedeutendheit und die fürchterliche Abhängigkeit von anderen aushalten zu müssen. Diese war es wohl, was der Generation Martin Walsers die Lektüre des *Sturz*-Romans so schwer machte: daß er ihnen die Hohlheit und Fratzenhaftigkeit der Welt vorhielt, die sie mitgeschaffen hatten, in der sie sich wohl fühlten und die sie für eine kleine Ewigkeit geplant hatten.

»Unsere Generation hat sich überhaupt nicht gewehrt. Rasch und scheinheilig hat sich jeder verabschiedet, ist losgerannt und hat sich salviert. Eine Generation von Überläufern« (*ST* 322). Erst jetzt erkennt Anselm Kristlein, wohin sein Aufstiegsstreben eigentlich tendierte. Der Gegensatz zwischen ihm und Blomich, der einander bedingt wie das Knecht/Herr-Verhältnis, hat seinen Aufstieg längst in einen Abstieg umgemünzt, der ihn materiell und psychisch ruiniert. Dieser an seinen Ausgangspunkt gebundene Anselm Kristlein kann sich allenfalls die Frage stellen, was wäre, wenn der Knecht sein Knechtsein aufgäbe, z. B. schreibend. Und schon wächst ihm eine geradezu Gallistl'sche Kraft zu (*ST* 297), der eine Auferstehung entspräche.

Für alle um sich herum erfindet dieser Ich-Erzähler eine entsprechende Todesart. In das Loch, das er für sich gräbt, fällt jedoch ein anderer. So bleibt ihm nichts, nachdem er die Kinder versorgt, also sich von ihnen befreit hat, als auch noch seinen Tod, der aber nicht ihn, sondern seine Frau Alissa trifft, im Futur II — ›Und wenn es passiert sein wird‹ — erzählend zu erfinden. Denn den Tod des Ich darf es nicht geben, nicht diese

Unwiderruflichkeit des Scheiterns — das wäre das Ende jeglicher Bewegungsmöglichkeit und damit, für Walser, das Ende seiner literarischen Anstrengung. Die anderen, die Rollenspieler und Leidensgenossen erhalten einen Tod, den sie im Leben erworben haben. Das Ich aber hofft weiter; und so erzählt dieser Menschensucher sich und uns, zu Beginn wie am Schluß des Romans, sein Verschwinden und das Erzählen dieses Verschwindens.

Es gibt in Walsers Büchern kein Urteil, für das man sich die Schuld suchen müßte. Für ihn ist das Unvermeidliche nicht der Tod der Ich-Figur, sondern die Kreisbewegung, in der Anfang und Ende zusammenfallen. Der Weg und die Arbeit führen dahin zurück, von wo man aufgebrochen ist. Ein deutliches Bild und strenges Element der Form, aber auch der jedesmal erneuerte Hinweis darauf, dem Konflikt die schlimmstmögliche Wendung zu verweigern. Bewegung ist alles. Stillstand käme dem Tod gleich.

Diese Anselm Kristlein-Trilogie erzählt das abgeschlossene Kapitel der Nachkriegszeit als gegenläufigen Bildungsroman. Kein Lothario weit und breit, keine Natalie wartet und keine Turmgesellschaft weist in eine bessere Welt. Fast wäre Anselm Kristlein am Ende noch unter die Terroristen geraten. Weil eben das Rettende fehlt, wird aus dem bürgerlichen Bildungsroman der Roman eines sprachanfälligen und sprachhungrigen Abenteurers in einem kommerzialisierten Welttheater von Macht und Showbusiness. Klafften in *Fiction* Wirklichkeit und Sehnsucht am weitesten auseinander, so wird mit dem *Sturz* dieser Geschichte als ihre Zukunft das Ende erklärt, vorläufig.

II. Das Ich und sein Gegenspieler: Abstieg
Von *Jenseits der Liebe* bis zum *Brief an Lord Liszt*

Anfang der siebziger Jahre wurden die Stimmen von bislang Stummen laut. »Unsere Kinder werden nicht sprechen, sage ich, weil sie wissen, daß man ihnen nicht zuhört. Außer Philipp. Der redet ununterbrochen. Aber er ist überhaupt nicht darauf angewiesen, daß man ihm zuhört. Wir haben doch unseren Kindern die Zungen praktisch ausgerissen [...]« (*ST* 343 f.). Um das Hörbarmachen dieses stummen Sprechens hat Martin Walser, soweit es ihn erreichte, sich bemüht. Durch ihn kamen das Verwandlungsgenie Herbert Achternbusch mit *Hülle* (1969) und die ihre soziale Herkunft suchende Karin Struck mit *Klassenliebe* (1973) zu ihren ersten Büchern.[1] Gleichzeitig aber warnte Walser frühzeitig vor dem, was er für die »Neueste Stimmung im Westen« hielt; vor einer hemmungslos nur das eigene Ich umkreisenden und dieses feiernden Literatur, für deren Prototyp er die

Werke Handkes hielt. Walsers Schreibvoraussetzung geht davon aus, daß alles mit allem zusammenhänge, daß allerdings das Ich immer ausschließlicher von dem »Es gibt«, den sozialen, wirtschaftlichen und politischen Gegebenheiten geprägt und angeleitet wird. Auch dies ist ein Zusammenhang, wenn auch einer, der nichts als Verkrüppelung und Leiden hervorruft.

Mit dem Segelschiff über die Alpen, was für eine grandiose Metapher der Unmöglichkeit. Aber selbst dieses Scheitern übersteht der unbedingte Wunsch nach Veränderung, und zwar reduziert auf den Wunsch nach einem Sich-Verändern. Diese jahrelange vergebliche Anstrengung und nun Schnee, Dunkelheit, Schmerzlosigkeit: »Es fielen jetzt Glück und Ende zusammen wie Ober- und Unterkiefer beim Biß« (*ST* 356). Drei Jahre später, so lange, so kurz dauerte die Zeit des Scheintods oder der Verpuppung, erwacht ein anderer zu seinem Leben: »Als Franz Horn aufwachte, waren seine Zähne aufeinandergebissen. Ober- und Unterkiefer spürte er als gewaltige Blöcke« (*JL* 7). In dieser Weiterführung scheint alles gleich geblieben zu sein und ist doch anders: Ein neuer Name, eine neue Hauptfigur wird gleichsam von außen erzählt vorgestellt. Und das Bild, mit dem Anselm Kristleins Lebensgeschichte zusammengefaßt und beendet wurde, eröffnet nun das weitere Kapitel eines anderen Lebens, hier allerdings ganz auf das Subjekt bezogen, körperlich ausgetragen und zugleich verinnerlicht. Für Anselm Kristlein war es am Ende ein Rückzug aus der Welt in die Abhängigkeit von Blomich. Die nun folgenden Romane von Walser führen diese Schrumpfung der Gesellschaft auf eine Zweierbeziehung, und zwar aus der Sicht des Unterlegenen erzählt, weiter, verschärfen sie von Buch zu Buch. Die leidenden Hauptfiguren ziehen sich zusammen in ihrer Unfähigkeit zur erfolgreichen Tat, sie kapseln sich von den anderen ab und verkrümmen sich ins noch Schlimmere. Hatte sich Anselm Kristlein zu Beginn in die Welt verströmt und sie mit seinen Worträuschen ausgefüllt, so nehmen Franz Horn, Helmut Halm, Xaver und Gottlieb Zürn Tag für Tag ihre Weltberührung zurück, sie schränken sich nicht ohne Not ein. Nur, wenn es der Beruf erfordert, entfernen sie sich aus dem engen Bereich des Bodensees und des nahen Allgäus. Ihre Kinder verlassen das Haus, sie selbst trennen sich von ihrer Familie oder bleiben kinderlos. Über die eine, alles bestimmende Beziehung hinaus zum Chef oder zum Konkurrenten oder zum vermeintlichen Freund gibt es keine weiterreichenden oder entschädigenden sozialen Kontakte. Jeder von ihnen treibt für sich seinen nicht verschuldeten Abstieg trotz und gerade wegen der Gegenwehr noch voran. »Horn dachte, der Schwache ist am stärksten allein« (*JL* 21).

Walser beharrt auch weiterhin und sicherlich nicht zur Freude aller Kritiker auf der sozial-ökonomischen Verursachung dieses Unverhältnisses, das er in dem einen Übel: Abhängigkeit zusammenfaßt. Er spürt dieses jedoch nicht theoretisch oder mit Hilfe einer weitgespannten Empirie auf, sondern er entdeckt es in der »Geschichtsschreibung des Alltags« (Sibl. 34) der betroffenen Einzelnen. Nur daß es die einen weniger schlimm trifft als die anderen. Schon Blomich verkaufte sein Unternehmen an einen wirtschaftlich noch mächtigeren Konzern, wie nun auch Thiele — sie sind gerettet, finanziell wenigstens. Die 50jährigen Angestellten in leitender Stellung oder die kleinen Selbständigen dagegen schaffen es nicht mehr, sie sind dem immerwährenden Konkurrenzdruck nicht gewachsen (Liszt verdrängt Franz Horn, Gottlieb Zürn unterliegt Kaltammer), sie halten es nicht aus, die gewünschte Rolle zu spielen (Xaver Zürn verliert die Cheffahrerposition und muß ins Lager), sie werden bei Fusionen entlassen (abermals Franz Horn). Mit entlarvender List erzählt nun dieser Erzähler, wie die Betroffenen das Sich-Wehren aufgeben, sich in das Unvermeidliche fügen. Die Konflikte sind für sie unlösbar geworden, was dagegen zunimmt, ist ihre private Ohnmacht, ihre soziale Kommunikationslosigkeit.

Dieses elende Doppelspiel zwischen dem verborgenen Innen- oder Familienleben und dem zwanghaften Agieren in der Öffentlichkeit hat sich in die Seelen der Leidenden gesenkt, mit kleineren körperlichen und großen psychischen Folgen. Und je unerträglicher und unzugänglicher die Außenwelt wird, um so unbeirrbarer ist ihr inneres Bewußtsein. Der jeweils nächste Schritt ist fällig, auch wenn er gefährlich werden kann. Aber: »Dem Gehenden schiebt sich der Weg unter die Füße« (*JL* 155).

Das Ich und sein Gegenspieler. Es ist ein Spiel, in dem immer einer gewinnt und einer unterliegt. Dadurch, daß Walser seine Regeln erläutert und damit die Rolle des Kontrahenten aufdeckt, erzählt er konkret und überprüfbar und läßt das Verursachende deutlich werden. Die Euphorie der fünfziger Jahre hat sich zur Stagnation und Rezession, ökonomisch und sozial, verkehrt. Dem damaligen Aufstiegstaumel entspricht nun die beständige Abwärtsbewegung, da das Abhängigkeitsgeflecht so undurchdringlich geworden ist, daß es nur noch die Möglichkeit gibt, sich klein zu machen, um nicht mehr aufzufallen. »*Inkognito* war seine Lieblingsvorstellung« (*FP* 12).

Der Erzähler schaut aus der Er-Perspektive scheinbar gleichmütig diesem ungleichen Kampf der Abhängigkeits-Partner zu und entgeht so der Gefahr einer schlechten, weil bezugslosen Innerlichkeit. In diesen Romanen erzählt sich der Erzähler aber auch in die Schwierigkeit hinein, eine innere Geschichte von außen darzustellen. Schon das Ungleichgewicht zwischen Halm und Buch, diesen nicht voneinander Abhängigen, diesen Schauspiel-Konkurrenten, weist darauf hin. Der Erzähler sagt am Ende, daß Halm seine und Buchs Geschichte erzählt. Thiele, Gleitze, Liszt und Kaltammer dagegen treten in ihrer Person, nicht aber in ihrer Wirkung auf Horn und die Zürns zurück, sind eher typologische Gegenstimmen. Der Erzähler tut nur so, als wäre er auktorial. In Wirklichkeit bleibt er nahe am Opfer, verfolgt das Geschehen aus seiner Sicht und seinem Bewußtsein; deshalb auch weiß der Leser, wem seine Sympathie zu gelten hat. Um dies zu erreichen, verwendet dieser Erzähler offensichtlich die Darstellungsmittel der subjektiven Perspektive: den inneren Monolog, die indirekte Rede, den Brief und das Tagebuch. Das ist seine List, denn die Außenerzählung der Innensicht des Niedergeschlagenen und Verletzten macht diesen nur noch einsamer und hilfloser. Und er steigert diese List noch, indem er die Schwachen so reflektieren, fühlen und nicht handeln läßt, daß sie selbst die Urheber ihres Untergangs zu sein scheinen. Martin Walser hat hierfür in seinen Frankfurter Poetikvorlesungen den Begriff eingebracht und an literaturhistorischen Beispielen erläutert. Man könnte es aber auch die Darstellung einer notwendig falschen »Wirklichkeitserschleichung« (*BL* 143) nennen.

Den verletzten Seelen bleibt das Geschiebe und Getue auf der gesellschaftlichen Außenseite äußerlich. Anselm Kristlein hatte offen und direkt von vielen Erscheinungen seiner Zeit erzählt. In *Jenseits der Liebe* gibt es noch Gründe für das fehlende Vertrauen zu einer deutschkommunistischen Partei (dies ist auch als realistische Auflösung der wünschenswerten Utopie im *Gallistl* zu verstehen). In *Seelenarbeit* wird kurz auf Willy Brandt, Andreas Baader und Ulrike Meinhoff eingegangen (*SE* 120) und in dem *Schwanenhaus* kommt es einmal zu einem kleinen Disput über die SPD und die FDP (*SH* 80). Diese Zitate aus der Welt der Politik sind eher als Zeitkolorit zu verstehen. Aber die zwei Millionen Arbeitslosen, die neue Ausländerfeindlichkeit, die politische Wende in Bonn und anderswo, die alternativen Bestrebungen aller Art und die Friedensbewegung kommen nicht vor. Sie sind der ausgesparte Hintergrund, vor dem der Zweikampf stattfindet und ohne den dieser nicht wäre. Walsers umweglosem und komprimiertem Erzählverfahren in diesen Romanen entspricht es, von der äußeren und häufig widersprüchlichen Erscheinungsvielfalt abzusehen, um ausschließlich von dem zu erzählen, was ihm sozial wie literarisch wichtig ist. Gerade diese Abstinenz ermöglicht es, das kritische Spiegelbild einer Gesellschaft zu entwerfen, die politisch wie kulturell in selbstgefälliger Lethargie erstarrt ist.

Indem Walser den Ort und die Handlung auf ein Minimum reduziert, steigert er die Konzentration auf den wunden Punkt, auf das Ich als Schmerzensmann, das an dieser Welt leidet, ohne Aussicht auf Vergütung oder Erlösung. Deshalb aber auch, und vielleicht sogar gegen seinen Willen, verblassen die Chefs, die Konkurrenten wie auch die Freunde. Die Gegenstimmen verhallen, da der eigentliche Schauplatz dieses Weltgeschehens der Ort des Leidens, also das Innere des Einzelnen ist. Dies wird ganz deutlich an der Figur des Franz Horn. Hatte es Horn in *Jenseits der Liebe* noch mit seinem Chef Thiele und dem jüngeren Konkurrenten Liszt zu tun, so wendet er sich in dem *Brief an Lord Liszt* nur noch an den ehemaligen Konkurrenten, der nun auch ein Verlierer ist und der doch ein Freund hätte sein können. Franz Horn schreibt und schreibt in seinem »Brief«, diesem Ich-Buch mit einem allgemeinen Vor- und Nachspiel, um sich Liszt zu erklären, um sich über sich selber klar zu werden. Am Ende verschwindet dieser Brief in der Schublade für Schmerzerfahrungen und Leidauslöser. Er ist ein an ein Du gerichteter Monolog; ein Dialog, in dem die Antwort, die Gegenstimme ausbleibt. Franz Horn schreibt oder spricht wie ein zum Tode Verurteilter unablässig ums Überleben. Und so schrumpft auch die Dauer der erzählten Zeit auf die der Erzählzeit; Vergangenheit und Zukunft verschmelzen zur punktuellen Gegenwart.

Dieser zeitlichen, räumlichen und handlungsmäßigen Engführung entspricht die Verknappung der erzählenden Sprache. Lange, hypotaktische Satzgebilde finden sich immer seltener; ebenso das Herbeierzählen des Möglichen, Wünschenswerten, des Unwahrscheinlichen. Diese Sprache stellt dar, was ist und wie es ist; sie verzichtet auf Gelächter, Spott oder Jammer, auf das Erfinden des Besonderen oder Skurrilen und auf die Möglichkeiten des Futurs und des Konjunktivs. Meist reihen sich kurze, in ihrer grammatischen Struktur ähnliche Sätze aneinander. Nur daß es zwischen diesen zu einer immer heftigeren Bewegung der Abweichung, des Widerspruchs oder des Verschweigens kommt. Als wolle auch diese listige Sprache sich zurücknehmen und immer kleiner werden. Dabei wird sie zugleich immer entlarvender und schonungsloser in dialektischer Unerbittlichkeit und, wie das sich zurücknehmende Ich, immer empfindlicher. Selbst die kleinste Veränderung wirkt wie ein Schock oder eine Offenbarung. »Auch wenn das, was die tun, das Richtige ist. Laß uns beim Falschen bleiben. Warum, fragte sie. Ich weiß es nicht, sagte er. Aber, sagte er, es sei noch nie so notwendig gewesen, beim Falschen zu bleiben wie jetzt. Das Falsche ist das Richtige« (*FP* 104).

III. Die Stimme des Stummen
Meßmer und seine Zeitgenossen

Seit etwa fünfzehn Jahren ist das fiktionale Erzählen wieder frei geworden von der allzu engen Bindung an einen gesellschaftskritischen Auftrag oder an die konkrete Sprachreflexion. Diese Freiheit wurde auf die unterschiedlichste Weise genutzt. Uwe Johnson schrieb das historische wie geographische Weltbuch *Jahrestage* (1970-1983), Peter Weiss entfaltete seine biographischen Erlebnisse zur Geschichte und *Ästhetik des Widerstands* (1975-1981). Und Hubert Fichte, um nur diese drei Beispiele zu nennen, schickte seinen Erzähler als Geschichtsschreiber fremder Kulturen und Religionen in die afroamerikanischen Länder Mittel- und Südamerikas (*Xango* [1976], *Petersilie* [1980] und *Lazarus und die Waschmaschine* [1985]). Auffällig und bedenkenswert ist dabei, daß diesen drei Autoren offensichtlich ihre epischen Großwerke nicht genügten, daß sie in ihnen das Subjektive, die Darstellung ihrer eigenen Situation zur Zeit der Niederschrift vermißten. Jedenfalls haben Uwe Johnson wie Peter Weiss gleichzeitig zu ihren Romanen *Begleitumstände* (1980) und *Notizbücher* (1981) veröffentlicht, in denen sie von sich und den Voraussetzungen ihrer Werke sprechen. Und Hubert Fichte schrieb seit 1974 an dem vielbändigen Roman *Die Geschichte der Empfindlichkeit,* in dem er unter anderem davon erzählt, warum es einen wie ihn bis nach Lateinamerika getrieben hat.[2]

Die Ursache für diese erzählerische Doppelstrategie mag darin liegen, daß es noch schwieriger, ja fast unmöglich geworden ist, ein Thema, einen Stoff und eine Sprache zu finden, die es erlauben, gleichzeitig von sich und der Welt zu erzählen. Die Subjekte und die Objekte rücken immer weiter auseinander. Die jüngeren Autoren schreiben nun eng an ihren eigenen Erfahrungen entlang. Ganz neu in der Nachkriegsliteratur ist bei ihnen das nahezu ausschließliche Interesse an der eigenen Person, ihrer Herkunft und ihrer Befindlichkeit. Am extremsten und radikalsten geschah dies wohl in den Büchern von Herbert Achternbusch von *Hülle* (1969) bis *Wind* (1984), in dem Romanessay *Die Reise* (geschrieben 1969-1971; veröffentlicht 1977) von Bernward Vesper und in Rolf Dieter Brinkmanns Tagebuchmontage *Rom, Blicke* (geschrieben 1972/73; veröffentlicht 1979).[3]

Das Ich allein ergibt noch keine Welt und seine Umschreibung selten Literatur. Also nimmt das Verstummen zu, wächst das Schweigen noch. In der jüngsten Zeit gibt es jedoch in der erzählenden Literatur der heute etwa vierzigjährigen Autoren eine bislang wenig bemerkte Entwicklung. An die Stelle des einen Ich, das von sich erzählt, um seiner habhaft zu werden, ist eine Vielzahl von stummen Stimmen getreten, die Initiationsriten und

Totentanz in eins sind und das herkömmliche Romankontinuum auflösen in ein verwirrendes und vom Prinzip her endloses Geschichtengeflecht. Alle diese Stimmen und Geschichten zusammen summieren sich zu einem zumeist abgründigen Weltbild, sie ergeben aber nicht im entferntesten eine Ich-Repräsentanz; vielmehr haben sich das erzählende Ich wie die erzählten Figuren bis zur Schattenhaftigkeit verflüchtigt. Gerold Späths *Commedia* (1979) und *Sindbadland* (1984), Klaus Hoffers zweiteiliger Roman *Bei den Bieresch* (1983) und Botho Strauß' *Der junge Mann* (1984) mögen dafür als Beispiele stehen.[4]

Sie, wie auch Gerhard Roths komplexer Roman *Landläufiger Tod* (1984), verweisen auf einen weitreichenden Prozeß in unserer Gesellschaft. Zum einen gibt es eine rasche Veränderung der sozialen Rollen, Normen und Leitbilder, ausgelöst durch das Verschwinden tradierter Wertvorstellungen, Gruppen und Verhaltensmaximen. Die soziale Mittelschicht wird immer umfassender und die Situation an ihren Rändern immer extremer. Dabei bedingen die ökonomische Chancengleichheit und eine zunehmend größere Orientierungslosigkeit einander. Jeder Einzelne ist nun auf sich selbst verwiesen, d. h. aber auch, daß er jederzeit die Möglichkeit seines Scheiterns zu erwarten und selbst zu verantworten hat. Dieser gesellschaftliche Umbruch hat teilweise zu einer neuen sozialen Polarität geführt, die man als Gesellschaft und Alternativgesellschaft, als Kultur und Gegenkultur beschreiben kann.

Zum anderen hat die Psychologisierung unseres sozialen Lebens ein noch größeres Ausmaß erreicht. Aussagen in der Öffentlichkeit werden weniger bewertet aufgrund ihrer Sachbezogenheit oder anhand des Nutzens/Nachteils für das Ganze, sondern sie werden vielmehr gemessen an der Authentizität, Glaubwürdigkeit und Überzeugungsfähigkeit dessen, der spricht. Der Sinngehalt der sozialen Interaktion wird nun darin gesehen, inwieweit sich die Betroffenen dabei verstehen und fühlen. Diese Öffentlichkeit — und das gilt auch für die literarische Öffentlichkeit — ist zum Markt der Selbstoffenbarung geworden, wobei aber das Reden vom Privatesten, das Sich-aus- und Zur-Schau-Stellen nicht zur gewünschten Bestätigung und Identifikation mit sich selbst führt, sondern im Konsum verschlissen wird. Franz Horn sagt von Thiele: »Seine Fähigkeit, an nichts glauben zu müssen als an sich selbst, ist inzwischen zur Lieblingstugend der Epoche geworden« (*BL* 105).

Während dieser Umbruchzeit und in diesem Pluralismus literarischer Aktivitäten und Reaktionen hält Martin Walser fest an seinem tiefverwurzelten Glauben an die Möglichkeit der Unverwechselbarkeit des Einzelnen und an einer zu erreichenden Identität mit sich selbst. Seine

Bücher von den *Ehen in Philippsburg* (1957) bis zum *Brief an Lord Liszt* (1982) geben davon ein beredtes Zeugnis; aber auch von dem elenden Dilemma, daß der öffentliche Narzißmus die Selbstsuche nur steigern und nie befriedigen kann. »Jedem einzelnen ist das eigene Selbst zur Hauptbürde geworden. Sich selbst kennenzulernen ist zu einem Zweck geworden, ist nicht länger ein Mittel, die Welt kennenzulernen.«[5] Walser will also von dem unglücklichen Bewußtsein erzählen, indem er von der Ursache seines Unglücks, also von der Welt, berichtet, und er muß dieses unglückliche Ich so darstellen, daß sein Unglück nicht konsumierbar wird. Diese Schwierigkeit, ich zu sagen in einer Gesellschaft, die das Intime zum öffentlichen Spektakel degradiert hat, also von sich zu reden, indem man sich zugleich verschweigt, bezeugt die radikale Form und Sprache von Walsers neuem Buch *Meßmers Gedanken* (1985). »Es gibt nur Splitter, die man nicht zusammensetzen darf zu einem Bild« (*MG* 48). Walser kehrt hier aus der Polarität: das Ich und seine Gegenstimme zurück zur Singularität des Einzelnen. Denn seine Gegenstimmen sind nicht nur Kontrahenten, sondern tendenziell ebenfalls Bilder des unglücklichen Bewußtseins, worauf neben den erfolgreichen die versagenden Makler im *Schwanenhaus* wie auch die Entwicklung Liszts hinweisen. In *Meßmers Gedanken* hat Walser Franz Horns Ich-Perspektive vollkommen auf sich selbst gerichtet. Meßmer kommt als Person gar nicht mehr vor, was wir von ihm wissen, sind die Bruchstücke eines Traktats, den er in einer Art Tagebuch niedergeschrieben hat. Schon Alissa hatte in der *Halbzeit* diese Form des Selbstgesprächs gewählt. *Meßmers Gedanken* sind den ersten Büchern der *Gallistl'schen Krankheit* nicht unähnlich, jedoch kennen sie weder das utopische Ende, noch reflektieren sie jene Welt, die ihn zum Außenseiter machte. Ich lese sie in ihrer verknappten Unmittelbarkeit als Notate nach einem großen Unglück in einer menschenleeren Welt, vergleichbar den Aufzeichnungen Kafkas in seinen frühen »Oktavheften«. »Ich bin öfter gestürzt als aufgestanden« (*MG* 15). Und: »Immer wenn ich zu Boden muß, fange ich selber zu zählen an« (*MG* 76).

Was sich da in erneuten Anläufen zu Wort meldet, ist ein ganz unbestimmtes Ich. Erst gegen Ende der Eintragungen erhält er seinen vollen Namen: Tassilo Herbert Meßmer, in einer Szene, in der von außen sein möglicher plötzlicher Tod erzählt wird. Auch der Anselm Kristlein der *Halbzeit* litt an seinem diffusen Selbst, das ihn immer wieder dazu verleitete, von sich in der dritten Person zu erzählen. Bei Meßmer wird diese Reduktion bis an den Rand des Verstummens, des Schweigens vorangetrieben. »Von allen Stimmen, die aus mir sprechen, ist meine die schwächste« (*MG* 7) — so beginnen seine »Gedanken«. »Von meinem

Schmerz kann ich nicht reden, er ist zu klein. Aber schweigen kann ich von ihm« (*MG* 50). Meßmers Ich ist gleichsam die Matrix, in die sich die Welt eingeschrieben hat. »Mein Gesicht ist eine Tür, durch die man herein kann, aber nicht hinaus« (*MG* 7). Wo einst Leben war, ist nun Bewegungslosigkeit und Starre eines Dings: »Ich kann allein sein wie ein Stein« (*MG* 31).

Der Riß, der durch die Welt geht, hat auch das Innerste gespalten. »Man kann sich umbringen wie ein Diener einen unerträglichen Herrn« (*MG* 75). Umweglos und eindeutig bietet Walser Bilder an für dieses In-sich-selbst-befangen-Sein: »So ist die Feigheit entstanden; der enorme Käfig, der dich schützen sollte und dich einsperrt« (*MG* 84). Eine dialektische Spannung, die den Dialog als Monolog führt. Wem sollte sich dieses Ich auch mitteilen? Seinem Er? Oder der Welt? »Ich bin durch Widerspruch geworden, was ich bin. Dem wurde widersprochen. Dem widersprach ich. Aus mir spreche nicht ich, sondern der Widerspruch« (*MG* 41). Alle diese Partikel lesen sich als verdüsterte Fortsetzung jener 99 Sprüche von dem *Grund zur Freude* (1978). »Schau, dein Schatten singt. Sing ihm eine zweite Stimme« (*MG* 85). Dieser Wahrheit entspräche es: »Eine Figur vorführen, deren Tod man nach der Vorführung für gerechtfertigt hielte« (ebd.). Und so biegt sich der Vorschein einer Zukunft zurück in den Widerschein des Vergangenen: der Schönheit eines »Gegenhomburg« (*MG* 87) und der Töne und Trauer des neunzehnten Jahrhunderts (*MG* 92 f.). Meßmers Sehnsucht zielt auf eine nachchristliche Religion, in der Gott auf düstere Weise anwesend ist: »Gott ist die Höhle in jedem, in der die Dunkelheit Platz hat, die zu uns gehört« (*MG* 95).

Meßmers Gedanken sind das helle Bewußtsein dieser Dunkelheit in uns, also von nicht beruhigbarer Lebensklugheit: »Zuerst herrscht der Lebensschmerz. Bis man an den Tod denkt, ist es schon wieder zu spät. Für Gelassenheit« (*MG* 59). Sie sprechen vom Erstarren der Zeit und vom Schrumpfen des Raums, vom Versteinern und von der Stummheit dessen, der singen will, wenigstens jenen Ton, »der durch mein Leben entsteht« (*MG* 99). Sie sind der verhaltene, angehaltene Schrei nach Bewegung, damit, wenn das Leben verlösche, wenigstens der »Abschied Leben« habe (*MG* 105). Diese an die Menschen gerichteten Gedanken schweigen unüberhörbar vom Ende des Aufbruchs, von dem Verlust der Geschichte und von der Enttäuschung jener Erwartung, die den Anselm Kristlein des *Einhorns* so umtriebig gemacht hatte.

»Ich habe eine Linie gezogen, und es wurde ein Kreis. [...] Dieser winzige Kreis. Und dann gleich die Wildnis. Wir sind immer noch Abenteurer« (*MG* 104 und 89).

Anmerkungen

1 Beide Bücher erschienen im Suhrkamp Verlag.
2 Die genannten Werke von Uwe Johnson und Peter Weiss wurden bei Suhrkamp verlegt; die von Hubert Fichte erschienen im S. Fischer Verlag, wo ab Herbst 1987 auch Fichtes 17bändige *Geschichte der Empfindlichkeit* erscheinen soll.
3 Sowohl Herbert Achternbuschs *Wind* als auch Bernward Vespers *Reise* wurden vom Verlag Zweitausendeins veröffentlicht. Eine Taschenbuchausgabe von Vespers Romanessay erschien beim Rowohlt Verlag, der auch Dieter Brinkmanns *Rom, Blicke* verlegte.
4 Gerold Späths, Gerhard Roths und Klaus Hoffers Werke erschienen bei S. Fischer, Botho Strauß' Roman beim Hanser Verlag.
5 Richard Sennett, Verfall und Ende des öffentlichen Lebens, Frankfurt/M. 1980, S. 16.

Podiumsdiskussion als politisches Paradigma

Das Einhorn und Milan Kunderas *Das Leben ist anderswo*

Thomas Rothschild

IN SEINEM ROMAN *Das Einhorn* beschreibt Martin Walser ausführlich eine Podiumsdiskussion, an der sein Held Anselm Kristlein teilnimmt. Und Milan Kundera läßt Jaromil, den Protagonisten seines Romans *Das Leben ist anderswo* (*Život je jinde*) an einer Dichterlesung mit anschließender Podiumsdiskussion vor Polizisten teilnehmen.[1]

Diese beiden Passagen sollen im folgenden miteinander verglichen werden. Ziel des Vergleichs ist es, Gemeinsamkeiten und Unterschiede festzustellen und auf die jeweiligen Bedingungen der Entstehung zu beziehen. Die Gegenüberstellung ist nicht willkürlich. Martin Walser, 1927 geboren, und Milan Kundera, 1929 geboren, gehören derselben Generation an. Beide sind in erster Linie als Verfasser von Romanen hervorgetreten, in denen sie die Entwicklung der Bundesrepublik Deutschland bzw. der Tschechoslowakei nach dem Zweiten Weltkrieg thematisierten. Im übrigen haben sich beide auch als Dramatiker ausgewiesen. Beide haben sich literaturtheoretisch geäußert, gehören eher dem Typus des intellektuellen, reflektierenden als dem des spontanen Schriftstellers an, und beide bedienen sich der Ironie als hervorstechendem literarischen Mittel.

Die Gemeinsamkeit in der Vorliebe für das ironische Verfahren läßt sich gerade in den Abschnitten, die hier zur Diskussion stehen, zurückführen auf die Diskrepanz zwischen der Einsicht in die Hohlheit und

Klischeehaftigkeit von Ritualen des Kulturbetriebs und der Tatsache, daß man selbst als Schriftsteller an diesen Ritualen beteiligt war. In ihren konkreten Ausformungen unterscheiden sich diese Rituale in der Bundesrepublik und der ČSSR. Gemeinsam aber ist ihnen, daß sie innerhalb der jeweiligen Gesellschaft einen hohen Grad der Standardisierung und der Verbindlichkeit gewonnen hatten. Jedem Leser sind diese Rituale vertraut. Der Witz ergibt sich aus der verfremdenden Sicht, mit der Walser und Kundera sie beschreiben.

Freilich: Die hier zum Vergleich herangezogene *Einhorn*-Passage spielt 1961. Martin Walser ist in seinem 1966 erschienenen Roman dem Objekt seiner Ironie näher als Milan Kundera in seinem Roman, der Anfang der siebziger Jahre entstand und zu Stalins Lebzeiten spielt. Beide Autoren verfremden zwar durch essayistische Einschübe und Abschweifungen, und beide bedienen sich auch dieser Exkurse zur Verallgemeinerung des historisch Einmaligen. Jedoch drückt sich die zeitliche und strukturelle Nähe der Situation im Moment des Entstehens von Walsers Roman zu jener, die darin thematisiert wird, aus in der zwar gebrochenen, weitgehend aber doch durchgehaltenen Perspektive Kristleins, die für den Roman bestimmend ist und Walser sogar stellenweise die Ich-Form wählen läßt. Anders bei Kundera. In seinem ersten Roman *Der Scherz* (*Žert*) erzählte auch er noch aus den Perspektiven seiner Protagonisten, insbesondere des Ludvík Jahn, der Opfer der Geschichte, also auch Prätendent auf die Sympathie des Lesers war. Jaromil hingegen wird zum Täter. Zu ihm geht Kundera auf Distanz. Als Kundera, der damals noch in Prag lebte und mit einer Veröffentlichung in seiner Heimat nicht rechnete, an dem Roman *Das Leben ist anderswo* schrieb, dessen Titel übrigens einen Slogan des Pariser Mai ironisiert, waren die Illusionen, die ein junger Mensch in den Jahren des Stalinismus immerhin mit einer gewissen Berechtigung noch haben konnte, war jener lyrische Optimismus, den Kundera so bitter charakterisiert, längst undenkbar geworden. Kunderas Ironie ist die eines Erzählers, der, in veränderten gesellschaftlichen Strukturen lebend, aus der Geschichte gelernt hat. Sie ist klüger als die Protagonisten des Romans. Walsers Ironie pendelt zwischen der Selbsterkenntnis seines kaum entrückten Subjekts und Objekts des Buches im Buch und der größeren Einsicht seines Erfinders. Hinzu kommt ein individueller Unterschied zwischen Kundera und Walser, der allerdings bei den Textstellen, um die es hier geht, keine bedeutende Rolle spielt: Während Walser in der Regel von psychologisch motivierten, gleichsam aus der konkreten Beobachtung geborenen Figuren ausgeht und sich die Ironie bei ihm also oft an konkreten Details festmacht, schafft Kundera — in seinen späteren Romanen zunehmend — Figuren, die dazu dienen, allgemeinere Überlegungen, abstrakte Modelle in eine Romanhandlung überzuführen. Kunderas Ironie entspringt einem prinzipiellen Skeptizismus und äußert sich eher gegenüber Strukturen als gegenüber Details des Verhaltens. Die Funktion der Diskussions-Rituale schildert Martin Walser (hier in der ersten Person) so:

> Die zirka 5000 Diskussionsteilnehmer, die Abend für Abend auftraten, um der Bevölkerung die ansteckende Show des schlechten Gewissens zu bieten, haben sich historisches Verdienst erworben bei der Befestigung unseres Mionärsstaates. Ein Diskussionsorden, eine Vereitelungsmedaille in mehreren Klassen wäre das Wenigste, was die Bunzreplik uns Kämpfern für das Treten auf der Stelle schuldig wäre. Bewegung muß sein, ohne Bewegung erstickt die Gesellschaft; und wir waren es, die die Bewegung auf der Stelle und im unbeschreiblichen Kreis herum erfanden und demonstrierten, zur Nachahmung für alle. (*E* 122)

Und in Kristleins Überlegung, woher Fräulein Salzer ihren Ozelot hat, stößt sich die enge Konkretheit der Themen professioneller Reisender in Diskussion an der Tatsache ihrer Reproduzierbarkeit durch Typisierung.

> Den hat sie sich doch nicht beim kommunalen Dr. Klüsel verdient mit Briefen an Gesprächsteilnehmer, an Referenten über Was-geht-in-Asien-vor? Den hat ihr auch nicht geschenkt der Kollege Arnold Sörgele, der, wo immer Anselm auftrat, schon aufgetreten war mit dem Vortrag über das Christentum in einer pluralistischen Gesellschaft. Den hatte ihr auch nicht der Kollege Dr. Peter-Heinz Baron von Blibsch mitgebracht, der immer gerade zurückkommt von Swasiland, Nepal, Machu Picchu, Lourenco-Marques oder Zimbabwe, um dann von Lemgo bis Kreuzlingen die schönen Abende zu bereiten unter solchen Titeln: Menschen am Silberstrom, Fröhliches, unbeschwertes Portugiesisch-Ostafrika, Von Vögeln und Eiern, Was geht uns China an, Polygamie und Frühehe zwischen Mohammed und Lenin, auf Wunsch bebildert mit FL, 5×5. Also vom Kollegen Baron hat sie den nicht, von der Kollegin, die gegen Diktator Sexus reist, auch nicht, von wem also hat sie den Ozelot?
> (*E* 118)

Die Erscheinungsformen solcher Veranstaltungen in der Tschechoslowakei sind vergleichbar. Vergleichbar war in den Jahren zwischen 1948 und 1956, um die es hier geht, sogar ihre Funktion: Bewegung vorzutäuschen, wo es zum Stillstand gekommen war. Was bei Walser »pluralistische Gesellschaft« (*E* 118) heißt, firmiert bei Kundera als »revolutionäre Aktivität« (*LA* 271). In beiden Fällen wird die tödliche Routine hinter den dynamischen Worthülsen erkennbar. Kundera:

Doch Jaromil unterschätzte seine Kollegen; schließlich absolvierten einige von ihnen im Laufe eines Jahres an die hundert derartige Veranstaltungen, so daß Gesprächsrunden für sie Haupttätigkeit, Fachgebiet und Kunst geworden waren. Ein Zeitumstand sei in Erinnerung gebracht: man lebte in der Zeit der Gesprächsrunden und Meetings; die unterschiedlichsten Institutionen, Betriebsklubs, Partei- und Jugendorganisationen veranstalteten Abende, zu denen sie die verschiedensten Maler, Dichter, Astronomen beziehungsweise Ökonomen einluden; die Veranstalter solcher Abende wurden für ihre Veranstalterei gebührend gewürdigt und belohnt, weil die Zeit revolutionäre Aktivität verlangte, diese aber sich nicht auf Barrikaden ausleben konnte, sondern in Sitzungen und Gesprächsrunden ihre Krönung finden mußte. Und die verschiedenen Maler, Dichter, Astronomen beziehungsweise Ökonomen stellten sich gern zur Verfügung, weil sie dergestalt zu dokumentieren vermochten, daß sie keine Fachidioten, sondern revolutionäre Fachleute und mit dem Volk verbunden waren.
(*LA* 270 f.)

Für Martin Walser wie für Milan Kundera sind die so plastisch vorgeführten Gesprächsrunden weit mehr als bloß lächerliche Äußerlichkeiten, die sich der Karikatur mit einer Beimischung von Selbstironie anbieten. Sie sind vielmehr Ausdruck einer gesellschaftlichen Struktur in einer bestimmten historischen Situation. Und wenn bei Walser die Podiumsdiskussion zu einem Sachthema das Modell liefert, während es bei Kundera eine Dichterlesung mit anschließender Publikumsdiskussion ist, so liegt das nicht allein am dialogischen Selbstverständnis einer pluralistischen bürgerlichen Demokratie einerseits und am Verlautbarungsstil der stalinistischen Pseudoöffentlichkeit andererseits. Gewiß, der fast militärische Ablauf der Lesung bei Kundera — »Einer nach dem anderen trat vor, las, erhielt Applaus und nahm seinen Platz wieder ein« (*LA* 268) — hat unübersehbar strukturelle Gemeinsamkeiten mit dem Ritual kommunistischer Parteitage, wie Walsers Podiumsdiskussion ihre Entsprechung in Bundestagsdebatten findet. Aber in Walsers Wahl eines Vertreters, der mehr oder weniger freiwillig zum Schriftsteller wird, und Kunderas Wahl eines Muttersöhnchens, das zugleich Dichter und Stalinist wird, manifestieren sich auch unterschiedliche Akzente in der Auffassung davon, was in der jeweiligen Gesellschaft eine paradigmatische Karriere sein konnte. Kundera schreibt über jene Zeit: »Heute sind es für alle die Jahre der politischen Prozesse, der Verfolgungen, der Bücherverbote und der Justizmorde. Wir aber, die wir uns noch erinnern, müssen unsere Zeugenaussage machen: Es war nicht nur die schreckliche, es war auch die lyrische Zeit! Henker und Dichter regierten Hand in Hand« (*LA* 315).

Während also für Walser fast notwendig die Rolle des Intellektuellen in der Konkurrenz- und Wohlstandsgesellschaft der nicht mehr ganz jungen Bundesrepublik im Mittelpunkt des Interesses steht, ist es für Kundera die Verflechtung von Kunst und Politik. Um Aufstieg geht es in beiden Fällen. Für Kristlein wie für Jaromil sind die öffentlichen Auftritte eine Stufe in der Karriere. Kristlein »mußte doch dringend hoffen, seiner eigenartigen Berufsverhältnisse wegen, irgend wann einmal aufgenommen zu werden in die höheren Priesterkasten der Bunzreplik« (E 134), und Jaromil hat seinen Triumph, als ihn der arrivierte Sechziger umarmt: »Freund, Sie sind ein Dichter!« (LA 269). Und weil auf der Stufenleiter des Erfolgs sich selbst ehrt, wer im rechten Moment den Parvenü preist, ergänzt Kundera: »Und weil der Beifall nicht abbrach, drehte er sich selbst zum Saal, winkte und verneigte sich« (ebd.).

Bezeichnend ist in diesem Zusammenhang, vor welchem Publikum die Podiumsveranstaltungen stattfinden. Auch hier zunächst einmal die äußerliche Gemeinsamkeit der frontalen Gegenüberstellung von Sinnproduzenten und Sinnkonsumenten. »Diskutanten betrachten Zuschauer, die Diskutanten betrachten, die Zuschauer betrachten« (E 121), heißt es bei Walser. Bei Kundera beginnt nach einer Pause im Anschluß an die Lesung der elf Dichter die Diskussion: »Die Dichter nahmen ihre Plätze auf dem Podium ein, während sich unter ihnen in der ersten Reihe des nun gähnend leeren Saales ungefähr zehn Leute placierten: [. . .] Die beiden einander gegenübersitzenden Reihen waren etwa gleich stark, man hätte an zwei Fußballmannschaften denken können« (LA 270).

Gelichtet haben sich bei Kundera die Reihen, weil der Veranstalter zuvor verkündet hatte: »Die Teilnahme ist nicht mehr Pflicht; lediglich die Interessenten sind dazu aufgefordert« (LA 269). Während nämlich bei Walser die Illusion von Auseinandersetzung vor freiwilligen Besuchern einer kommunalen Institution erzeugt wird, deklamieren Kunderas Dichter in der Klausur einer großzügigen Villa im Grünen vor jungen Polizisten, die zur Lesung abkommandiert wurden. Mit anderen Worten: In der ČSSR der Stalin-Zeit wird zivile Öffentlichkeit noch nicht einmal suggeriert. In seiner Konstellation, die durchaus eine realistische Ebene hat, verbildlicht Kundera vielmehr die Allianz von Kunst und Herrschaft, von Intelligenz und Apparat.

Den reinen Alibicharakter von Podiumsdiskussionen in einer Gesellschaft, die Alternativen vortäuscht, wo es in Wirklichkeit keine echte Wahl gibt, kennzeichnet Walser treffend: »Die Bevölkerung braucht das Schauspiel der Auseinandersetzung. Die Bevölkerung muß immer wieder mal wen oder was wählen. Die demokratischen Schausteller aller Branchen wiederum wissen, daß es egal ist, ob man für den oder den anderen Teil der Bevölkerung auftritt, Hauptsache man gehört zu denen, die auftreten« (*E* 133).

Vorgetäuschte Öffentlichkeit spielt auch bei Kundera eine Rolle. Freilich: Es ist die begrenzte Öffentlichkeit des Polizeiarchivs, für die die »außergewöhnlich schöne junge« Filmerin das Zeichen zur Ausleuchtung gibt, als die Dichter mit dem Kommandeur ihre Brötchen zu kauen beginnen (*LA* 266).

Was für Jaromil die Nähe zur Macht, ist für Anselm Kristlein das Geld. Unterschiedliche Motivationen führen im Kapitalismus und im Stalinismus zu vergleichbaren Erscheinungen. Kristlein vermutet,

> daß er der einzige Partner sei, der für Geld diskutiere. [...] Angesichts der Partner spürte er, daß Geldmangel keine Legitimierung war für die Mitwirkung bei der Klärung von Schicksalsfragen. [...] Er brauchte Geld, er wurde bezahlt, er würde liefern, was man bei ihm bestellt hatte. Waren aber keine Frauen im Saal, dann nutzte auch der kaufmännische Anstand nicht viel. Eine einzige genügte. Eine, der zuliebe er diskutieren konnte. Er mußte sie aber sehen. (*E* 130)

Das Diskussionsritual wird hier ironisch seines ideologischen Überbaus, ideelle Motive legitimierten zur Klärung von Schicksalsfragen, entkleidet und reduziert auf seinen ökonomischen und erotischen Tauschwert. Und dies haben die Diskussionsrunden von Walser und Kundera gemeinsam: sie sind Männerwelten. Die da unter Konkurrenzdruck Selbstdarstellung betreiben, bedürfen neben der Motivation durch Geld bzw. durch Aussicht auf Teilhabe an der Macht des erotischen Motors. Für Anselm Kristlein erfüllt die Sekretärin Fräulein Salzer diese Aufgabe, Jaromil bedient sich, zunächst noch weniger keck als sein kapitalistischer Kollege, der Leiterin des Filmkreises zu diesem Zweck. Immerhin: Es ist durchaus von Bedeutung, daß das hierarchische Gefälle in der tschechischen Situation wesentlich geringer ist als im Kapitalismus. Die Sekretärin, die sich für einen Ozelot kaufen läßt, wäre so im Prager Kontext unwahrscheinlicher — und sei es nur deshalb, weil sich dort niemand einen Ozelot leisten konnte. Kristlein hat seine alte Bekannte Barbara noch nicht gesichtet. »Weil er Barbara nicht fand, sprach er für Fräulein Salzer. Zuerst suchte er ihren Blick« (*E* 131). Und Jaromil interessiert nicht der Schuldienersohn, der ihn zu dieser Lesung vor Polizisten gelotst hat. Hingegen fixiert er »die Filmerin, die ihre Aufnahme inzwischen beendet hatte und nun ihre großen, ruhigen Augen den Dichtern zuwandte« (*LA* 270).

Worüber man da spricht, scheint in dieser erotischen Aufgeladenheit, angesichts der Frau, vor der man sich produziert, austauschbar. Kristlein wie Jaromil verhalten sich opportunistisch. Der eine taxiert die angepeilte Frau: »Wie war sie gekleidet? War sie reich oder arm? Schien sie reich zu sein, trug er seine Arie gegen die Reichen milder vor, bemitleidete die Reichen, sagte, sie könnten ja nichts dafür. Schien die Erregerin Arbeitnehmerin zu sein, glühte er umso leichter auf für die Arbeitnehmer« (*E* 130 f.). Und der andere? »Jaromil war zufrieden mit dem, was er gesagt hatte, und registrierte zwei große schwarze, unbeweglich blickende Augen; ihm schien, seine Worte »große Liebe« und »befreites Gefühl« würden aus seinem Mund wie bewimpelte Segelboote in den Hafen dieser Augen schwimmen« (*LA* 274).

Es versteht sich, daß sich der Opportunismus von Walsers und Kunderas Protagonisten nicht auf die Objekte sexueller Begierde beschränkt. Die weiblichen Verkörperungen der Ziele ihrer Anstrengungen gehen in den Romanen vielmehr eine enge Beziehung ein mit den Strukturen des gesellschaftlichen Aufstiegs. Und es hat gewiß mehr als nur individuell psychoanalytische Bedeutung, wenn der sexuelle Freibeuter Anselm Kristlein in der kapitalistischen Wegwerfgesellschaft seine Geliebte austauscht gegen jede jeweils neue, die größeren augenblicklichen Nutzen verspricht, wenn hingegen Jaromil in seiner sehnsüchtig-geilen Körperfeindlichkeit, seiner Angst vor den eigenen sexuellen Regungen, seiner von der Mutter geerbten Unfähigkeit zu entkrampftem Lustgewinn den Bruder seiner Geliebten schließlich denunziert und so die Inhumanität des Machtapparats akzeptiert zuungunsten familiärer Loyalität. Diese Unterordnung der individuellen Entscheidung, die man ja traditionell für eine Bedingung von schöpferischer Arbeit hielt, unter den Pflichtkatalog einer Normengesellschaft kündigt sich bereits an bei Kunderas ironischer Aufzählung von Fragen, die den Dichtern »mit der erdrückenden Regelmäßigkeit statistischer Wahrscheinlichkeit« gestellt würden:

> Ganz bestimmt würde man von ihnen wissen wollen: Wie sind Sie, Genosse, zum Schreiben gekommen? dann: In welchem Lebensjahr haben Sie Ihr erstes Gedicht geschrieben? dann: Welchen Autor haben Sie am liebsten? sodann würde sich jemand mit seiner marxistischen Bildung brüsten wollen und die Fangfrage stellen: Wie definierst du, Genosse, den sozialistischen Realismus? Und sie wußten, daß ihnen außer diesen Fragen noch die Ermahnungen blühten, mehr Verse 1. über die Professionen derjenigen, mit welchen die Gesprächsrunde stattfand, 2. über die Jugend, 3. über die Härte des Lebens zur Zeit des Kapitalismus, 4. über die Liebe zu schreiben. (*LA* 271)

Diesem vom Lyriker eingeforderten Leistungswillen in der jungen ČSSR stehen in der Bundesrepublik jene auf der Stelle tretenden Selbstzweck-

Diskussionen gegenüber, die Walser charakterisiert als »Veranstaltungen zur Zerknirschung, Skrupelzüchtung, Gewissensüberschärfung, Selbstbeschimpfung und Entmutigung« (*E* 121). Auf der einen Seite also die Borniertheit gesellschaftlicher Erwartungen, auf der anderen die Beliebigkeit von Argumenten, die keinerlei gesellschaftlichen Einfluß ausüben. Sosehr sich freilich die Grundhaltungen in den beiden Systemen unterscheiden, sosehr entspricht die Klischeehaftigkeit der Sprache jener West-Diskussionen — Walser widmet ihr einen langen Exkurs — der eben zitierten Phrasenhaftigkeit der Fragen bei Kundera. Hier wie dort kommt dem öffentlichen Schaudiskutieren der Intelligenz bei aller Unterschiedlichkeit der äußeren Formen eine ähnliche Funktion zu: Bewegung zu suggerieren, wo Stillstand herrscht, den traurigen politischen Alltag ideologisch und ästhetisch zu verbrämen. Wie sollten sich Martin Walser und Milan Kundera in der Darstellung dieser Zusammenhänge anders als ironisch äußern, da sie doch fürchten müssen, genau das zu leisten, was sie kritisieren, indem sie es kritisieren?

Anmerkungen

1 Walsers Text (Sigle *E*) wird nach der im Siglenverzeichnis genannten Ausgabe, Kunderas Roman (Sigle *LA*) nach der Übersetzung von Franz Peter Künzel (Frankfurt/M. 1974) zitiert.

The Role of Film in
Die Gallistl'sche Krankheit

Robert Acker

MOST CRITICS AGREE that Martin Walser's *Die Gallistl'sche Krankheit* (1972) represents an optimistic, albeit utopian view of the future of West German society.[1] It is also a rather unusual piece for Walser, considering the pessimistic tone of most of his other works, particularly the third part of the Kristlein trilogy, *Der Sturz*, which was completed a year later. This short novel is a primarily first-person narrative of a strange illness which befalls Josef Georg Gallistl; since it does not exist in medical records, he gives it his own name. "Gallistl's malaise," which exhibits itself as deep isolationist melancholy and an inability to communicate with others, results from his failure to survive in a competitive society. He can no longer meet the demands for achievement placed upon him since childhood. He is alienated from reality, his energy runs out, and he is reduced to contemplating his own biography. In a quite disoriented state he seeks in vain alternative philosophies, until he meets members of the Communist party, who, rather conveniently, give him a new historical consciousness and point the way for the future. Through a new sense of solidarity with the community Gallistl is able to come to an understanding of his importance as an individual.

At first glance this philosophically and sociologically oriented novel might seem to have little to do with the medium of film. Yet even the casual reader cannot fail to notice references to the cinema, too frequent and too strategically located to be fortuitous or casual. We are given a clue about the significance of film in this novel early in the first chapter when Gallistl quotes a sentence supposedly taken from a newspaper or magazine story: "Der internationale Kongreß des PEN-Clubs, der im Juli in London zusammentrat, untersuchte unter anderem den Einfluß von Film, Rundfunk und Fernsehen auf die literarische Gegenwartsentwicklung" (*GK* 16). The mass media, particularly film and television, have had an important stylistic effect on literature, and it is no accident that this quotation is included in the novel, for Walser has consciously imitated several filmic techniques in the work. His use of such techniques does not make him unique, of course, for these devices have been around for many years, at least since the late 1920s and early 1930s, and in some respects they have become part of the standard narrative repertoire of contemporary authors. Nevertheless, since the novel abounds with so many thematic references to the filmic media, and since the concept of film is so crucial to our understanding of the text, it seems important to stress the existence of these filmic devices in the novel. Walser no doubt feels, as do many contemporary German authors, that such techniques permit an author even today to portray events in a new and unusual manner, that they expand our perspectives regarding reality, and that they can serve more adequately to represent a technological world.[2] The imitation of film in prose can thus enhance the realistic description of events, which is one of Walser's central concerns. In the following remarks, I would like to examine Walser's use of these filmic techniques and then explore how he uses the medium of film as part of the thematic nexus of his work.

Walser's most obvious technique can be seen in the general organization of the novel, which is not a continuous linear narrative but a series of sometimes very short segments (aphorisms, reflections, essays, strands of plot, etc.) presented in rapid succession. This style is equivalent to the frequent short scenes and cuts common in most films, or to the often used montage technique. It is as if we were viewing a newsreel covering various bits and pieces of Gallistl's life. To enhance this newsreel quality, Walser has included several documentary passages. The quotation above is an example; there are many others, including excerpts from newspaper articles, book quotations, and a letter. Of course one has no way of knowing whether these passages are genuine or invented, but suffice it to say that they lend the novel a documentary flavor and serve to strengthen the credibility of the *Krankheitsbericht*. One is reminded here of the films of the author/director Alexander Kluge, pioneer in the use of documentary passages in the New German Cinema, such as in his quite popular *Die Artisten in der Zirkuskuppel: ratlos* of 1968. Kluge was also one of the promulgators of documentary literature, and it is well known that Walser approved of this documentary experimentation in the late 1960s.[3] In this regard we can note that at the height of his illness, when Gallistl is seeking relief from whatever source he can, he hopes that something "Spannendes" will come on television in the evening, and states, in a wonderful bit of self-irony, his distaste for a certain genre: "Ein Dokumentarfilm, mein Gott, das wär schrecklich" (80).

Filmic techniques abound in the novel on other levels as well. Sometimes Walser uses the close-up frame, where a part stands for a whole. For example: "Aus der Weinflasche fällt, gegen geringen Widerstand, der Wein in die Gläser" (96), or "Meine Sohle hebt sich nie höher, als eine Handbreite über den Grund" (62). We can easily imagine a close-up of wine pouring into a glass or soles of shoes moving across a field. At other times Walser gives the impression of the moving camera, as it swings back and forth observing various elements and dimensions of a scene: "Am nächsten Tag schien zum ersten Mal die Sonne. Überall lagen tote Fische herum. Ich preßte ein Papiertaschentuch gegen die Nase. In der Gegend des Südbahnhofs sah man ein Feuerwerk in den hellen Himmel steigen. Wir begegneten den Streikenden" (60). At first we have a wide-angle shot containing a shining sun and dead fish. We then cut to the narrator, trying to stifle the smell. The perspective then narrows to the area of the train station and finally we glimpse the strikers. Or we find a telescoped phrase which imitates a quick zoom from a broad panorama to a specific detail: "Die Stadtgarten-Pavillon-Frauen-Kinder-Blüten-Szene..." (69). As frequently happens in a film, unnecessary details are left out and only the essential scenes needed to assure continuity are maintained. Occasionally Walser changes the perspective of the narration and we view an event from two different (camera) angles:

> Pankraz ruft mich aus dem Haus. Er steht vor dem Haus, läutet nicht, sondern ruft: Josef Georg Gallistl, ruft er, komm heraus. Das ist schön. Josef Georg Gallistl, komm heraus. Ich bin gleich ein bißchen stolz, weil dieser schöne Ruf mir gilt. Und ich komme. Da bin ich, rufe ich, sobald ich die Haustür hinter mir geschlossen habe. Schon vorher rufe ich: Da bin ich. Schon wenn ich die Haustür öffne, rufe ich: Da bin ich. (93)

At first we view Pankraz standing before the door and calling to Gallistl. In the next scene we see Gallistl hearing the call and then responding to it.

Just as the camera lens can frequently distort the visual image with various special effects, Gallistl describes a similar distortion in his facial muscles as a result of his illness: "... mein Mund verzerrte sich. Ich konnte nichts dagegen tun. Ich grimassierte, rieb mit den Händen im Gesicht herum, umsonst. Selbst unter meinen Händen ging dieses Ziehen und Zerren weiter.

... Das war eine Veränderung. Eine Bewegung mit einer Tendenz. Eine Umformung meiner Gesichtszüge" (52). This psychosomatic transformation is taken directly from the many monster movies and the well-known Jekyll and Hyde transformations. Another parallel with the film is the use of capital letter abbreviations for Gallistl's friends in the first part of the novel (A. the architect, B. the banker, C. the chemist, etc.). This practice is reminiscent of the genre names (mother, railroad worker, servant, and so on) used in many silent era films, particularly the so-called *Kammerspiele*. These nameless personages stand in marked contrast to the communists in the second half of the novel, who are given complete but ludicrous names (e.g., Pankraz Pudenz, Qualisto Queiros, York von York). These fanciful names serve to underline the ironic dimension of the novel, for their characters function as *dei ex machina* who free the suffering Gallistl from his misery, just as movie scripts are often artificially manipulated to provide a happy ending.

As was mentioned previously, one of Walser's probable goals in using this plethora of film techniques was to enhance his realism. Walser is well known for his love of detail and his concentration on the so-called insignificant aspects of daily life.[4] Devices like a close-up or a zoom provide a different way of perceiving reality. In addition, such devices distance the reader to some degree, particularly the reader accustomed to standard narrative prose. Like documentary passages in a film, these filmic devices in literature should make the reader step back from the work of art and reflect on the societal processes being discussed therein. Walser has described this procedure as "capitalist realism,"[5] a style that sticks close to contemporary everyday reality but exposes the evil of capitalism lying beneath it. It should be noted that this type of realism differs radically from the simplistic devices of socialist realism. In fact, Walser even pokes fun at socialist realism, when he writes of Pankraz's exuberance for East German films:

> Um Qualisto herum türmen sich die Filmschachteln. Darin sind Filme aus der DDR. In allen diesen Filmen kommen gute Menschen vor. Pankraz doziert mit der Faust. In diesen Filmen kommen die Guten gut weg und die Bösen kommen schlecht weg.... In diesen Filmen wird der Mensch hochgejubelt. So gut ist der Mensch nicht, sagt man sich angesichts dieser Filme. So gut sollte er sein, sagt man sich. Offiziell wird offenbar dringend gewünscht, der Mensch möge, bitte, so gut sein, wie er in diesen auf offizielles Betreiben hergestellten Filmen erscheint.... Also müssen Filme gemacht werden, die in allen den Wunsch erwecken, Arbeiter zu werden. (94)

Gallistl and Walser reject this one-dimensional approach to art and reality, and it is probably for this reason that Gallistl's communist friends are gentle caricatures of figures found in socialist realism.[6]

Film is important not only stylistically but also thematically in this novel, and it frequently serves as a metaphor for the function of art in a capitalistic society. We find, for example, that Gallistl writes the following comments about movie stars: "Diese Stars, diese starken. Diese gelenksicheren Bewegungsreichen, diese Wählerischen, diese Allerbesten, die es sich leisten können, gut zu sein, ganz prima zu sein..." (26). Or, when he has discussions with his friends, some are enthusiastic about Willy Brandt and others about Jane Fonda (34). Here the implications are clear—movie stars are some of the lucky few representatives of capitalist art or culture successful, or seemingly so, in the frenetic competition of this society. Unlike Gallistl, who has been unable to tolerate this dog-eat-dog mentality, these stars have thrived on it. Even Jane Fonda, whose anti-Vietnam war activities might seem to separate her from all the others, is still part of the system and profits from it. She has not been able to offer a truly alternative viewpoint. (Of course Gallistl's liberal capitalist friends do not recognize this charade, and they see no contradiction in mentioning her name in the same breath as Willy Brandt's.) Gallistl's observations thus contain a certain bit of envy because of his obvious failure, but they also contain a degree of irony, for these powerful and glorious personages are but pawns of the capitalist system and only serve, as does most art, to maintain the status quo by providing models to be imitated. Film, like all cultural products, does nothing but reproduce old ideas without providing any new visions.

To elucidate and enlarge this theme, Gallistl describes a few pages later his own failed attempt to become a film actor. He was supposed to play the role of an alcoholic. Even though his personal habits made him well suited for the part, he was unable to speak his lines correctly in a scene with a young lady, and he lost his role. A teetotaler colleague was offered the role and performed it well. Gallistl reveals at the end of this episode what he has learned: "Nicht selber leben, nur noch das Leben anderer imitieren" (47). We are unable to live our own lives and portray ourselves as we are—we can only perform roles that are given to us, be they from film, literature, or the mass media. Such a situation alienates us from ourselves, frustrates our development, and brings on the "Gallistl'sche Krankheit." In the worst stages of the disease, life becomes but an empty and ritualized repetition of movie clichés:

> Ich bin überhaupt nicht sicher, daß ich über Gesten verfüge, die man meine eigenen nennen könnte. Am schlimmsten ist es, wenn ich im Kino war. Noch Wochen danach schneide ich plötzlich mit der Handkante durch die Luft, daß die Leute in der Straßenbahn erschrecken. Oder ich neige den Kopf ein wenig und halte dabei den Blick fest in die Augen

eines fremden Mädchens gerichtet und dehne die Lippen zu einem Kino-Lächeln. Wenn ich die Sparkasse betrete, ziehe ich, das ist ja klar. (48)

Gestures and facial expressions become those of a mindless automaton trapped in the sterile atmosphere of a superficial culture.

When Gallistl undergoes his gradual conversion to Communism in the last chapter, "Es wird einmal," he begins to see through this superficial culture which had been partly to blame for his disease. He comes to the realization that the typical cultural products of a capitalist society are powerless to effect change and that they are a substitute for concrete action. They pacify or dull our desire to create a new order and thus are harmless and useless. At the very beginning of this last chapter Gallistl writes:

> Weil man mehr tun möchte als Filme über das anzuschauen, wofür man mehr tun möchte, haßt man allmählich den Haß, den man gegen sich empfindet, wenn man rasch viele solche Filme anschaut. Man haßt allmählich den Haß gegen sich und die Filme, weil man spürt, daß man nichts tut als Filme anzuschauen und daß die Filme auch nichts tun. Man haßt den Haß gegen sich und das Festival, weil man aus Erfahrung weiß, daß man trotz dieses Hasses weiterhin nicht mehr tun wird, als Filme anzuschauen über das, was man ändern möchte, aber weder durch Filmanschauen noch durch Filmemachen ändern kann. (85)

Here film is again chosen as the dominant metaphor, probably because it is a cultural artifact very wide-spread and easily accessible. It is also perhaps the most pervasive element of our culture and the one with the greatest influence: "Wir sind beim Film. Beverly Hills. Ach ja. Aber was sollen wir machen. Wir haben fast alle unsere Erfahrungen aus diesem Teil der Welt" (88). This influence is a negative one, for film trains us to accept and foster the system and it lulls us into acquiescing to the standard behavior patterns of competition, both of which only lead to further alienation and loss of identity. Film of course stands for all cultural products, including literature, so Walser is here, through Gallistl, questioning his own profession and his own literary output.

In this last chapter Gallistl also sees his old capitalist friends in a new light and it is significant that film plays an important role in his discovery:

> Also A. sagt etwas Positives über Fellini. B. wacht auf, macht Fellini fix und fertig als einen larmoyanten, feigen, bürgerlichen Sadisten. A. identifiziert sich jetzt mit Fellini in einem vorher nicht vermuteten Ausmaß. B. führt einen seiner Angriffe, die scheinbar Fellini gelten, mit einem Hinweis auf Antonioni. Jetzt kann A. zum Gegenangriff übergehen. Er haut und sticht nun seinerseits so lange auf Antonioni ein, bis B. seinen Antonioni naß, blutig, zerstochen, zerhauen, eine ekelhafte

Masse, vom Platz trägt. Wenn A. und B. auseinandergehen, wissen sie, daß sie einander meinten. Aber die Verlagerung ihrer Konkurrenz in das italienische Figurenpaar macht es A. und B. möglich, trotz dieser Haßausbrüche, weiterhin mit einander zu verkehren. Und darauf sind sie angewiesen, denn sie haben ja niemanden sonst, d. h. niemanden außerhalb der bürgerlichen, durch Konkurrenz bestimmten Sphäre.
(113-14)

A. und B. are having one of their heated debates, and the topic of their "social competition" is the work of two well-known Italian directors, experimental and daring in their subject matter and cinematography. They are thus a fitting subject matter for liberal intellectuals. Most of Antonioni's films, such as *L'avventura* (1959), deal with social relationships and concern either alienated women or men who have lost their identity in a consumer-oriented society.[7] Fellini's films, too, like *La strada* (1954) or *La dolce vita* (1959), often deal with alienation, exploitation, and corruption in contemporary society. A. and B. are perhaps unaware that their arguments illustrate the very behavior patterns that these two directors attempted to unmask. Nevertheless, Gallistl points out that such conversations are worthless and destructive for two reasons: first, as we have already learned, such films, even though "committed" to some degree, seem to do little to provide us with alternatives to the capitalist system—they are reaction and not action. Second, for these intellectuals, such conversations are not really centered on issues; i.e., A. and B. are not interested in discovering the most thought-provoking director. The combatants are instead only interested in winning the argument. They are not attacking the directors but each other, and the discussion falls prey to the competition mentality.

Such a conclusion does not say that Gallistl dismisses all film, and thus all artistic endeavors. In a conversation with Pankraz he declares:

Wir, die wir nicht gedrillt wurden auf die Entfremdung, die allein den Kapitalismus im Gang hält, wir können mehr oder weniger Geld von unseren Eltern kriegen oder an der Peripherie bei einem Mindestmaß an Entfremdung selber etwas verdienen, im Kulturbetrieb: wir stellen unsere Misere in Filmen und Romanen und soziologischen Büchern dar und gelangen als die Verkorksten, die wir sind, zu Ruhm oder Ablehnung, auf jeden Fall zu einer Selbstverwirklichung, zu Liebe oder Haß, zur Identität. (105-06)

This statement represents a certain ambivalence in Gallistl's position on film and art. We have already discovered that in light of his new communist philosophy he has dismissed film as ineffective, labelling it a psychological mechanism to preserve the status quo. Now, however, we discover that there are certain intellectuals who *have* been able to free themselves from the "Entfremdung" that capitalism engenders. They are somehow in the fortunate position of obtaining money either from their parents or by working in the "Kulturbetrieb" as the authors of films and novels. They are thereby able to achieve a sense of "Identität" which those exploited by capitalism are not able to do. Gallistl never makes clear why the capitalist films which present "unsere Misere" are to be rejected while those films reflecting the communist ideology, which do exactly the same thing, are to be applauded. The difference in the underlying motivational philosophy seems to be too glib a rationale to be acceptable as an answer. We must remember here that this ambivalence and this ambiguity are rooted in very immediate and direct personal concerns. Although Gallistl's profession is never stated directly, he is most probably a writer, and one is certainly not committing a cardinal error if one views the fictional narrator as a mouthpiece for Walser himself. The latter is of course very concerned about justifying his existence and his societal function as an author. If he dismisses all literature (under the guise of film) as useless and ineffective, he is, in essence, questioning his very life, which has focused on probing and criticizing the complex realities of post-war Germany. He must somehow establish guidelines under which literature can function as a viable component of society, and the statement above is one attempt in that direction. In the light of all the works he has published since this novel it is obvious that Walser has not despaired and that he has indeed found for himself an adequate justification for his writing.

In fairness it should be mentioned that it would indeed seem to be unjust to condemn all films as incapable of offering alternative philosophies to their audiences. Most of the films of the New German Cinema, for example, have as their central concern the creation of new and alternative visual imagery and the presentation of alternative views of reality. It is true that in the early 1970s, the time of the writing of the novel, this cinema was floundering in crisis. However, it did go on to achieve world renown. In fact, the late director Alf Brustellin, whom Walser quotes (85), went on to make a filmic version in 1978 of Walser's novel *Der Sturz* (which Walser, however, does not like).

In sum, then, the medium of film provides Walser on the one hand the opportunity in *Die Gallistl'sche Krankheit* to explore ways of enhancing his realism by incorporating new technical devices. According to a 1983 interview, he has worked on several film scripts. He dislikes this work, however, since he must suppress too much language.[8] In this novel Walser could experiment with the film devices he had learned without any need for suppressing the linguistic medium. On the other hand, these cinematic devices also have strong ironic overtones, for as we have seen, Walser deliberately chose film to serve as a metaphor for the malaise of Western capitalistic society. References to this most pervasive of all media appear at important junctures in the novel and contain the clearest indications of the novel's intent, namely, an analysis of the function of writers and intellectuals in the contemporary *Leistungsgesellschaft*.[9]

Notes

1. See, for example, Klaus Siblewski, "Eine Trennung von sich selbst: Zur *Gallistl'schen Krankheit*" (Sibl. 139-48), or Paul Konrad Kurz, "Gesundung in der Partei?" *Der Spiegel* 27 Mar. 1972: 182.

2. For a more complete discussion of the reasons why contemporary authors use film techniques and for a more detailed analysis of their use in contemporary German literature, see Hans-Bernhard Moeller, "Die Rolle des Films in der Gegenwartsdichtung," *Basis: Jahrbuch für Deutsche Gegenwartsliteratur* 2 (1971): 52-70.

3. See Peter Laemmle, "Lust am Untergang oder radikale Gegen-Utopie," *Text + Kritik* 41/42 (1974): 71.

4. Walser writes: "Die große Kunst des Erzählens von ganz Kleinem. Die eindringliche Geschichtsschreibung des Alltags. Die vom Mitleiden ermöglichte Genauigkeit. Die scharfe und andauernde Entscheidung durch den Ausduck der Trauer oder der Freude. Also: Realismus" (*WS* 25).

5. See the essays about Walser's realism in the journal *Text + Kritik* 41/42 (1974).

6. Werner Ross in his article, "Gallistl und die fünf Engel," writes: ". . . was herausgekommen ist, sieht aus wie liebevolle Karikaturen zu redlich gemeintem sozialistischem Realismus," *Merkur* 290 (1972): 601.

7. See Dieter Krusche's discussion of Antonioni in *Reclams Filmführer*, 2nd ed. (Stuttgart: Reclam, 1973) 613.

8. See Anton Kaes's interview with Martin Walser in *GQ* 57 (1984): 443.

9. Walser originally intended to publish a sequel to this novel, but it was never completed. Only a brief sketch of the project was published in 1969 with the lengthy title "Die Rede des vom Zuschauen erregten Gallistl vom Fernsehapparat herunter, daß es keine Wirklichkeit geben dürfe." It was reprinted in *GG* 275-78. In the story, Gallistl ascribes to television the same negative effects of film delineated above, namely, the viewer's loss of identity, freedom, and individuality. Gallistl argues that we must guard ourselves against accepting the false realities presented to us on the screen, for, as with film, when we try to emulate this artificially perfect existence we are only faced with frustration and a feeling of total inadequacy. As a solution to this problem Gallistl presents us with a mini-utopia similar to the novel: all those who are responsible for this "representational" art will be banished to an island from which there is no escape. Those who remain will thus be able to develop their own personalities as they see fit, since they are free from the tyranny of imitation.

A Subjective Confrontation with the German Past in Martin Walser's *Ein fliehendes Pferd*

Jonathan Philip Clark

ALTHOUGH ATTEMPTS HAVE been made to suppress the recent German past, the spectre of the Nazi experience continues to rear its head on an almost daily basis. The Filbinger affair, the debate concerning the statute of limitations for war crimes, and the telecast of *Holocaust*, which triggered a slew of books, debates, and discussions, are a few of the reminders of the German experience which led Hans Mommsen to conclude: "... die Last der nationalsozialistischen Vergangenheit ist nicht abgewälzt, die geschichtlichen Folgen des 'tausendjährigen Reiches' sind nicht aufgearbeitet."[1] More recently, the Hoffmann trial, the Hitler diaries, and the search for Mengele have illustrated that this process is still going on. Coming to terms with the past was especially acute in the Federal Republic as Germany approached the fortieth anniversary of the capitulation. In their book, *Die Unfähigkeit zu trauern*, which was reprinted at the height of the terrorist activities of the seventies, Margarete and Alexander Mitscherlich express the need for a more individual reconciliation with the national-socialist phenomenon:

> Was unter einer über zwei Jahrzehnte andauernden Zensur unseres Bewußtseins nicht als schmerzliche Erinnerung eingelassen wird, kann ungebeten aus der Vergangenheit zurückkehren, denn es ist nicht "bewältigte" Vergangenheit geworden: Vergangenheit, um deren Verständnis man sich bemüht hat.[2]

It has been the assumed task of the arts to provide this understanding. *Vergangenheitsbewältigung* has been a main theme in New German Cinema, and under the direction of filmmakers such as Fassbinder, Syberberg, Kluge, and Schlöndorff, questions of national identity and the German past have been addressed.[3] Although film has, in general, been able to reach a wider audience,[4] literature has also made important contributions in this area. Following the lead of Bernward Vesper's novel/essay, *Die Reise* (1977), a rash of autobiographical father-son confrontations provided impetus to investigating the cover-up of the Nazi era in works such as Sigfrid Gauch's *Vaterspuren* (1979), Peter Härtling's *Nachgetragene Liebe* (1980), and Christoph Meckel's *Suchbild* (1980).[5] Another type of confrontation takes place, however, in Martin Walser's *Ein fliehendes Pferd*. Appearing not even a year after the tumultuous events of 1977, this novella could be read in the context of a German identity struggling under the weight of a past which refuses to be forgotten. Through the accidental encounter of two childhood companions suffering through a midlife crisis and running from themselves, *Ein fliehendes Pferd* personalizes a search for identity within a society which advocates suppression of the past. At the same time it questions the effectiveness of literature to function politically and to effect change within a process of reconciliation.

Representative of a nation trying to bury the past and with it a sense of self, Helmut Halm takes flight into the "hin- und herdrängende Dickicht aus Armen und Beinen und Brüsten" (*FP* 10). Not only do his annual trips to the Bodensee afford him a faceless freedom among the crowds, but here he is able to try out roles which will enable him to assume a new identity and, therefore, ensure greater personal distancing upon returning home. As if this venture into the impersonality of the masses were not enough, Helmut retreats even further from the world through his reading. His longing to conceal himself in the confines of his vacation home with all five volumes of Kierkegaard's diary reveals his desire for emotional detachment: "Wenn diese Tagebücher keine Nähe gestatteten, wie er fürchtete (und noch mehr hoffte), würde seine Sehnsucht, diesem Menschen näherzukommen, noch größer werden" (11). The emotional distance Helmut holds to Kierkegaard is mirrored on a social level in his relationship to his landlord. Although Helmut and his wife Sabine have rented a flat from the Zürns over the past twelve years, he knows little about them, nor does he care to: "Das Schönste an diesem Urlaubsverhältnis war die jährlich wachsende, aber völlig annäherungslose Vertrautheit zueinander" (16).

On a psychosocial level, Helmut's emotional distancing finds its counterpart in German behavior in the aftermath of World War II. The need to pull the self out of the ruin of the *Reich* and to forge a new order resulted in an abstraction of the immediate past and the humiliation it represented. Energies were focused on the present, and the rapid rebuilding after the war erected façades to cover up the scars of past experiences. As Iring Fetscher points out, past irrationality was explained away by present *ratio:* "Irrwege der Vergangenheit wurden—in Gedanken—korrigiert. . . . Aber das alles aus einer emotionalen Distanz, so als gehe uns das alles persönlich kaum etwas an."⁶ Attempts were made to understand the past but not with the same emotional investment which made it all possible. Blame for the horror, the destruction, and the final defeat were ostensibly reduced to one man, his immediate followers, or the even less meaningful and more abstract collective nation: "Diese Verdrehungen der Wirklichkeit dienten, wie wir sahen, dem Schutz des eigenen Ichs, des eigenen Selbstgefühls, vor schroffen Entwertungen" (Mitscherlich 77). Helmut's emotional distancing is a means of self-defense which betrays not so much a fear of confiding in others as it does a fear of learning from others about himself: "Jedesmal, wenn ihm das Erkannt- und Durchschautsein in Schule oder Nachbarschaft demonstriert wurde, die Vertrautheit mit Eigenschaften, die er nie zugegeben hatte, dann wollte er fliehen. Einfach weg, weg, weg" (12).

In spite of the various masks Helmut adopts in order to achieve emotional distance from the world, and necessarily from himself, irrationality in its association with the past returns to haunt him. Unlike the books he reads to reinforce this emotional alienation, Klaus *Buch* provides the pages of Helmut's own past. Much to Helmut's chagrin, Klaus recollects in painfully vivid detail their shared childhood experiences, rife with sexual misadventure and frustration—a time Helmut would like to forget: "Jeder Gedanke an Gewesenes machte ihn schwer. Er empfand eine Art Ekel, wenn er daran dachte, mit wieviel Vergangenheit er schon angefüllt war" (27). Klaus, on the other hand, thrives on the past. Some of his fondest stories are of the aged (99), and he forces his wife Helene to record conversations with grandmothers for a book he desires to have published: "Sie hat schon siebenunddreißig Bänder voller Großmütter" (101).

More specifically, Klaus is associated with the war era. Like his friend forty-six years of age, both born sometime in the early thirties, Helmut considers Klaus to be suffering from "Kriegskameradenphänomen" (27) and fears that they are "Panzerschiffe" on a collision course (37). Klaus further brings a desperate Helmut to utilize a phrase which, as Joachim Kaiser points out, Goebbels also used: "Wer sich mir in den Weg stellt, wird . . ." (ibid.).⁷ This provides a direct link to the irrationality of the Hitler era, an irrationality which Klaus epitomizes in his love affair with the past:

"Bei Klaus Buch rollte es nur so von Tönen und Gerüchen, Geräuschen; das Vergangene wogte und dampfte, als sei es lebendiger als die Gegenwart" (30).

The narrator distinguishes the rational from the irrational, Helmut from Klaus, by means of sexuality and thus underlines the relationship between past irrationality and its reawakening in the present. Serving as a model of physical prowess and instinctual drive, Klaus embodies past irrationality in its present manifestation. His obsession with the past is paralleled only by his sexual stamina. Not only is he preoccupied with his present sexuality, as evidenced in the continual comparisons between Helene and his former wife (see especially p. 48), but his memories of the past center almost exclusively on the sexual.

The return of irrationality in Helmut's life is reflected on a social level, for the terrorism of the seventies served as a radical reminder of Germany's association with past irrationality. Hitler played on the emotional needs of a country humiliated in a world war and just coming out of a depression, exploiting those needs towards his own fanatical ends. By employing a rich cultural heritage, Hitler, the master filmmaker, the manipulator of *Schein*, was able to lead his people on a tide of emotionality to their doom. Iring Fetscher points to two reasons why after the war Germans distrusted emotions: ". . . den Mißbrauch, den die Nazis mit irregeleiteten Gefühlen getrieben hatten, und die mangelnde Fähigkeit, die rationale Einsicht in den Zusammenhang von Niederlage und Befreiung emotional zu verarbeiten" (115). Out of this lack of emotion, out of the desire to eradicate the past and, at the same time, to stifle an honest, personal, and emotional appraisal of that past, erupted a violent reaction serving to show that the irrationality associated with the Hitler era was very much alive in the present. According to Miriam Hansen, the "impact of the terrorist and counterterrorist activities momentarily ruptured a veil of amnesia. Not until 1977 did people collectively realize that the suppressed and repressed history was linked to a more recent German past."[8] This view is also expressed by Alexander Kluge, who sees the events of 1977 as providing a jolt to the collective loss of memory:

> Die Ereignisse hatten unmittelbar nicht viel mit Krieg zu tun, aber es wird "1945," "Krieg" assoziiert. Es ist kein Zufall, daß eine Bewegung in den Gefühlen entstanden ist, die nach Deutschland und nach der Geschichte fragt, die in dieser Form in Erscheinung tritt.[9]

By reawakening the past and a suppressed emotionality, Klaus has a similar impact on Helmut, who, until their reacquaintance, had erected a protective wall around his emotions and his past through *ratio*, literature, and escape into the *Freizeitkultur*. By writing down everything he can about his father and acting as a teacher of history with a stake in the past, Helmut has not so much forgotten it as he has tried to suppress the irrationalities associated with it: "Ihn interessierte gerade die Abgestorbenheit des Vergangenen" (29). His fear of an emotion-laden past is seen on the first boating trip when Klaus recounts his and Helmut's adventures in adolescent sexuality, provoking Helmut to lash out at his friend:

> Du, ich weiß einfach nichts mehr davon. . . . Ich könnte nicht sagen, so war's, oder so war's nicht. . . . Du hattest es ja sicher nicht leicht mit uns, damals. Du warst ein bißchen isoliert. . . . Dadurch ist deine Phantasie angeregt worden. Eigentlich ein ganz normaler Vorgang. Jeder kompensiert. (53)

While he denies recollection of their adolescent exploits and the emotionality associated with it, he has no problem remembering details of Klaus's past. Indeed, *Helmut* compensates by reasoning it away.

However, Helmut cannot void himself of all spontaneity. The last bastion of irrationality and emotionality lies with his wife Sabine—a side of himself he is desperately trying to conquer:

> Er fühlte sich schon seit Monaten nicht mehr aufgelegt, seiner Geschlechtlichkeit zu entsprechen. Daß die einander öffentlich vorschrieben, wie oft sie auf ihre Frauen kriechen müssen, um nicht als impotent zu gelten, erregte bei ihm Widerwillen und Ekel. . . . Er hoffte, das läge bald ganz hinter ihm. (67)

His feelings of impotence and his attempts to subdue any lingering notions of irrational behavior began at least twelve years earlier when, on a vacation to Italy, he and Sabine were privy to a seemingly endless display of libidinal energy arising from the adjacent room—an energy now associated with Klaus and Helene (65–66). That is when they began to hide out in the impotence of the German *Freizeitfront* on the metaphorically placid Lake Constance. It is here, in the land of leisure, that Helmut is able to deceive himself into believing that he has severed all links with his past: "Täuschung, war das nicht die Essenz alles Gebotenen? Das Ziel der Scheinproduktion!" (70).

The invasion of this cultural deception into all aspects of life becomes a theme throughout *Ein fliehendes Pferd*. As Herbert Knorr rightly asserts, there is no real distinction between public and private in this novella,[10] only a large-scale deception by a society which wants the individual to believe in this distinction. The many forms of escape into the "private" realm—vacations, literature, sex—are perpetrated upon the individual by those seeking to control and manipulate. This is the "Schwindel" about which Klaus continually complains (45-46 and 85-86), but of which he is ultimately a part (136). Theodor Adorno understands this large-scale deception as a consequence of a modern industrial society which relies on forgetfulness in order to achieve higher levels of production. The irrational qualities of time and memory stand in competition with the needs of an industrial society based on reason:

> Die bürgerliche Gesellschaft steht universal unter dem Gesetz des Tauschs, des "Gleich um Gleich" von Rechnungen, die aufgehen, und bei denen eigentlich nichts zurückbleibt. Tausch ist dem eigenen Wesen nach etwas Zeitloses, so wie ratio selber. . . . Das sagt aber nicht weniger, als daß Erinnerung, Zeit, Gedächtnis von der fortschreitenden bürgerlichen Gesellschaft selber als eine Art irrationaler Rest liquidiert werden. . . .[11]

The eradication of memory, and with it a sense of individual autonomy (Adorno 23), serves a socioeconomic system which prevents coming to terms with the past because of the hidden links between that past and the present:

> Daß der Faschismus nachlebt; daß die vielzitierte Aufarbeitung der Vergangenheit bis heute nicht gelang und zu ihrem Zerrbild, dem leeren und kalten Vergessen, ausartete, rührt daher, daß die objektiven gesellschaftlichen Voraussetzungen fortbestehen, die den Faschismus zeitigten. (Adorno 22)

Thus, there can be little emotional reconciliation with the past when the present society sustains that system which helped create it and at the same time makes the individuals within society indifferent to the task by means of a mass deception both alienating the individual from the self and hiding the relationship between past and present. From the vantage point of someone finally breaking through the societal pressures which maintain the system of deception, Helmut offers insight into the relationship between deception and self-alienation:

> Nichts gegen FAZ, BILD, Parlament und Schule. Wie sollten denn die Leute das Leben aushalten, ohne Schein! Er merkte doch, wie schwierig es war, sich nur für Augenblicke und nur um eine Winzigkeit und nur versuchsweise aus dem Herrschaftsbereich des Scheins zu entfernen. Sofort fühlst du dich am Pranger. Also rasch zurück in die Lustfront, Freizeitfront, Scheinproduktionsfront. Aber immer wieder diese Versuchung, sich zu entfernen. (69)

Though affecting both of the main characters, this societal deception towards higher productivity is best illustrated through Klaus, who, on one level, personifies the social expectations penetrating the private realm: younger wife, active and abundant sex life, Mercedes 230 coupé, the healthiest diet, and the best tan—all prescribed by society. However, all these trappings are but a front, a means to forget the pressures placed upon him. As Helene relates to Sabine and Helmut: "Er hat nicht viel gehabt von seinem Leben.... Es war nichts als eine Schinderei. Jeden Tag zehn, zwölf Stunden an der Maschine.... Und dann immer das Gefühl, daß alles, was er tue, Schwindel sei" (136). Klaus, in turn, has adopted those same societal strategies and has applied them to his wife. Though Helene was once an accomplished pianist, Klaus suppresses her past for his own gratification, controlling her sexual performance and literary output. In this way not only are Klaus's personal needs fulfilled, but so too are the social prescriptions to which Klaus bows.

The effects of the relationship between deception and alienation have not escaped the literary institution. Indeed, one of the characteristic features of the literature of the seventies is its apparent withdrawal into the realm of the subjective, its escape from the failures, pressures, and moral contradictions of the late sixties and early seventies. It is a literature which has seemingly both retreated from political engagement and provided the reading public with a means of escape and emotional distancing in the belief that there does exist a separation between the private and the public. In *Ein fliehendes Pferd* it is not without significance that Helmut hopes for fulfillment of his flight through Kierkegaard's diaries. It is through his reading that he finds most privacy and greatest emotional detachment. Helmut's retreat into the inner sanctums of Kierkegaard's life also provides comment on a literary genre which has come to epitomize the literature of the seventies and give legitimacy to the notion of a literary *Tendenzwende*: the *Tagebuch*. The diary characterizes the subjective, self-absorbing, *alltägliche* inclinations of both the reader and the writer of the past decade. Leading the German diarists are Günter Grass, who in 1972 came out with *Tagebuch einer Schnecke*, and Max Frisch, who published *Tagebuch 1966-1971* the same year. Three years later Frisch released the highly autobiographical love story *Montauk*.[12] The diary provides escape into the "private" realm, away from the need to be socially or politically engaged. The apparently self-obsessive nature of the literary *Tendenzwende* led Walser to comment:

> Schwer haben es jetzt nur Arbeiter, Arbeitslose,
> junge Leute, die nicht ins Leben wollen.
> Dichter nicht. Die singen nun vom Weizen,
> Dann blüht der.   (*GF*, Spruch No. 73)

The deliberate use of the diary as a means of escape and the emphasis on the cultural deceptions oppressing both Helmut and Klaus stand, however, in opposition to this nonpolitical view of New Subjectivity. *Ein fliehendes Pferd* reevaluates the relationship between literature and reader and with it the illusion of private and public as predicated by social structures bent on maintaining power over the individual's life: "Einem fliehenden Pferd kannst du dich nicht in den Weg stellen. . . . Und: ein fliehendes Pferd läßt nicht mit sich reden" (90). This key passage applies not only to the horse, and not only to Helmut and Klaus, but also to the reading public addressed by the Kierkegaard quote:

> Man trifft zuweilen auf Novellen, in denen bestimmte Personen entgegengesetzte Lebensanschauungen vortragen. Das endet dann gerne damit, daß der eine den andern überzeugt. Anstatt daß also die Anschauung für sich sprechen muß, wird der Leser mit dem historischen Ergebnis bereichert, daß der andre überzeugt worden ist. (7)

Through the very means Helmut utilizes to effect self-deception—Kierkegaard—this novella points to a social function for literature. Personal change becomes a prerequisite for social change, for as Margit Sinka has noted, "Kierkegaard's *Anschauung* is the insight a person gains on his own that alone functions as catalyst for change."[13]

Walser's *Ein fliehendes Pferd* also personalizes the political in its portrayal of Helmut's confrontation with his past. Both he and Klaus are aware of the extent of the deception of which they are a part. Klaus understands the "Schwindel" found at Unteruhldingen (45) and in his own work, but he is so driven by this cultural lie that nothing remains for him except self-deception. Helmut, however, eventually breaks out of the illusionary world of self-alienation in a process which begins with the runaway horse. True to the genre of the novella, this episode provides the turning point of the story. On one level the horse represents the irrational dashing along life's path. Traditionally associated with physical prowess, the horse cannot be subdued by reason, and it comes as no surprise that it is Klaus who finally brings it under control: "Also, wenn ich mich in etwas hineindenken kann, dann ist es ein fliehendes Pferd" (90).

The horse, however, cannot solely be associated with Klaus; rather it epitomizes both main characters in their desire to break free of social reins. Though both are running from the deception of which they are a part, this episode affects them in opposite ways. Klaus's physical triumph pushes him to the point of no return as he seems to absorb the energies lost by the horse towards an increase in his own irrationality. Helmut, on the other hand, begins to come to grips with himself. Broken and subdued, like the horse, through an unwanted association with Klaus Buch and now at a psychological low point after Klaus's heroics, Helmut begins to see behind the world of appearances which masks one's true self and supports and sustains emotional distancing. As he passes the road crew industriously forging ahead in spite of the rain—suggestive of a rebuilding Germany mindful only of erecting façades of deception—he is hopeful of glimpsing what lies under the shining surface of the asphalt. Furthermore he begins to acquire emotional qualities in starting to understand himself and the world around him. He comprehends why Klaus no longer fears Otto, and upon returning home after the horse incident he runs inside and throws himself upon the sofa: "Am liebsten hätte er geheult" (93). He does not, of course, but his emotional side steadily grows to the point where he is able to make love with his wife and actually appreciate it (104).

However, Helmut still has not fully overcome the spectre of Klaus Buch. The second boating trip provides the metaphorical setting for the rediscovery of his full emotional potential while at the same time allowing him to demythologize Klaus and, with him, the past. As the once impotent sea surges to life, Klaus climbs to the zenith of his irrationality on this "Erinnerungsorgie reifer Männer" (102) and reaches a fanatic pitch just as the storm reaches its highest point. At this climactic moment Helmut and Klaus change position at the tiller and in essence Klaus is overcome: "Klaus Buch rief: Los, an die Pinne! Nimm sie zwischen die Beine! Halt das Boot genau im Wind! Nicht so zimperlich, Mensch! Nur hingelangt! Als wär's ein Stück von dir!" (119).[14] This is the turning point in Helmut's emotional development. In the turmoil of the seas, in that "Augenblick" in which he is finally able to step outside of himself (129), he moves towards self-reconciliation. All that remains is to reduce the spectre of Klaus and establish his own identity. This is facilitated by Helene, whose revelations about her husband extinguish all desire on the part of Helmut to be like him. Since the first encounter on the beach, Helmut had considered Klaus a type of superman. By the end of Hel's exposé and trivialization of her husband, however, Helmut's illusions about Klaus are forever gone. Demythologized, Klaus enters, a broken shell of a man—the layers of society's deceptions once stripped away.

By breaking through society's deceptions, Helmut is able to confront the spectre of the past, as seen in Klaus, and emotionally rework it towards his own self-identity. The previously mentioned quote by Kierkegaard suggests that the reader is also enriched by this confrontation. Through the presentation of personal, subjective, *alltägliche* experiences, literature assumes a political dimension by appealing to the reader to undergo a similar process of reconciliation with both the past and the self. *Ein fliehendes Pferd*, by asking the reader to break through the illusion of the novella's fictionality and to adopt a similar approach to life as exemplified by Helmut, assumes a very real social dimension more accurately describing the function of New Subjectivity than what *Tendenzwende* connotes:

> Nicht die radikale Ablösung des Engagements durch private Belange, sondern die Konkretisierung des Engagements, wie sie sich in der persönlichen Betroffenheit über unzumutbare Ansprüche der Gesellschaft am einzelnen Fall zeigt, charakterisiert die Autorenpoetik der siebziger Jahre.[15]

As Hinrich Seeba mentions in the same essay, the personal concretization sharpens the critical potential to a degree that abstract political theory could not obtain (148). This is also Walser's assessment of New Subjectivity: "Ich glaube nicht, daß die Literatur die kurzatmigen Wendungen der Politik mitmacht. Jene 'Subjektivität' ist eher der Versuch, genauer zu sein als das, was bisher da war."[16] Subjective literature gains political significance precisely through the representation of the personal and the commonplace.

Not that Martin Walser has given up on a more theoretical approach to the problem of reconciling Germany's past. In an essay of the same year as *Ein fliehendes Pferd*, Walser confirms the need for an honest reworking of the past in order to deal with the question of identity:

> Auschwitz. Und damit hat sich's. Verwirkt. Wenn wir Auschwitz bewältigen könnten, könnten wir uns wieder nationalen Aufgaben zuwenden. Aber ich muß zugeben, . . . eine überhaupt von allem Ich-Überschreitenden fliehende Gesellschaft kann Auschwitz nur verdrängen.[17]

A society forced into the mode of forgetfulness and emotional distancing has no chance of reconciliation and thus no chance of approaching the problem of its own identity. *Ein fliehendes Pferd* approaches its readers from the side, gently, on a personal level. This is how Helmut confronts himself: not head on, rather in the form of a story. The last lines of the novella, which are also its first, leave the reader with the sense that Helmut has indeed broken through the emotional barriers previously shielding him from a sense of self. His narrative illustrates that he is dealing with his past, that he is discovering his own identity, and that he is ready to move on. Helmut's never ending narrative also suggests that reworking the past in the face of societal pressures to forget is a continuous process which does not simply stop at the end of the book.[18]

Notes

1 Hans Mommsen, "Die Last der Vergangenheit," *Stichworte zur "Geistigen Situation der Zeit,"* 1, ed. Jürgen Habermas (Frankfurt/M.: Suhrkamp, 1979) 164.

2 Alexander und Margarete Mitscherlich, *Die Unfähigkeit zu trauern* (München: Piper, 1977) 82.

3 Films such as *Deutschland im Herbst* and the trilogy of *Die Ehe der Maria Braun*, *Lili Marleen*, and *Lola* have attempted to illustrate a continuity between the German past and the present, especially in light of the events of 1977. Hans-Jürgen Syberberg, in discussing *Hitler: Ein Film aus Deutschland* (Reinbek: Rowohlt, 1978) understands the task of film as effecting a modern German identity through a reworking of the past: "Für unsere Zukunft müssen wir ihn (Hitler in uns) und damit uns überwinden, besiegen, und nur hier kann eine neue Identität durch Anerkennung und Trennung, Sublimierung und Arbeit an unserer tragischen Vergangenheit gefunden werden" (9).

4 Not all German films cater to large audiences, and some, like Syberberg's *Hitler*, have yet to be seen in Germany.

5 For a more percipient discussion of these works see Michael Schneider, *Den Kopf verkehrt aufgesetzt* (Darmstadt: Luchterhand, 1981). An excerpt of this book has recently appeared in English translation in *New German Critique* 31 (Winter 1984): 3-51.

6 Iring Fetscher, "Die Suche nach der nationalen Identität," *Stichworte* 1: 116.

7 Joachim Kaiser, "Martin Walsers blindes Glanzstück," *Merkur* 32 (1978): 833, as cited in Margit Sinka, "The Flight Motif in Martin Walser's *Ein fliehendes Pferd*," *Monatshefte* 74 (1982): 49-50.

8 As quoted in Tony Pipolo, "German Cinema Discovers the Nazi Era," *San Francisco Chronicle Datebook* 22 Aug. 1982: 18.

9 Alexander Kluge, *Die Patriotin* (Frankfurt/M.: Verlag Zweitausendeins, 1979) 28.

10 Herbert Knorr, "Gezähmter Löwe—fliehendes Pferd: Zu Novellen von Goethe und Martin Walser," *Literatur für Leser: Zeitschrift für Interpretationspraxis und Geschichtliche Texterkenntnis* 2 (1979): 150.

11 Theodor Adorno, "Was bedeutet: Aufarbeitung der Vergangenheit," *Erziehung zur Mündigkeit: Vorträge und Gespräche mit Hellmut Becker (1959-1969)*, ed. Gerd Kadelbach (Frankfurt/M.: Suhrkamp, 1970) 13.

12 For further discussion of this genre, see Helmut Kreuzer, "Neue Subjektivität: Zur Literatur der siebziger Jahre in der Bundesrepublik Deutschland," *Deutsche Gegenwartsliteratur*, ed. Manfred Durzak (Stuttgart: Reclam, 1981) 79.

58 / *Ein fliehendes Pferd*

13 Sinka 48. According to Heike A. Doane ("Martin Walsers *Seelenarbeit*: Versuche der Selbstverwirklichung," *Neophilologus* 67 [1983]: 262-72), the active participation of the reader is also the intention of the author in *Seelenarbeit* (see esp. p. 263).

14 The sexual implications of this scene have also been discussed by Anthony Waine (Waine 115-16). However, the emphasis by Mr. Waine falls on Klaus rather than on Helmut: "Die bejahende, selbstsichere Haltung zur Sexualität, wie sie Klaus verkörpert, wird hier deutlich" (116).

15 Hinrich C. Seeba, "Persönliches Engagement: Zur Autorenpoetik der siebziger Jahre," *Monatshefte* 73. 2 (1981): 142.

16 "Porträt Martin Walser: Ein Gespräch mit Anton Kaes," *GQ* 57 (1984): 442.

17 Martin Walser, "Händedruck mit Gespenstern," *Stichworte* 1: 48.

18 In a recently published article which illustrates the importance of *Vergangenheitsbewältigung* in Germany today, Theo Sommer ("Der Griff nach der Vergangenheit," *Die Zeit* 28 Dec. 1984: 1) quotes Friedrich Nietzsche's "Vom Nutzen und Nachtheil der Historie für das Leben" in emphasizing the need for a continual reworking of the past: ". . . nur der, dem eine gegenwärtige Noth die Brust beklemmt und der um jeden Preis die Last von sich abwerfen will, hat ein Bedürfniss zur kritischen, das heisst richtenden und verurtheilenden Historie. . . . [Der Mensch] muss die Kraft haben und von Zeit zu Zeit anwenden, eine Vergangenheit zu zerbrechen und aufzulösen, um leben zu können." See Friedrich Nietzsche, "Vom Nutzen und Nachtheil der Historie für das Leben," *Nietzsche Werke: Kritische Gesamtausgabe*, ed. Giorgio Colli and Mazzino Montinari, 3. 1 (Berlin and New York: Walter de Gruyter, 1972) 260 and 265.

Fantasies of Individualism: Work Reality in *Seelenarbeit*

Donna L. Hoffmeister

MARTIN WALSER DEPICTS in *Seelenarbeit* (1979) a feature of work reality which can be highly pernicious to human emotional and physical well-being. In sociological terms it is known as functional specificity.[1] Most jobs within an occupational structure require conformity to defined roles for a smooth efficient coordination of activities. The more a job is classified in purely functional terms, the less it is attached to a particular individual. Achievement is defined by so-called objective criteria, such as reliability, punctuality, and technical competence and not by considerations which take into account the particular idiosyncracies and wishes of a specific person. The job does not depend on *who* the person is but rather on how *well* he functions. Such depersonalization was depicted by Gogol in his tale *The Overcoat* (1842) and by Melville in *Bartleby* (1853) and was analyzed by Max Weber toward the end of the nineteenth century. It remains widespread today, especially in the middle to lower echelons of the work structure.

Walser accentuates the threat of functional specificity by choosing service-oriented work in which bland functionality and personal investment clash. Xaver Zürn's job as private chauffeur is geared to satisfying the often capricious interests of his boss, Dr. Gleitze. Although a person employed in service-oriented work may strive for satisfactions, such as recognition or status symbols, the service sector remains associated with self-sacrificing behavior in a potentially personal, individualistic work situation. The role distance required of Xaver, however, is difficult in a situation demanding close physical contact with his boss. A Mercedes 450 is a confined space which demands a kind of individual interaction during fairly long periods of time. The physical closeness and the emotional distance cause Walser's chauffeur problems which prove to be insoluble.

Xaver's boss plays his part well in this rationalized, functionalized game of domination by avoiding personal interaction with his chauffeur. His perception of Xaver appears reductive and his interest in him purely instrumental despite the gloss of friendliness which characterizes their dealings with one another: "Die Gleitzes wollten nichts dazulernen über ihn. Sie wollten, daß er gut und sicher fahre," Xaver says to himself (*SE* 170). As long as Xaver remains in Dr. Gleitze's employment, he must see himself as a quantitatively exchangeable entity, whose identity is reduced to the formula of being loyal but not very bright. His wish for a holistic encounter with his boss taking into account fuller dimensions of his identity will always be frustrated. Their discourse is a game with rules, predetermined, faked, and never genuinely open. In order for Xaver to express himself, to come out of the cover of the pseudo-identity which Dr. Gleitze has established for him, Gleitze himself must be willing to commit some personal aspect of himself to the relationship with Xaver. He obviously sees no reason for doing so; it probably never even occurs to him. Walser depicts Xaver's feelings as he tries to deal with what he experiences as destructive depersonalization; he will never be recognized for the person he is but only for the services he renders. His first name, Xaver, the patron saint of travelers, establishes the restrictive hold his work role has on his personal identity and his last name, Zürn, one reaction to this work bind, namely anger.

Xaver's insomnia and his stomach pains signal how destructive to his own self-interest his adaptation to his obsequious, one-dimensional work role is. His playing the role according to the script laid out by his boss is brought at the cost of a hellish inner life, which vacillates between restless aggression and self-deprecation. It is the notorious double-bind situation of feeling both fondness and hatred for one's boss, an untenable situation, which leads Xaver into an exploration of his bodily interior. For he experiences his defense mechanisms, activated by his work situation, as a kind of impersonal process, which he can observe but not control or stop. His own body is a correlative to his work identity, a passive vehicle of depersonalization, and by getting into contact with his own bowels, Xaver begins the journey back to himself. It is a journey from within, from a stalemate to a new existence. *Seelenarbeit* ends with Xaver's demotion and his continued passivity, but Walser does not advocate the no-future ideology. To be sure, his readers had to wait three years to learn what became of Xaver Zürn. But in *Brief an Lord Liszt* (1982) we learn that Xaver, cousin after-the-fact of Franz Horn, quit his job two months after his demotion, bought a used truck on credit, and now makes deliveries for construction firms: "... er besitzt, womit er arbeitet. Er kann sich einbilden, er sei sein eigener Herr" (*BL* 71). A deus ex machina? No, I think not. The psychological work needed for dissolving the double bind is narrated credibly in this novel. Precisely by consigning his hero to an apparently extreme escape route, namely the exploration of his intestinal functions, Walser brings home to the reader the elements of human existence so rigidly excluded by the rationalized discourse of Enlightenment, to borrow the terminology of Horkheimer and Adorno. The darkness experienced here may be a parody of Romantic darkness, but it vividly communicates the return of the repressed on both a psychological and a sociological level.

The social framework of the novel gives the reader the sense that Xaver is an everyday, average fellow. People suffering from anomie are considered to be sane when they act more or less like everyone else. In a world in which anomie is a normal condition people frequently conform as Xaver does, with his rationalizations, his repressions, his role playing, and his psychosomatic illnesses, and when normal people lose a sense of their own identity, they frequently resort to killing themselves or others. By establishing the quotidian nature of Xaver's world, Walser lets us see the invisible yet rigid limits which shatter all seemingly real inner experiences into useless fragments: to be ambitious is to risk losing the only role permitted by the social structure; to dream of a fuller life is to be captured instantly by the pseudo-myths provided for just that purpose.

Walser's first of three chapters depicts a typical work week of his hero. Since Xaver is never informed of his boss's travel plans ahead of time, a day's trip to Düsseldorf turns out to be a week's trip to Cologne, Gießen, Heidelberg, and Munich with the daily frustration of Xaver's expectation that he could soon start for home: "Also bitte. Aber ja. Gern, Herr Doktor. Fahren wir noch nach München. Mit diesem Auto ist das ein Spiel!" (57), Xaver thinks to himself, being careful to nod accommodatingly as he always does. But he cannot always disguise his disappointment: "Xaver erfuhr, daß man heute nicht mehr heimfahren werde. . . . Er konnte gar nichts sagen. Er merkte nur, daß er etwas zusammensackte in seinem Sitz" (73).

Driving itself seems to be the least of Xaver's worries. Sometimes he is anxious that he might not summon the decisiveness needed to steer the car around a sharp curve and is always a bit disappointed at his own skill in doing so. When he gets close to home he drives exceedingly fast, when he is angry he makes sure that the car is spattered full of mud, and when he likes the people he is chauffeuring he drives as if there were free-floating feathers on the car roof, not one of which he wants to lose. When resignation seizes hold of him, he plays with the idea of changing into the oncoming lane: "Er hoffte, er spiele nur mit diesem Gedanken" (80). There is no doubt that Xaver is a skillful driver, but that does not give him job satisfaction: "Du lebst ja auch nicht. Du fährst von da nach da, und wieder zurück" (46). His very attempts to adopt driving patterns to mood reveal the limits of functionality: mental games that seem to involve others are in fact played only with himself.

Xaver's activities when he is not driving his boss cause him some humiliation. He cannot stay overnight in the first-class hotels with Dr. Gleitze but rather in small musty rooms in third-rate boarding houses with beds shaped in the form of a "V." He eats the lunches his wife packs for him while standing in a city park or frequents inexpensive train station restaurants. Whenever he happens to be waiting for his boss to finish a meal in a restaurant, he must eat the disgustingly sweet, sticky ice cream his boss orders for him. After a long drive home after a week on the road he remains at the beck and call of the Gleitzes, whether to pick up a piano for his boss's fiftieth birthday or to deliver wine to Gleitze's acquaintances. On weekends he may be asked to paint the fence or to pick up truffles and cheese from a special shop in St. Gallen for Mrs. Gleitze. And Xaver is not able to enjoy a beer in public during his off-hours either, since he was chosen for this line of work under the false impression that he neither drinks nor smokes. The only reward for carrying out his duties in such a self-sacrificial manner is the pleasure of being able to drive a Mercedes 450 SEL, a faulty symbol of recognition, which is replaced after his demotion by a stacking cart in Dr. Gleitze's warehouse.

These aggravations are minor compared to the games Xaver is forced to play in interacting with Dr. Gleitze. "Das lernt man als erstes in diesem Beruf," he says to himself, "daß man sein Gesicht unter Kontrolle hält. Wenn die Herrschaften einander Witze erzählen, lacht man nicht mit. Wenn die Probleme wälzen, schaut man nicht auch sorgenvoll drein" (16). When he picks up his boss he makes sure that he appears to be relatively content (76). He cannot help listening in on conversations in the backseat, but he has to keep his face inexpressive, being careful not to laugh at their jokes nor show concern for their problems. When Dr. Gleitze shouts at his wife, for instance, Xaver has to keep from nodding approval (29). All language and self-expression are conditioned for him by his work role.

The inappropriateness of his participation in conversations entails the greatest psychological conflict. For work is in many respects an attempt to communicate with one's environment and that Xaver is not permitted to do. It is again a double-bind situation. Most of all he would like to clarify a misunderstanding which led to his being hired in the first place. Dr. Gleitze had heard that Xaver neither smoked nor drank and once won a marksmanship medal in pistol shooting. Such traits imply others: "Das Gesunde, Natürliche, Offene, Unverdorbene. Xavers Ruhe. Seine Ausgeglichenheit. Seine wache, aber nie vorpreschende Art" (18, 125). The more Xaver tries to behave in accord with this preestablished pattern, the more he notices that he is not the person Dr. Gleitze wants him to be. The opportunity for clarification is never really favorable (19, 113–14). And when Xaver finally does drink a beer in public he is promptly demoted.

However, the limits and falsity of his situation, indeed his very inability to rectify obvious falsehoods, are masked for Xaver by his compensating ability to take refuge in the one sanctum authorized by the social structure: family and family history.[2] The Zürns have always been reserved people (189) and Xaver is proud to identify himself with his family background. Furthermore, he fits so well the work role expected of him precisely because he is reticent. However, Xaver sometimes wonders whether he might not actually take after his mother's side of the family: "Offenbar hatte er doch soviel Ehrle-Erbe, daß er die Stummheit der Zürns ein bißchen bedauern konnte" (190). His specific work situation, which requires him to be in direct physical contact with Dr. Gleitze for long periods of time, nourishes expectations in him of establishing a personal footing with Dr. Gleitze by talking about his family background. For Dr. Gleitze, who grew up in Königsberg, is also strongly bound to his family background. The only occasion in fifteen years during which Dr. Gleitze spoke to Xaver in a personal fashion concerned fond memories of his youth in his home town. Again and again Xaver regrets having missed a golden opportunity for telling Dr. Gleitze that his brother Johann died as a soldier a few hours after the capitulation of Königsberg during the war (61, 72, 73, 87, 239, 244, 245). And when he is not bemoaning a missed opportunity, he weighs in his mind whether the present occasion might not finally be the appropriate one: "Er schwitzte vor Aufregung. Sollte er an der Einbiegung vom Hotel Gebhard in die Berliner Straße einen Unfall verursachen, dann bei der Vernehmung sagen, das Gespräch über Königsberg habe ihn so abgelenkt, weil nämlich sein Bruder . . . Dann wäre es heraus gewesen. Ein für alle Mal" (244). The combination of violent images in this fantasy—wartime death and traffic accidents—reminds the reader vividly of the myth-content, the longing for unique experiential moments, which Enlightenment discourse has banished or repressed. Dr. Gleitze subtly blocks such moments. To be sure, his voice has a confidential tone when he calls Xaver on the phone on Saturdays: "... man hörte direkt, daß der Chef keine Jacke anhatte" (117). Xaver's sense of humor can also be directed against others. But during work, whenever Gleitze is alone with Xaver in the car, when he might best bring up such a potentially personal topic, Gleitze has earphones on and is listening to a Mozart opera on his tape recorder. Uwe Johnson depicts a chauffeur in *Jahrestage* who makes a smooth transition from talking about himself and his family to the silence of bland functionality. Xaver is destined to remain silently functional and the prescription of silence draws attention to the mechanisms of repression, to the interstices through which genuine humanness might percolate.

Xaver experiences a wide spectrum of feelings toward his boss, from partiality, ambivalence, to half-repressed hatred. Even when he is furious at Dr. Gleitze for not stopping at the scene of an accident, he utters an inane excuse to himself: his boss could not have known how important it was to stop. The emotional fluctuation causes him inner turmoil. He could never say, as Dr. Gleitze's housekeeper does, that the Gleitzes are not good people: "So kann man das nicht sagen, so einfach ist das wirklich nicht" (14). When he tries to blame himself for having to eat the ice cream Dr. Gleitze orders for him, his inner dialogue with himself dwindles to "Nein. Ja. Nein. Ja . . ." (78). He obviously would feel most comfortable being on confidential terms with Dr. Gleitze but that is not allowed. A sense of comradeship is inspired by the sight of Dr. Gleitze's dirty fingernails. In his fifteen years of chauffeuring Dr. Gleitze, only once does he have the pleasure of detecting this similarity between himself and his boss, but it is enough for him to exclaim: "Dieser Mann konnte unheimlich nett sein, also wirklich" (79). Xaver is quite wary of a competing chauffeur, who, he thinks, may reap greater appreciation from their boss with his ability to sing folk songs. He regrets that his daughter did not have the sense to play Schubert on the piano during an unexpected visit by his boss. For if Xaver cannot get his boss to like him because of his rather tenuous connection with Gleitze's beloved Königsberg, then the sympathy must be established on the basis of music. Since Dr. Gleitze, however, maintains his distance from Xaver, the latter resorts to sleeping in the bushes with Gleitze's housekeeper in order to find out what Gleitze says about him behind his back. Xaver would be content with the slightest sign of recognition, a mere nod of the head when he walks into a restaurant where Dr. Gleitze is conducting business negotiations, for instance: "Typisch, daß er gleich wieder erwartete, der Chef müsse die Verhandlung, um derentwillen man so lange gefahren war, unterbrechen, um ihn, den Fahrer, zu umarmen" (34). The closest Xaver gets to such an embrace occurs during a singular, unannounced visit by his boss to his home in order to ask him to fetch some people from the train station. The manner in which Dr. Gleitze focuses his attention on Xaver in order to describe these people is a paltry amenity Xaver takes for recognition. The one single occasion on which Dr. Gleitze permitted Xaver a glimpse into his private life has become a monumental milestone in Xaver's entire career: "Sein Leben würde also doch noch ganz gut verlaufen. Es war also doch nicht alles umsonst gewesen. Herr Dr. Gleitze hatte ihn bemerkt. Erkannt. Anerkannt. Aufgenommen" (61). The impetus for telling Xaver about a fond memory of his childhood is a mutual receptivity to the ambience of an evening in May: "Ein wahnsinniger Abend, das. Eine schwarzblaue senkrechte Wolkenwand. Häuser und Bäume sahen unheimlich schwer aus. Alles schien vor Wärme zu tropfen" (58). For Xaver is not only unusually sensitive to countryside surroundings, its smells and colors, but furthermore the vitality issuing from his home landscape is the very life force sustaining him within the ugly neglect and indifference of his working existence. Yet the intensity of these positive feelings is conditioned by the same discontinuity which characterized Xaver's glimpse of Gleitze as a sacrificial animal. A life sustained by these moments of enthusiasm or hostility is precarious indeed, because their nonfunctionality is a premise of their experiential availability.

The inhumanity of Xaver's work leads to the more prevalent feelings of aggression, hatred, and indignation. He lets off steam by shouting at his daughter, by pouring perfume over his wife, or by knocking down the record stand in a television repair shop. Because he diverts his anger from its real target he feels all the worse after such temper tantrums. Even getting Dr. Gleitze's car spattered with mud is an unsatisfactory outlet for his anger. One fetish, however, does result in deflecting open aggression against his boss. Ever since Dr. Gleitze would not permit Xaver to stop at the scene of a car accident, Xaver has cultivated the fetish of knife collecting, one for the glove compartment of Dr. Gleitze's car, and five others, daggers, stilettos, and a jack knife. The purchase of knives is a temptation he must constantly resist. This activity is effective precisely because of the dangerous proximity of this fantasy to reality. Xaver is not totally aware of the implications of his knife fetish. He dreams of being knifed in the car, and when he defends himself by biting the villain he awakes to find he has bitten himself in the arm. If he does not upgrade his defenses, he will only harm himself. The stomach pain from which he suffers is Dr. Gleitze's means of knifing him. The compensating fantasy of killing a happy person gives him even greater pleasure, when he visualizes this person to be Dr. Gleitze. Having permitted this fantasy to surface into his consciousness is, in his words, "Seelenarbeit." Walser uses this term as an analogy to "Trauerarbeit," but the term has other associations essential to the book's critical impact: Xaver works in his soul, yet the needs both to change the definition of soul and to transform soul-work into action towards social change are never absent. Xaver must rein in his fantasies and thereby becomes *himself* the target of his own critical awareness. After a night's sleep he finds his fantasy seems silly: "Ein Witz. Ja, ein Witz. Mehr nicht" (238). Enjoying the fantasy and preventing its realization is the delicate balance Xaver must achieve in order to cope. He would have to be crazy to kill his boss, but one night on the drive back home he is so obsessed with this idea that he earnestly hopes to become crazy enough finally to actualize this vision, which has progressed from mere murder to mutilation (the cutting off of Gleitze's ear) and castration. He takes the knife into his hands and walks in the direction of the urinating Dr. Gleitze. But the latter's flatulence shocks him back to his senses.

That his fantasy culminates in castration is significant. For Xaver's relationship to his boss leads to a sense of impotence. The plating on the toilet flush lever in Gleitze's house has a magnifying effect. The reflection of Xaver's unusually large penis when he uses this toilet gives him a notion of the potency available to the upper classes. And when Xaver does not find his wife receptive to sex he blames Dr. Gleitze: "Das heißt, Herr Dr. Gleitze siegt hier in unserem Schlafzimmer ununterbrochen, Heilandzack" (293). Xaver himself averts his wife's sexual advances with a sentence: *"Dieses Jahr glückte es nicht, lieber Larsen"* (257), which is spoken by an upper class person to his gardener in Xaver's favorite fairy tale. A sense of impotence and resignation are alternatives to aggression and anger. Xaver is convinced everything will fail in his life (272): "Das Schlimmste ist immer. Das könnte man wissen" (265). Whenever he pulls a tick off his dog he cannot help feeling some kinship with this insect. The struggle of a beetle in his hotel bath tub correlates with Xaver's own life struggle: "Jedesmal wenn der bemerkt hatte, daß die Wanne für einen Aufstieg zu glatt war, verfiel er in ein wildes Gezappel; alle Beine schlugen gleichzeitig auf die Wannenglätte ein. Sogar die Antennen peitschten mit. Aber durch solche Anfälle rutschte er wieder zurück auf den Wannengrund. Dann arbeitete er sich wieder so weit hoch, als er überhaupt konnte" (270). Xaver dreams not only of being knifed in his car, but of being shot, attacked by giant spiders, or crushed by boulders. This sense of powerlessness is similar to taking hold of a railing on the platform of a high tower and having it come loose in one's own hand (253). The psychological categories at work are sadism and masochism, but Walser opens these private modalities towards a broader symptomatology of alienation. Freudian imagery is relevant, not just to problems of individual normality, but to the behavioral structures built into work-relationships. Xaver's body reacts to his humiliation with insomnia, constipation, and stomach pains (115). In fact, a great deal of the novel focuses on Xaver's bowels.[3]

Walser has always been a specialist of events in inner space and time, of thoughts, mental images, memories, dreams, visions and hallucinations. Xaver's inner space in the most concrete sense becomes the battleground not only for displacement of aggression, but also for self-denial, self-deception, and psychosomatic disturbances. An exploration of his bowels permits Xaver a fuller awareness of his own alienation from himself. Only what he experiences as a deplorable intrusion into his private parts allows him to drop the burden of proper behavior, brainwashing, and the need to ingratiate himself with his boss. Xaver quite rightly feels that Gleitze is prying into his private business by having him admitted to a clinic for an intestinal examination. The animal-like position in which the examination takes place and the various penetrations into his body destroy all remnants of his self-esteem. Only such an extreme experience can make him know how untenable his work situation is.[4] Only here can consciousness of the normally private micro-details and the social macrocosm coincide.

The medicine practiced in Walser's clinic is dominated by causal mechanistic rationality: every sickness can be attributed to a specific cause within the person. A cause-and-effect kind of thinking, however, is inappropriate for the Xavers of this world, where physical illness develops from an interplay with the environment. Even Xaver knows, ". . . wenn er allein auf der Welt gewesen wäre, hätte er mit seinem Darm nicht die Spur eines Problems gehabt" (166). These central passages of Walser's novel describing Xaver's five days in a clinic are evocative in their exact correlation with his work situation. Xaver experiences himself as a patient treated by doctors in the same mechanistic, depersonalized fashion as he is by his boss. Being treated as a passive object by clinic personnel is similar to Dr. Gleitze's treatment: "Je mehr hineingepumpt wird, desto schwerer ist es, das Zeug drinzubehalten. Das tut ja fast wie auf der Fahrt nach Düsseldorf. Und wieder ist der Chef schuld, daß er das aushalten muß. . . . Am liebsten hätte er gebrüllt: Herr Dr. Gleitze, Schluß, aufhören, fertig!" (155). He suffers from a mechanical problem which can be detected with precision instruments and then repaired: "Der Chef hat ihn nach Tübingen geschickt zu den Maschinen, weil er einen Mann braucht, dessen Zuverlässigkeit von allen Untersuchungstechniken überprüft ist" (170). Such a perspective about an employee is reductive. To quote from Walter Benjamin: "Die Haltung des Magiers, der einen Kranken durch Auflegen der Hand heilt, ist verschieden von der des Chirurgen, der einen Eingriff in den Kranken vornimmt. . . . Mit einem Wort: zum Unterschied vom Magier . . . verzichtet der Chirurg im entscheidenden Augenblick darauf, seinem Kranken von Mensch zu Mensch sich gegenüber zu stellen; er dringt vielmehr operativ in ihn ein."[5] The apparent closeness of this symbolic surgical treatment expresses its opposite, the fundamental, manipulative distance of domination. But Walser also projects a dialectic of domination. Xaver is dominated to such an extent, on so many levels, that his mind is virtually impelled toward an antithesis, toward some form of liberation of his repressed identity.

Xaver's tentative identity, which he wants to defend, has nothing to do with the person he has become because of his work. His problem is like that of Gallistl in Walser's novel who claims: "Ich arbeite, um das Geld zu verdienen, das ich brauche, um Josef Georg Gallistl zu sein. Aber dadurch, daß ich soviel arbeiten muß, komme ich nie dazu, Josef Georg Gallistl zu sein. Bis jetzt bin ich immer nur der, der für Josef Georg Gallistl, den es noch nicht gibt, arbeitet. Ich bin also eine Hoffnung" (*GK* 22–23). With Xaver it is not his social identity that gives him a residue of self-respect but rather his natural identity. His contacts with his surroundings, with the town of Wigratsweiler near the Bodensee, and with his home have always given him a respite from his demeaning work. For here the yards lie open and free on top of seven hills. "Es gibt nichts Schöneres als an einem frühen Maimorgen unterm Vogelgesang heimzukommen" (38), he says. Every barn door is unique and not one of them can be found in any other region. Whenever he stands among the red current bushes of his garden, contentment takes hold of him: "Er liebte Straßen, die sich so bogen, als wollten sie wieder heim" (152). The sun shining on the pine trees, the freshly mowed grass, the triangular ponds surrounded by alder trees, the narrow winding roads, and the tall May grass are pure delight to him. If Dr. Gleitze had such a hometown, for instance, he would not waste his time with Mozart opera performances. With his ear phones on he never notices the splendor of nature. Xaver is especially sorry for Turkish workers; it is a crime to lure people away from their home. It is significant that Xaver sinks the symbols of his humiliation, the six knives and the farewell present of chocolates, into his favorite pond. It is not by chance that he hurries out of the clinic to walk barefoot in the grass. Xaver's only hope of finding himself is in contact with nature, which he also associates with home, with his wife Agnes, with their love making, and the feeling of well-being he experiences in bed with his wife. The last image of the novel, describing Xaver and Agnes, lying next to one another in bed like two fields under the sun, contrasts all these alternatives with Xaver's work reality and its indignities. Such images do not explicitly solve the problem of work. Their function is twofold: to integrate the subtext of private genuineness and experiential directness already present in fragmentary form throughout the novel, and to remind the reader with almost ritual intensity of the elements indispensable for overcoming alienation in the work world. The tradition of social thought in Germany insists on the natural, the individual as the past and future essence of human community. Only through such images, which so readily appear utopian, can the rationalized, functionalized forces of domination be resisted. Walser's skill is to leave these forces in unchallenged control while allowing counter-myths to emerge into the open. The novel's end is thus neither defeat nor escape but a moment of possibility, a dialectical glimpse of a future which renews the past instead of crushing it into fragments.

Notes

1. Talcott Parsons, "The Professions and Social Structure," *Essays in Sociological Theory* (New York: The Free Press-Macmillan, 1949) 40.
2. See Heike Doane, "Der Ausweg nach Innen: Zu Martin Walsers Roman *Seelenarbeit*," *Seminar* 18.3 (1982): 210; and Walter Seifert, "*Seelenarbeit*: Bewußtseinsanalyse und Gesellschaftskritik," *Deutsche Romane von Grimmelshausen bis Walser* (Königstein/Ts: Scriptor, 1982): 548.
3. Physical illness, death, and work are associated throughout the novel. Xaver's cousin, a salesman for Dr. Gleitze's firm, has heart trouble, a chauffeur whom Xaver meets in Osnabrück has had to acquire an artificial anus because of his occupation, and the chauffeur whose position Xaver took over died in a car accident, which was perhaps suicide. Bowels and death are associated by means of Johann's war injury and by means of a classmate's death through a school prank. In this regard Aurel Schmidt writes: "Nie zuvor ist die Lage des Untergebenen grotesker und zugleich, durch das Mittel des Grotesken, deutlicher dargestellt worden als hier" ("Martin Walsers neuer Roman: Zu Seelenarbeit verdammt," *Baseler Zeitung* 17 Mar. 1979: 30).
4. See Anthony Waine, "Productive Paradoxes and Parallels in Martin Walser's *Seelenarbeit*," *GL&L* 31 (1980): 299.
5. Walter Benjamin, *Das Kunstwerk im Zeitalter seiner technischen Reproduzierbarkeit* (Frankfurt/M.: Suhrkamp, 1963) 31-32.

Der Kapitalist als Gegentyp
Stadien der Wirtschaftswunderkritik in Walsers Romanen

Joachim J. Scholz

> Jeder reiche Mann betrachtet Reichtum als eine Charaktereigenschaft. Jeder arme Mann gleichfalls.
>
> Robert Musil

VON ANFANG AN ist Martin Walser mit geradezu penetranter Regelmäßigkeit eine bedauernswerte »Ratlosigkeit«[1] in der Durchführung seiner Romane vorgeworfen worden. Monierte man dabei meist ganz allgemein das Formlose der Walserschen Bücher — erinnert sei hier nur an Friedrich Sieburgs verzweifelten Aufschrei, daß es in *Halbzeit* so aussieht, als ob es darum ginge, »einen toten Elefanten auf einen Handkarren zu laden« (Beck. 35) —, so kristallisierte sich doch schon sehr früh als Grund für das Amorph-Epische in Walsers Auseinandersetzung mit der Gegenwart der Verdacht heraus, daß die in den drei ersten Romanen breitangelegte Gesellschaftskritik zu kurz schießt, weil sie »die Ursachen der dargestellten Zustände ausgespart« hat und sich deswegen »der Eindruck einer gewissen Oberflächlichkeit nicht vermeiden läßt.«[2] Bereits 1957 wies Rudolf Hartung in einer Besprechung von *Ehen in Philippsburg* auf die, wie er glaubte, wesentliche Schwäche der gebotenen Wohlstandspersiflagen hin: »Martin Walser klappt [...] seine Figuren zu früh auf, und wir wissen am Ende, was wir schon gleich zu Beginn gewußt haben: der Kulturbetrieb ist lächerlich und ziemlich korrupt, seine Funktionäre und die anderen Honoratioren der Stadt sind ehrgeizig, dumm, eitel« (Beck. 21). So zerdehnte sich für Hartung, was als Kritik der gegenwärtigen Zustände gemeint scheint, im Feld verbreiteter Lesererwartungen zum allgemeinen Moralspiegel. Karl Korn begründete dann auch prompt sein Lob Walsers auf die folgende zweischneidige Weise: »Er erzählt nicht von der Bundesrepublik, auch nicht von Bonn, wie es der unvorsichtige Wolfgang Koeppen tat, sondern von Philippsburg. Philippsburg ist ein Seldwyla oder Abdera. Es liegt überall und nirgends — und so dürfen wir vielleicht unser Vergnügen daran haben« (Beck. 29). Ob man Walser eine moralische Intention zugestand, so Roland H. Wiegenstein, oder ihm eine solche ausdrücklich absprach, so Korn, das Urteil über Walsers gesellschaftskritisches Bemühen blieb überraschend einhellig: »Diese Sache selbst nämlich versteinert ihm unter den Händen. Das Petrefakt aber fällt aus der bestimmbaren Geschichte heraus und wird zu einem Stück Mythologie« (Beck. 28). Oder auf Korns apodiktische Formel gebracht: »Hier habt ihr das Tableau! Macht euch euren Vers drauf!« (Beck. 31).

Ähnliche Stimmen ließen sich dann auch über den schon im Format die wirtschaftswunderliche Produktivität der Zeit porträtierenden Roman *Halbzeit* vernehmen. Reinhard Baumgart, der auf der einen Seite betonte, »ein Buch, das reicher wäre an Ansichten von unserer Wohlstandsgesellschaft, ist in Deutschland noch nicht geschrieben worden« (Beck. 43), beanstandete dennoch, was er als die Achillesferse des Romans ansah: »Seine Figuren werden mit flinken Sprachgriffen festgelegt, sobald sie auftreten, sind definiert und erledigt, die meisten in den engen Grenzen der Karikatur, also fast bewegungsunfähig ohnehin« (Beck. 42). Wiederum rügte man das Mosaikhafte der Walserschen Methode — »es wird aus lauter Schnappschüssen kein Bild, nur ein Album, aus dem Feuerwerk kein reinigendes Gewitter« (ebd.) — und machte Walser ob seiner »hochtrainierten Kurzsichtigkeit« (Beck. 44) für ein »Mißverständnis zwischen Aufwand und Sektionsbefund« (Beck. 51) verantwortlich. *Das Einhorn*, so konnte man schließlich lesen, gleiche einem Reigen, »in dem man sich schwungvoll dreht«, der aber zugleich »eine Art kreisförmiger Flucht« darstellt, durch die der Autor sich »unaufhörlich den Ideen, die ihn verfolgen«, zu entziehen versteht (Beck. 88).

Bis in die späten sechziger Jahre hielt sich das Bild von Walser als Romancier der bundesdeutschen *vanity fair*, von Walser, der »ohne festes Bezugssystem«,[3] ohne »das Ideal, das als unangefochtener Maßstab von außen an die erzählte Welt angelegt wird« (Beck. 272), ohne alle »Regeln einer Lebensertüchtigung« (Beck. 85) bereitwillig jede Hoffnung »auf einen mittelbaren gesellschaftskritischen Effekt«[4] in Frage stellt. Der Walser, der sich bereits 1961 als engagierter Intellektueller in den Partei- und Wahlkampf stürzte, blieb als Schriftsteller zunächst auch weiterhin mit seinen Mosaiken, Miniaturen und Szenen — bezeichnend schon die aufs Bildhaft-Statische rekurrierenden Überschriften damaliger Essays (»Ein deutsches Mosaik«, *EL* 7-28) — dem Gesellschaftstableau verhaftet. Bedenkt man, daß Walser sich zu dieser Zeit schon mit dem für ihn wichtigen Unterschied zwischen Imitation und Realismus auseinandersetzte (*EL* 66-93), wirkt das kritisch vermerkte Manko an aktivierender Sozialanalyse in seinen drei ersten Romanen nur um so erstaunlicher. Keiner dieser Romane bringt die katalytische Fabel, die Walser nun immerhin vom Theater erwartete (*EL* 62 f.). »Die gegenwärtige gesellschaftspolitische Lethargie« zu schildern, »das Soziale selbst im Leerlauf zu sehen«, erscheint ihm zum damaligen Zeitpunkt als die eigentliche Aufgabe des heutigen Realismus, während es gerade dessen Anfechtungen sind, die »einen allgemeinen brüchigen Idealismus« zur dramatischen Stilisierung sozialer Konflikte antreibt (*EL* 89).

Eine immer deutlicher sich abzeichnende Zäsur setzte dann jedoch das Jahr 1965. »Zwischen 1965 und 1972«, so Anthony Waine, »inszeniert der Autor eine Art auf sich selber bezogene kulturelle Revolution« (Waine 23). Unter dem Einfluß der damals sich stark profilierenden Literatur der Arbeitswelt fand Walser zu einem neuen schriftstellerischen Engagement, das er bereits 1967 auf den folgenden konzisen Satz brachte: »Jedes Engagement, das nicht die Demokratisierung der Arbeit als Zielvorstellung enthält, ist Freizeitgestaltung und Showbusiness« (*HE* 119). Daß es in der Arbeitswelt nicht demokratisch zugeht, war natürlich auch früher vielfach bei ihm angeklungen. Das Wirtschaftssystem der BRD ist nun einmal im Prinzip großbürgerlich und kann deswegen gar nicht den Interessen der arbeitenden Mehrheit entsprechen. Wenn System und Bevölkerung trotzdem zu florieren scheinen, so war das für Walser bislang das dubiose Verdienst eines ungemein geschickten *packaging*, einer Bewußtseinsindustrie, deren sich eine schier unübersehbare Schar von Werbetextern, Podiumsdiskutanten, Leitartiklern und Rundfunkintendanten aus Profit- und Statussuche angenommen hatte. An die Stelle dieser Clique der cleveren Meinungsbildner und ihrer unzähligen Party- und Schlafzimmerquerelen tritt jetzt, angeregt sicher auch von Walsers begonnenem Marx-Studium, der wahre Drahtzieher dieses ganzen uneinigen Gemenges, der mit sich selbst zutiefst einige und einverstandene Gegenspieler aller Arbeitnehmer: der Kapitalist. Walser ist sich klar darüber, daß ihm die Entdeckung dieses Gegentyps von vielen als ein schaler Neuaufguß längst veralteter Schemata angekreidet werden wird. Doch wehrt er sich entschieden gegen den Vorwurf des Anachronismus, gerade gegenüber einer durchaus selbstbewußten Linken, und beteuert:

> Wer kurzatmig von der Diktatur des Proletariats schwärmt, der findet es vielleicht überflüssig, sich noch mit dem Selbstverständnis des Kapitalismus abzugeben. Ich halte das für dringend notwendig, weil ich glaube, daß wir den Kapitalismus nicht an einem Losschlag-Tag los werden, sondern nur dadurch, daß wir ihm die Herrschaft über das Bewußtsein der wirtschaftlich Abhängigen entziehen. (*WL* 76 f.)

Es ist diese Entdeckung, daß nämlich eine Veränderung der bundesdeutschen Gesellschaft von einer psychischen Emanzipation der wirtschaftlich Unterlegenen auszugehen hat, die Walser nun von der tableauhaften zur katalytischen Fabel fortschreiten läßt. Wie nachhaltig die neue Einsicht die Wirtschaftswunderkritik im Walserschen Romanwerk verändert hat, wird erst dann voll ersichtlich, wenn man sich von dieser Perspektive her nochmals das Verhältnis von Kapitalist und Arbeitnehmer in Walsers drei ersten Romanen vor Augen führt.

Noch am hintergründigsten erscheint der Gegentyp des Kapitalisten in Walsers erstem Roman in der Gestalt des Radiofabrikanten Volkmann, und es ist sicher kein Zufall, daß über zwanzig Jahre später gerade diese Figur dem Kapitalisten von Walsers großem Abrechnungsbuch, *Seelenarbeit*, viele seiner Züge leihen wird. Betont ist in der Beschreibung Volkmanns die raffinierte Pose, mit der er sich ganz bewußt auf dem Vordergrund des mondänen Partygehabes seiner Frau zum freundlichen, doch unbedeutenden Statisten deklassieren läßt. Diesem kleinen, zarten Männchen mit den schlaffen, kurzen Unterärmchen, dem widerstandslosen Fleisch seiner Hände und den Kopfbewegungen, die an eine alte Eule erinnern, scheint man zunächst seine Rolle als hilfloser Hahnrei und innerlich verkümmertes Arbeitstier gern abzunehmen. Dabei ist Volkmanns studiertes Desinteresse am Gezänk der Salonlöwen nichts anderes als die Distanz eines Mannes, der weiß, daß die Macht eben nicht beim Intellekt, sondern beim Kapital liegt. Nur der naive Neuling Beumann ahnt instinktiv noch etwas von der wahren Verteilung der Gewichte und zeigt ängstliche Bewunderung für seinen Chef: »Eine winzige Präzisionsmaschine war er, mit tausend feinen Rädchen und Gliedern ausgestattet, die von morgens bis abends Einfluß produzierte, [...] Einfluß nach allen Seiten, und immer auf eine leise und kaum merkliche Art« (*EP* 105). Wenn Walser 1970 in seinem programmatischen Essay »Kapitalismus *oder* Demokratie« ausdrücklich darauf hinweist, daß die Herrschaft des Kapitals in der Demokratie sich auch deswegen als so haltbar bewährt, weil die Kapitalisten es verstehen, sich mit einer relativen Unaufdringlichkeit im öffentlichen Leben zu benehmen (*WL* 78), so zeigt sich doch zugleich, wie er anfänglich selbst dieser Taktik aufgesessen war. Rückblickend erweist sich die häufig konstatierte Schwäche seiner frühen Wirtschaftswunderkritik darin, daß sie diesen Volkmanns ihre Pose der Nebensächlichkeit de facto abgekauft hat. Statt Volkmann auf die Schliche zu kommen, läßt Walser sich nur allzubald — ganz wie sein Held Beumann — vom Gestoße und Geschiebe der so viel aufdringlicheren Partyszenerie gefangen nehmen.

Bereits wesentlich flacher fällt in *Halbzeit* das Bild des Konservenfabrikanten Frantzke aus. Frantzke, durchweg der vulgäre, neureiche Koofmich, wirkt auch dadurch im Vergleich zu Volkmann harmloser, daß er sich verzweifelt um Anerkennung durch die feine Gesellschaft bemüht. Hatte sich bei Hans Beumann seinem Chef gegenüber noch ein tiefsitzendes Minderwertigkeitsgefühl eingestellt, so glaubt sich Anselm Kristlein Frantzke und seiner aufgetakelten Frau schlicht überlegen. Als die Frantzkes bei einer ihrer vielen Parties im Begriff stehen, sich durch eine Stilpanne lächerlich zu machen, springt Anselm wohlwollend in die Bresche und reflektiert anschließend: »Vielleicht rettete ich die Frantzkes nur, weil sie mir leid taten« (*KT I* 624). Nichts könnte Anselm ferner liegen als anzunehmen, daß diese so banalen Kapitalisten irgendeine Herrschaft über sein, Anselms, so gewitztes Selbstbewußtsein ausüben. In *Das Einhorn* wird der Süßwarenmillionär Blomich mit seiner rührenden Verwundbarkeit schließlich zum bemitleidenswerten Opfer des von ihm selbst großzügig inszenierten intellektuellen und sexuellen Clinches. Nur in einem scheint der Mann mit dem Elefantenblick und der Schildkrötenhaut der generellen Wettbewerbssituation gewachsen, im Ausdruck »konkurrenzloser Traurigkeit« (*KT II* 213). Zwar mehren sich mittlerweile Anselms wilde Ausbrüche den Reichen gegenüber (*KT II* 51, 103-105), doch auf den arglosen Versager Blomich versteht er seine Haßtiraden nicht bezogen. Als ritterlicher Beschützer, als Freund, am Ende gar als Versager in der Liebe fühlt Anselm sich durchaus mit »Blom-Ich« (*KT II* 224) identisch.

All das ändert sich drastisch in *Der Sturz*, dem nach längerer Zäsur publizierten dritten Band der Kristlein-Trilogie. Die brillanten Partyszenen, bis dahin die sprachlichen und strukturellen Höhepunkte des Geschehens, sind nun aufs gänzlich Periphere zurückgeschnitten worden. Im Zentrum steht jetzt die Dynamik *eines* konkreten Arbeitsverhältnisses: Anselm ist der Hausverwalter eines Arbeitererholungsheims, das Blomich aus Steuerabschreibungsgründen auf seinem Privatbesitz eingerichtet hat. Wie wichtig es Walser ist, dem Leser diese Dynamik verständlich zu machen, wird auch daraus ersichtlich, daß er den Handlungsverlauf an drei strategischen Stellen unterbricht, um seinen Helden ganz explizit über das neuentdeckte psychologische Mißverhältnis zwischen dem wirtschaftlich Abhängigen und seinem Gegentyp reflektieren zu lassen.

Im ersten Reflexionsgang ist Anselm noch voller Bewunderung für die ihm unerreichbare Rolle des großen Unabhängigen. Was diesen Gegentyp — der Begriff wird hier geprägt — vom normalen Sterblichen unterscheidet, ist vor allem sein total anderes Verhältnis zum Erfolg: »Der Erfolg ist bei ihm nichts Äußerliches, er haftet ihm nicht nur an, sein ganzes Wesen ist ein Erfolg« (*KT III* 43). Gibt partielle Überlegenheit dem Unterlegenen wenigstens eine gelegentliche Chance zur Revanche, ein so kompletter Erfolg macht unangreifbar. Nur noch Neid scheint dem Abhängigen möglich, und selbst dieses Gefühl muß er sich bei genauerer Überlegung als ein unwürdiges Ressentiment dem Vollkommenen gegenüber verargen.

Anselms zweiter Reflexionsgang beginnt dann aber diesen überzogenen Mythos zu entlarven. Die menschlichen Vorzüge des Kapitalisten, die eben noch als Geschenk einer mysteriösen Begnadung gewertet wurden — eine solche Sicht rügt Walser ausdrücklich am konservativen Soziologen Arnold Gehlen (*WL* 77) —, erweisen sich Anselm bei näherem Hinsehen als Folgen einer wirtschaftlichen Konstellation. Nur der wirtschaftlich Unabhängige kann sich nämlich die Aura wirtschaftlichen Des- oder Allgemeininteresses leisten. »Er hat es nicht nötig, andauernd vor allen Leuten seinen Vorteil zu verfolgen. Ihn hetzt nicht sein Interesse. Deshalb macht er auch diesen humanen, geradezu demokratischen Eindruck« (*KT III* 250 f.). Das Perfide der kapitalistischen Herrschaft ist es eben, daß sie dem, der sie ausübt, außer der Macht auch noch den finanziellen Spielraum gewährt, der es ihm erlaubt, ein Qualitätsmensch zu sein. Deswegen darf Anselms bittere Schlußfolgerung durchaus nicht als bloße Ironie verstanden werden:

> Verglichen mit ihm, sind wir allesamt nicht liebenswert. Er dagegen ist liebenswert, das ist klar. Und das weiß er auch. Und tatsächlich wird er von vielen verehrt, bzw. geliebt. Und auch wenn ich mich manchmal sträube, immer wieder stelle ich bei mir doch fest, daß er auch auf mich anziehend wirkt. Das ist das Furchtbare. (*KT III* 254)

In seiner dritten Reflexion sträubt Anselm sich dann aber doch wieder: »Spät erst komme ich dazu, die Bewunderungswürdigkeit wirklich nicht mehr zu bewundern« (*KT III* 324). Der Preis dieses Widerstands ist jedoch hoch: verlangt wird die Preisgabe der über die Jahre verbissen vorangetriebenen Karriere, verlangt wird der Abschied vom eigenen

Wirtschaftswunder-Ich mit seinen errungenen Teilerfolgen. Eine Emanzipation vom Gegentyp kann nur durch einen radikalen Selbstverzicht gelingen, denn »ich kann nicht leugnen, daß ich, wenn ich ihn negiere, auch mich selbst negiere. Ich habe mich ihm während all dieses Hinstarrens angeglichen. Insofern bin ich nicht leicht zu retten. Offenbar hänge ich an ihm wie an mir selbst« (*KT III* 325).

Mit diesen Betrachtungen zum eigenen Schicksal hat Anselm seinem Autor die katalytische Fabel der nächsten Romane weitgehend vorgeschrieben. Die Loslösung vom Gegentyp innerhalb und außerhalb des eigenen Ichs wird von jetzt ab zum zentralen Thema, zur intim verzahnten Abrechnung mit den Motoren des bundesdeutschen Wohlstandsverhaltens, zur detailliert angelegten Entlarvung der Illusion vom demokratisierbaren Einzelerfolg in der modernen Konkurrenzgesellschaft. Daß eine Emanzipation nach Jahren der Hörigkeit nicht ohne weiteres auf einen guten Ausgang hoffen darf, sollte eigentlich nicht verwundern. Anselm, aufgebraucht von jahrelangen Anpassungsversuchen, kann sich nur noch zur Flucht aus der Arbeitswelt aufraffen, zur selbstmörderischen Fahrt in den Schnee, diese »Weltverschließungskraft« (*KT III* 351).

Die Mechanismen psychischer Versklavung, die in *Der Sturz* noch unter der für die Kristlein-Trilogie typischen Lawinen des Episodischen nahezu verschüttet waren, werden 1976 in *Jenseits der Liebe* zum ersten Mal mit einer wahrhaft monomanischen Akkuratesse herauspräpariert. Franz Horn, der durch sein Verkaufstalent dem Zahntechniker Thiele wesentlich beim Aufbau seiner Firma geholfen hat, findet sich von diesem seit einiger Zeit aufs Abstellgleis geschoben. Leider aber bleibt dem alternden Horn die emotionale Bindung an den Chef — eine beschämende, jungmädchenhafte Bewunderung für den muskulösen Thiele mit der sexuellen Dauerpotenz — weiterhin Maßstab seines Wünschens und Trachtens. Obwohl Horn die Raffinesse zu durchschauen beginnt, mit der sein Arbeitgeber es verstanden hat, ihn sich hörig zu machen — »Seit Herr Thiele nicht mehr vor Horn auftritt, weiß Horn, daß Herr Thiele jahrelang vor ihm aufgetreten ist« (*JL* 46) —, läßt sich, wie schon für Kristlein, die psychische Abhängigkeit dadurch nicht mehr rückgängig machen. Erkenntnis befreit nicht mehr; sie ist nur noch Anlaß eines verschärften Masochismus dem eigenen verfehlten Ich gegenüber. Am Ende sieht auch Horn nur den Ausweg der Selbstvernichtung. Viel deutlicher als in *Der Sturz* zeigt Walser nun aber im Falle Horns diesen Weg als den Triumph gerade des Prinzips, dem der Gepeinigte zu entkommen dachte. Horns Selbstmordversuch bestätigt nur nochmals die überlegene Menschlichkeit Thieles. Auf dem Heimweg von einer seiner nächtlichen Amouren gelingt es dem Chef durch rasches

Handeln, Horns Leben zu retten, eine Möglichkeit übrigens, die der an sich selbst verzagende Horn in einem Abschiedstraum mit Schrecken vorausgeahnt, vielleicht auch vorausprogrammiert hatte (*JL* 164-171).

Einen wesentlichen Schritt auf dem Weg zur eigentlich empanzipatorischen Fabel und zugleich einen bis heute unübertroffenen Höhepunkt in Walsers Behandlung sozialpsychologischer Zwänge stellt drei Jahre später der Roman *Seelenarbeit* dar. Beschrieben wird hier, wie der Wigratsweiler Privatchauffeur Xaver Zürn sich aus der selbstzerstörerischen Werbung um die Achtung seines Chefs, des Fabrikanten Gleitze, zu lösen vermag. Jahrelang hat sich Zürn, in der Hoffnung auf ein persönliches Verhältnis zu Gleitze, dem Demütigenden seiner Arbeitsbedingungen unterworfen, bis schließlich Zürns vegetatives Nervensystem den wachsenden Haß auf die hygienische Unnahbarkeit des Chefs durch einen nicht zu lokalisierenden Bauchschmerz ins Bewußtsein fördert. Haß macht aber nicht weniger hörig als Liebe. Zürns blinde Wut konzentriert sich jetzt auf den Wunsch, Gleitze zu töten. Jedoch bei der ersten günstigen Gelegenheit entdeckt Zürn zu seinem Erstaunen, daß sein Entschluß zur mörderischen Tat sich schon in der bloß imaginären Verwirklichung dieses Wunsches aufgebraucht hat. Verblüfft von der seltsamen Unwirklichkeit seiner eigenen Wut läßt Zürn daraufhin den ahnungslosen Chef unbeschadet entkommen.

Als Gleitzes Sekretärin Zürn einige Tage später informiert, daß der Chef ihn von nun ab nur noch als Fahrer eines Gabelstaplers in der Firma halten will, bleiben die Gründe für diese unerwartete Degradierung im Jargon der offiziellen Mitteilung ungeklärt. Trotzdem erwachsen aus der erneuten Niederlage Symptome einer beginnenden Befreiung. Als Agnes, seine Frau, die von Zürn allerdings reichlich beschönigten Tatsachen erfährt, zeigt sie sich spontan glücklich, und es kommt vor dem Hintergrund dieser anfänglich so katastrophalen Nachricht zu einer überraschenden Erwärmung der ehelichen Beziehungen. Erleichtert steigt Zürn auf sein Fahrrad, um die Indizien seiner Haßliebe für Gleitze (eine Messersammlung und eine Schachtel Pralinen) in einem einsamen Waldtümpel zu versenken. Viel bleibt natürlich noch zu tun. Nur schwer wird sich die Zerrüttung der Familie Zürn wieder gutmachen lassen. Ein Neubeginn scheint jedoch möglich. Zürn, der sich noch vor kurzem eingestehen mußte, »daß ihm sein wahres Selbstgefühl nur noch wie etwas Vergangenes einfiel« (*SE* 170), kann sich jetzt mit einiger Zufriedenheit sagen, »daß er sich durch Agnes gerechtfertigter vorkommt als ohne sie« (*SE* 294). Mehr erfährt man zunächst nicht über Zürn. Für diejenigen, die sich dennoch Sorgen um Zürns weitere Genesung machen, läßt Walser jüngst in *Brief an Lord Liszt* die Nachricht einfließen, daß Xaver Zürn bei Gleitze gekündigt und sich als LKW-Fahrer selbständig gemacht habe (*BL* 71).

Es kann hier natürlich nicht darum gehen, die von Walser oft bis ins bizarre Detail verfolgten Verschlingungen psychischer Manipulation nachzuweisen. Was hier gezeigt werden sollte, ist, wie und aus welchen Gründen der Wirtschaftswunderkritiker Walser in seinen Romanen vom impressionistischen Gesellschaftstableau zur emanzipatorischen Bewußtseinsanalyse fortschreiten zu müssen glaubte. Der Fortschritt stellt sich dabei als das direkte Resultat einer Entdeckung heraus, der Entdeckung des Kapitalisten als eines Gegentyps, der das Verhalten des von ihm Abhängigen gerade dadurch beeinflußt, daß er Erfolg als Charaktereigenschaft überzeugend vorzuführen versteht. Der Arbeitnehmer wird auf eine von Walser anfänglich kaum geahnte Weise vom Glauben an das atavistische Selektionsprinzip der Wettbewerbsgesellschaft beherrscht. Trotz gegenteiliger Beteuerungen gelten eben im Kapitalismus seit eh und je ökonomischer und menschlicher Wert als sich bedingende Größen. Nachahmung und das Bestreben um das Wohlwollen der allseits Erfolgreichen erscheinen den Erfolglosen in dieser Situation bald als der einzige Weg zur Achtung vor sich selbst. Das westdeutsche Wirtschaftswunder offenbart sich, vor dem Hintergrund einer Vielzahl solcher psychischen Demütigungen, als das Produkt eines sich ständig wiederholenden, sich dabei als ständig gesteigerte Produktivität manifestierenden Versuchs der Erfolglosen zur Wiedergutmachung ihres immer neuen Mißerfolgs. Unter der Generation derer, die in den fünfziger und sechziger Jahren am vorbehaltlosesten diesen Mechanismen ausgesetzt waren, macht sich heute ganz folgerichtig der Selbsthaß am deutlichsten bemerkbar. Ob sich eine Wende für die so lange Düpierten noch zu einem guten Ende bringen läßt, bleibt bei Walser weitgehend offen. Zeichen der Hoffnung fehlen aber nicht ganz. Gilt es eine Vergangenheit der verfehlten Produktivität zu überwinden, warum sollte sich nicht eine bewußte Unproduktivität als einzig unassimilierbare Antwort auf das bundesdeutsche Erfolgsethos anbieten? Scheitern als Belohne-Dich-Selbst? Walser scheint dem Paradox nicht abgeneigt, denn immer häufiger weist er mit kaum verhohlener Schadenfreude der eigenen Gesellschaft gegenüber seinen ausgebeuteten Helden die Rolle des Versagers zur wohlverdienten Belohnung an.

Anmerkungen

1. Marcel Reich-Ranicki, Der wackere Provokateur Martin Walser, in: M. R.-R., Deutsche Literatur in West und Ost, Stuttgart 1983, S. 219.
2. Ebd. S. 218.
3. Hans Magnus Enzensberger, Ein sanfter Wüterich, in: H. M. E., Einzelheiten, [Bd. 1], Frankfurt/M. 1962, S. 243.
4. Ingrid Kreuzer, Martin Walser, in: Deutsche Literatur seit 1945, hrsg. von Dietrich Weber, Stuttgart 1968, S. 440.

Die Anwesenheit der Macht
Horns Strategie im *Brief an Lord Liszt*

Heike A. Doane

I. Der Ort der Konfrontation als »Nicht-Ort«[1]

UM DEN AUSGANGSPUNKT dieser Arbeit zu bestimmen, sollen einige Parallelen aufgezeigt werden, die eine Gegenüberstellung von Martin Walser und Michel Foucault erlauben. Vergleichbar ist besonders die Beobachtungsweise beider Autoren, die sich keine Einsichten von irgendwelchen wissenschaftlichen Diskursen verspricht, sondern den Ereignissen dort »aufzulauern« versucht, wo ihre Auswirkungen am wichtigsten sind: »in den Gefühlen, der Liebe, dem Gewissen, den Instinkten« (*Subversion* 83). Wie der Genealoge Foucault ist Walser der Meinung, daß sich hinter den Dingen nichts Zeitloses verbirgt, sondern daß sie ein Produkt ihrer Zeit sind. Seine Aufgabe beschreibt er als »Geschichtsschreibung des Alltags« (*WS* 25); Foucault übernimmt von Nietzsche den Ausdruck »wirkliche Historie« (*Subversion* 96-101). Den gemeinsamen Kern der Geschichtsschreibung bildet bei beiden »eine mit erbitterter Konsequenz betriebene Gelehrsamkeit« (ebd. 83), die nicht an einen erhabenen oder gar objektiven Standpunkt des Historikers oder Philosophen glaubt, sondern an die Unmittelbarkeit. Gegenstand dieser Unmittelbarkeit ist das Dasein derer, auf deren Leib und Seele sich die Geschichte buchstäblich einschreibt (ebd. 90).[2]

Beide Autoren haben sich zudem den »Maulwurfsblick des Gelehrten« (*Subversion* 83) angeeignet, d. h. den »Blick auf das Allernächste« (ebd. 100), der eine nahezu naturwissenschaftliche Aufmerksamkeit für das Detail erbringt. Foucault vergleicht die Arbeitsmethode des Genealogen dem Diagnostizieren (ebd.), Walser die des Schriftstellers dem Experimentieren.[3] Beide bekennen sich auf diese Weise zu einem perspektivischen Wissen. Während jedoch die Arbeitsweise des Genealogen historische Tiefe verlangt, verläßt sich Walser ganz auf die eigene »Reaktion auf den jeweils akutesten Mangel«.[4] Die Erfahrung des Autors, nicht der historische Überblick, umreißt somit die dargestellte Wirklichkeit. Da seine Figuren zudem an der drohenden Auflösung des Ichs laborieren, die der Genealoge aus sicherer Distanz als ein unumgängliches Resultat der Selbstsucht beschreibt (*Subversion* 89), wird dieses Wirklichkeitsbild noch weiter verengt. Wenn Selbstverlust und Wirklichkeitssicht einander so bedingen wie in Walsers jüngsten Romanen, dann kann der Anspruch auf Allgemeingültigkeit, den der Genealoge voraussetzt, nur noch vom Leser eingelöst werden.

In Walsers Büchern, ähnlich wie in den Werken Foucaults, werden Kräfteverhältnisse beschrieben und analysiert, durch die sich die Anwesenheit der Macht manifestiert. Während jedoch Foucault diese Anwesenheit vor allem an bestimmten Denkstrukturen und deren Verbreitung beschreibt, tritt bei Walser diese Macht als Triebkraft des Handelns hervor: Durch das Streben nach Macht werden alle Ereignisse seiner fiktiven Welt dem Bereich des Kampfes zugeordnet. Es sind diese Kampfsituationen, die er am Schicksal seiner Figuren immer wieder nachzeichnet, und die in zunehmendem Maße seine literarische Wirklichkeit bestimmen. So kommt es, daß die »Allgegenwart der Macht«,[5] die Foucault in allen Lebensbereichen voraussetzt, auch im *Brief an Lord Liszt* deutlich hervortritt. Ohne den Eindruck erwecken zu wollen, daß die ganze Komplexität der in diesem Buch dargestellten seelischen Vorgänge durch das Auftreten der Macht erfaßt werden könnte, soll hier nachgewiesen werden, daß Horns »leidensfähiges Gemüt«[6] keiner besonderen Veranlagung entspringt, schon gar nicht einer ererbten Schwäche, sondern daß dieses Gemüt größtenteils von den Bedingungen der Außenwelt geprägt wurde. Horns Verhalten wird meines Erachtens nicht durch den Ausbruch einer »narzißtisch-neurotischen Krise«[7] verursacht, sondern durch das Diktat der Macht. Um ihre Auswirkungen zu beschreiben, wird im folgenden auch auf Elias Canetti verwiesen, der sein Augenmerk direkt auf das Gebaren der Mächtigen lenkt, und so ein wahres Indizienverzeichnis der Macht entstehen läßt.

Ob sich die Macht in das Leben der Menschen eingenistet und ihr Denken und Fühlen in Beschlag genommen hat, wie Foucault behauptet, oder ob das Streben nach Macht als eine dem Menschen angeborene Sucht verstanden werden muß, eine These, die Canetti vertritt, ist für ihre

Auswirkungen nicht entscheidend. Die Studien Canettis und Foucaults stimmen trotz unterschiedlicher Meinungen über das Entstehen der Macht in vielen Punkten überein. Wenn die dort beschriebenen Indizien der Macht überdies auch in Walsers Roman auftreten, dann ist damit ihre Gültigkeit nur noch bestätigt, zumal die drei besprochenen Werke völlig unabhängig voneinander entstanden.

Ähnlich wie es Canetti in *Masse und Macht* beschreibt, offenbart sich die Macht im *Brief an Lord Liszt* vor allem in der Situation des Überlebens.[8] Wenn man als Überlebender zurückbleibt, »wächst« man in den Augen aller:[9] Horns Mutter z. B. kommt in der Familie zu neuem Ansehen, nachdem ihr Mann, VW, gestorben ist. Der Augenblick des Überlebens bedeutet eine Zunahme der persönlichen Macht, besonders, wenn der Verstorbene ihr zum Opfer fiel. Der Tod Stierles beweist, daß die Stärke des Opfers die Stärke des Überlebenden vermehren kann. Horn kommentiert Thieles Nachruf auf Stierle folgendermaßen: »Einen Gegner, den man endlich besiegt hat, kann man gar nicht groß genug machen« (*BL* 9). Machtträger wie Thiele glauben an nichts als an sich selbst und ihre Fähigkeit zu überleben. Sie besitzen in den Augen anderer eine Gottesähnlichkeit, da sie beanspruchen können, Herr über Leben und Tod zu sein (*Masse* 265).[10] Auch Thiele, der »glaubenslose Mensch« (*BL* 102), hatte es in *Jenseits der Liebe* geschafft, Horn »sozusagen vom Leben zum Tode [zu] befördern und dann wieder vom Tod ins Leben zurück[zu]bringen« (*Masse* 267). In dieser Position ist der Mächtige gegen jede Schuld gefeit. Horn beobachtet, daß Thiele und Liszt ihre Unschuld wie ein Banner tragen (*BL* 7, 33). Doch er bemerkt auch, daß ihre Vorgabe kindhafter Unschuld auf den Niederlagen anderer fußt.[11] Über Liszt sagt er: »Sie sind also (durch mich) die Krone der Unschuld, der moralischen Schönheit« (*BL* 33). Schon die Wortwahl spielt hier auf eine feudalistisch anmutende Hierarchie an, die offenbar Grundlage der Macht ist. Denn auf das, was anderen gelingt, hat der Mächtige einen Anspruch. Was jedoch mißlingt, das vermehrt nur die Unterlegenheit anderer. »Als Keith Heath in Coventry bankrott machte, war es mein Mißerfolg«, stellt Horn fest. »Als ich [...] *London Dentures* an Land zog, war es zumindest Thieles und mein Erfolg. Und Thiele teilte mir dann davon zu, was er für angemessen hielt« (*BL* 64).

Horn schreibt seinen Brief unter dem Eindruck dieser schwierigen »Wesensmathematik« (ebd.), ohne zu erkennen, daß es sich dabei eigentlich um einen Prozeß der Machtanhäufung handelt. Obwohl er die einzelnen Symptome der Macht kennzeichnet, kann er daraus nicht auf ihre konstante Anwesenheit schließen. Zwar beschreibt er, was ihm und anderen auferlegt ist, mit größter Genauigkeit, aber er rechnet nicht mit der Existenz von

Mechanismen, durch die sein Leben einer überpersönlichen Auseinandersetzung zugeordnet wird. Und weil sein Leid ihn zudem zwingt, alles auf sich zu beziehen, ist es für ihn vollends unmöglich, dieses eigene Leid als eine Auswirkung von Kräften darzustellen, denen sein Schicksal gleichgültig sein könnte. Das Wesen der Macht, ihr innerstes Geheimnis (*Masse* 333), bleibt ihm verborgen, weil er sich nicht als Teil einer »komplexen strategischen Situation« begreift (*Sexualität* 114), die in »unaufhörlichen Kämpfen und Auseinandersetzungen [ihre] Kräfteverhältnisse verwandelt, verstärkt, verkehrt« (ebd. 113).

Das Sich-nicht-erkennen-Geben ist der Macht eigen. Wenn nämlich ihr Kräftespiel auf Ungleichheit beruht, und sie davon abhängt, diese Ungleichheit zu bewahren und zu verstärken, dann muß die Macht die Kenntnis über diese ihre Beschaffenheit geradezu verhindern. Ihr Geheimnis ist daher nicht etwa auf einen Wissensmangel der von ihr Betroffenen zurückzuführen, sondern auf ihre Sucht, sich zu verbergen. Denn der bebende »Sockel der Kräfteverhältnisse, die durch ihre Ungleichheit unablässig Machtzustände erzeugen« (ebd. 114), kann kein Äquilibrium ertragen: Gleichheit, wie Horn sie manchmal erträumt, ist für die Macht eine Gefahr, weil sie das Prinzip der Ungleichheit schützen muß, das sie erhält. »Ihr Durchsetzungserfolg entspricht ihrem Vermögen, ihre Mechanismen zu verbergen« (ebd. 107). Wenn die Menschen die Macht also ertragen und ihr Vorschub leisten sollen, dann darf sie sich nur als »[r]eine Schranke der Freiheit« präsentieren (ebd.), nicht als ein allumfassendes, nie endendes Kräftespiel. Horn erklärt dies, ohne es zu begreifen: »Wenn man sich gefügt hat, vergißt man mit der Zeit, daß man den Druck nur deswegen nicht mehr spürt, weil man sich gefügt hat. Wer mitmacht, kommt sich frei vor« (*BL* 71).

Dort, wo die Macht den Menschen am nächsten tritt, erscheint sie am undurchsichtigsten. Auch der enge Kreis um Horns Familie trägt die Spuren von Kämpfen, in denen die Entscheidung zwischen Starken und Schwachen bereits gefällt worden ist. Aber Horn kann durch diese Nähe keine zusätzlichen Einsichten gewinnen, obwohl er ein gewissenhafter Beobachter ist. Er bemerkt, daß seine Mutter sich immer gegen Hilde »am brutalsten« gewehrt hatte, und daß Hilde seit jeher diesen Angriffen mit »Selbsteinschränkung« (*BL* 25) begegnet ist. Auch daß Hilde sich die Marter des Unterliegens ersparen will, indem sie sich unterwirft, kann er ihr nachempfinden. Unbegreiflich bleibt ihm jedoch, daß Hildes Schwäche ein deutliches Zeichen dafür ist, daß sich nun die Macht durch einen Dominierungsversuch der Mutter weiterverbreiten wird. Es bleibt ihm besonders deshalb unbegreiflich, weil solche Machtübergriffe ohne irgendeine feindliche Absicht erfolgen, und moralische und ethische Grundsätze diesen Vorgang nicht beeinflussen können. Machtmechanismen funktionieren unabhängig von der »Wahl der Entscheidung eines individuellen Subjekts« (*Sexualität* 116) und begründen somit die Eigengesetzlichkeit der Macht.

Diese Eigengesetzlichkeit behauptet sich, selbst wenn sie allen Vorstellungen von einem harmonischen Zusammenleben zuwiderläuft. Vater Horn muß ein Leben lang dafür büßen, »daß er so freundlich gewesen war, [Horns] Vater zu spielen« (*BL* 140), und während Horn und Liszt sich mit ihrem Abstieg abfinden müssen, scheinen ihre Frauen von der Schwäche ihrer Männer zu profitieren: Seit es mit Horn abwärts geht, häufen sich geradezu die Gründe, weshalb ihm zu seiner Frau »gratuliert« (*BL* 18) werden muß, und Frau Liszts ehemals »feine Herrschaft« über ihren Mann (*BL* 20) ist inzwischen in einen Grad der Selbständigkeit umgeschlagen, durch den sie jetzt »über das hiesige Muster hinausragt« (*BL* 19).

Es gibt offenbar keine Beziehungen, die nicht von der Macht geprägt worden sind. Denn: »Nicht weil sie alles umfaßt, sondern weil sie von überall kommt, ist die Macht überall« (*Sexualität* 114). Selbst Thiele ist zum Instrument dieser unsichtbaren Macht geworden. Seine größten Erfolge, die in der Eroberung zahlreicher junger Mädchen liegen, sind nicht ihm zuzuschreiben, sondern der Macht, die er verkörpert.[12] Die Häufung solcher Eroberungen kennzeichnet lediglich ihr Bestreben, sich zu verbreiten. Deshalb kann Thiele bei diesen Mädchen seine Manneskraft gar nicht vergeuden, wie Horn zunächst befürchtet, denn es ist ja die Macht, die Thieles Handeln regiert, und diese Macht erneuert und vermehrt sich. Horn sieht diesen Sachverhalt noch so: »Seit ich Thiele kenne, glaube ich, Mädchensucht sei bei allen Weltherrschaftsaspiranten das Motiv« (*BL* 100). Offenbar meint er, die Mädchen vermehrten die Macht, statt daß die Vermehrung der Macht die Eroberung der Mädchen zur Folge hat.

Die Dynamik der Macht ist darauf ausgerichtet, ihre Existenzmöglichkeiten zu vergrößern, und dieses Ziel ist ihre eigentliche Rationalität. Immer wieder spricht Horn von Liszts »Sachlichkeit« (*BL* 40, 78), die ganz genau dieser Zielgerichtetheit der Macht entspricht. Während Foucault jedoch beschreibt, wie diese Zielgerichtetheit durch den Gesamteffekt aller Beweglichkeit variiert wird, scheint Walser nur einen Ausschnitt dieses Vorgangs hervorzuheben. Statt daß sich wie bei Foucault Siege und Niederlagen mit physikalisch bedingter Gesetzmäßigkeit ablösen, hat sich die Beweglichkeit der Macht in seinem Roman zu einer bestimmten Tendenz verdichtet. Denn in Horns Schilderung geht es ja vor allem um die Vergrößerung einer einzigen Machtbasis, nämlich um die »Maximierung der Wirtschaft« (*BL* 92). Und diese Maximierung wird am Schicksal derer beschrieben, auf deren Kosten sie erfolgt. Der »Furor der Vermehrung« (*Masse* 537), den Canetti als wichtigste Triebkraft der Macht beschreibt, manifestiert sich hier in einem unkontrollierten Produktionseifer, der das Wohlbefinden der Menschen mißachtet. Canettis Beobachtung, jedes Land schütze heute seine Produktion mehr als seine Menschen (*Masse* 539), gilt auch in Horns Aufzeichnungen. Sieben Jahre lang hat Liszt Horn ohne »persönliche Rücksicht« (*BL* 40), aber mit aller Rücksicht auf das Geschäft behandelt (*BL* 90). Und Fachleute wie Preissker wissen, daß man »der generellen Unbrauchbarkeit des Menschen für den industriellen Arbeitsprozeß« nur mit den rigorosesten Anforderungen begegnen kann: »Arbeitsvoraussetzung sei die tägliche Abtötung« (*BL* 112), meint er. Diesem unumschränkten Anspruch der Macht versuchen sich die Menschen anzupassen. Preissker vergleicht sich selbst mit »unserem Formaldehyd« (*BL* 113) und Jung-Thiele erweist sich als ein wahres Tüchtigkeits- und Spargenie (*BL* 107). Wenn Vater Thiele und Sohn zusammen sind, muß Horn unwillkürlich an die »Gottheiten Angebot und Nachfrage« denken (*BL* 109), und er gesteht, daß er einem solchen Anblick nicht »gewachsen« ist. Die Thieles sind »geglückte Menschen« (*BL* 108), denn ihnen hat die Durchdringung des Körpers durch die Macht zum Nutzen gereicht. Sie vertreten inzwischen den Produktionstrieb der Macht, während Horn, wenn er das Resultat seiner inneren Entwicklung — die vollkommene Selbstlosigkeit — mit der Entwicklung der Außenwelt vergleicht, die »Produktion als Vernichtung der Schöpfung« (*BL* 105) betrachtet.

II. »Hauptsache, man erlebt seine Débris als Wehr und Waffen.« (*BL* 146)

Obwohl Horns Brief an Liszt impulsiv und ohne Vorüberlegung niedergeschrieben wird, ist er nicht planlos. Es wird nicht nur das »Aufbrechen eines Schmerzes«[13] artikuliert, sondern es häufen sich auch Strategien, die Horns Los verbessern sollen. All diese Strategien sind durch einen »Doppelimpulsmechanismus« (*Sexualität* 61) gekennzeichnet, der direkt auf die Anwesenheit der Macht zurückzuführen ist: Horns Brief beschreibt den Impuls, sich die Maßnahmen der Macht anzueignen, und den Impuls, der Macht zu entfliehen. Dem ersten Impuls entspringen all seine Versuche, Einfluß auf Liszt auszuüben, der zweite Impuls motiviert seine Suche nach Eigenständigkeit. Beide Arten der Strategie, die versuchte

Einflußnahme und das Bemühen um Unantastbarkeit, sollen durch das Geständnis gefördert werden. Mit Hilfe des Geständnisses versucht Horn das Gebot, unter dem er gelitten hat, weiterzureichen und gleichzeitig, auf dem Wege der Selbstanalyse, zu einer psychologischen Befreiung zu gelangen.

Trotz der Unsichtbarkeit der Macht und der Undurchschaubarkeit ihrer Funktionen ist Horn inzwischen die Aneignung ihrer Methoden gelungen. Er kann sich dabei offenbar auf »Instinkte« (*BL* 114) verlassen, die er sich in langen Jahren des Kampfes angeeignet hat. Bei jedem Versuch, sein Bewußtsein des Geschlagen-Seins zu überwinden, bedient er sich auch der Mittel, die in ihm ursprünglich Gefühle der »Nichtigkeit« und des »Unwertes« (*BL* 23) verursachten. Schon der erste Kurzbrief, der dem eigentlichen Brief vorausgeht, beweist dies. In ihm gesteht Horn zwar seine Schuld an dem Hamburger Streit, und er scheint auch um Vergebung zu bitten (*BL* 21), aber all dies geschieht im Verteidigungston, so daß deutlich wird, Horn erwartet mehr als Liszts Vergebung: Er verlangt seine Rechtfertigung. Es ist ihm also gelungen, die zwingende Situation des Geständnisses (*Sexualität* 77)[14] teilweise zu verkehren. Nicht er allein soll Rede und Antwort stehen, sondern auch Liszt. Damit ist seine Taktik vorbereitet, die das Verhältnis zwischen ihm und Liszt zu seinen Gunsten verändern soll.

Der den Roman ausmachende zweite Brief ist noch stärker von den »Dispositiven der Macht« (*Sexualität* 35) geprägt. Schon seine Entstehung hat er einem typischen Machtmechanismus zu verdanken. Ausgelöst wurde er nämlich durch einen Schwächeanfall Horns: Sein seit *Jenseits der Liebe* mühsam erreichtes Einverständnis mit sich selbst war plötzlich durch eine akute »Nichtigkeitsempfindung« (*BL* 23) aufgelöst worden. Kurz vorher hatte er noch ein Liszt-Bild betrachtet, auf dem dieser ebenfalls »schutzlos«, »entblößt« und »unbewehrt« (*BL* 19) wirkte. Weil auf diese Weise in den bestehenden Kräfteverhältnissen eine Art atmosphärisches Tief entstanden ist, ist nun mit dem Einbruch neuer Kräfte zu rechnen. Und Horn beginnt, diesem physikalischen Gesetz der Machtausbreitung zu gehorchen. Eine sich preisgebende Gebärde glaubt er an Liszt zu erkennen und spürt, wie er von dieser Erscheinung angezogen wird (ebd.). Noch während sich in ihm das Bewußtsein seiner »Bedeutungslosigkeit« (*BL* 22) steigert, entsteht plötzlich die Gelegenheit, diese Schwäche auf Kosten eines anderen zu überwinden oder, wie Canetti es nennt, »den Stachel« loszuwerden, den der »Befehl der Macht« (*Masse* 350) hinterlassen hat: »Horn hatte plötzlich das Gefühl, Liszt fordere ihn mit dieser preisgebenden Gebärde auf, zuzuschlagen« (*BL* 24).

Schon in der Ausgangssituation des Briefes steht damit fest, daß es in Horns Geständnis nicht nur um eine »Bereinigung« (*BL* 28) von Gefühlen und Tatsachen geht, sondern auch um einen Machtanspruch. Indem er die Beziehung zwischen sich, Thiele und Liszt rekonstruiert, hofft er, seinen Fall so zu präsentieren, daß er am Ende recht behält. Unwillkürlich paßt er sich dabei einem alten Muster an, das seit dem Mittelalter den rechtlichen und religiösen Bereich der Macht bestimmt. Jedes Geständnis soll zur Wahrheit führen, damit eine bisher verborgene Schuld zur Sprache kommen und geahndet werden kann (*Sexualität* 75 f.). Indem Horn die eigene Schuld mit der Liszts vergleicht, scheint er auch für sich ein solches Machtrecht etablieren zu wollen. Das Bekenntnis der eigenen Verfehlungen (der Verlust von Liszts Freundschaft; die Unfähigkeit, das Vorgefallene richtig einzuschätzen [*BL* 32]) und die Schilderung des Leides vermischen sich mit Vorwürfen, in denen Horn sein feines Gespür für diesen unterschwelligen Machtanspruch beweist. Dabei betont er immer wieder die Unantastbarkeit des Rechthabenden, die sich aus der altbekannten »juridischen Konzeption« der unsichtbaren Macht entwickelt hat (*Sexualität* 106). Offenbar ahnt er, was Foucault betont, nämlich daß das Recht zu den Auswirkungen eines zugrundeliegenden Kräftefeldes gehört, so daß Recht und Unrecht in einem reziproken Verhältnis erscheinen können. »In dem Maß, in dem ich im Unrecht bin, sind Sie im Recht«, stellt er fest (*BL* 33). Dieses Recht resultiert einzig aus Liszts Überlegenheit, sei es nun, daß es um das Wissen von Fakten geht, um das Gefühl der Schuldlosigkeit oder um die Sachlichkeit (ebd.). Horn begreift auch, wie sehr diese rechtliche Projektion der Stärke eine Schwäche voraussetzt. »Sie haben mich durchschaut. Sie kennen meine wunden Punkte genauer als ich« (*BL* 34). Einen Rechtsspruch zu seinen Gunsten kann er deshalb in seiner Auseinandersetzung mit Liszt nicht mehr erwarten. Aber er hofft doch, diesmal vor Liszt besser bestehen zu können, indem er die Überlegenheit Liszts zerstört und statt dessen das gemeinsame Schicksal hervorhebt. »Innerlich, von Ihnen aus gesehen, sind Sie immer noch auf hohem Roß. Mir dagegen liegt daran, Sie auf das aufmerksam zu machen, was wir jetzt gemeinsam haben« (*BL* 48). Obwohl er jetzt schon einräumen muß, daß Liszt ihm »wahrscheinlich nie etwas getan« hat (*BL* 34), möchte er einfach nicht länger das Opfer eines »rechthabenden Realisten« (*BL* 33) bleiben. Er will den Günstling der Macht zur Verantwortung rufen, indem er ihn zwingt, sich mit dem Unterlegenen zu identifizieren. So könnte er sich, soweit es das Wissen über die Wirklichkeit betrifft, doch noch ein Recht erkämpfen.

Die folgenden Postskripte verfeinern und erweitern Horns Strategie. Die Maßnahmen, die er nun ergreift, offenbaren das volle Spektrum der

Macht. In ihnen verbinden sich rituell anmutendes Kampfgebaren mit komplexen Manövern, die das Wissen und die Wahrheit in Dienst nehmen wollen. Die einfachsten der Maßnahmen, Beschimpfungen und Benennungen wie »Schurke« (*BL* 41) und »Selbstgenießer« (*BL* 47), aber auch die Vorwürfe des »Moralnarzißmus« (*BL* 100) oder des »Rechtsnarzißmus« (*BL* 110) mögen noch an Reizreden erinnern, die seit altersher einem Zweikampf vorausgehen. Während aber dort durch die Benennung ein Machtanspruch laut wird, indem die Schwäche des Gegners öffentlich wird, ist Horn gezwungen, gegen die Position der Stärke zu argumentieren: gegen den moralisch und rechtlich Einwandfreien (*BL* 101). Seine Taktik ändert sich dadurch noch nicht grundsätzlich. Wie ein Kämpfer, der von seiner Stärke überzeugt ist, versucht auch Horn zunächst sein Gegenüber zu entlarven. Er stellt Liszts Ehrgeiz bloß (*BL* 61), dessen menschliche Rücksichtslosigkeit (*BL* 40), dessen Anmaßungen Horn gegenüber (*BL* 67) und dessen Überheblichkeit (*BL* 71). Ebenso Liszts Heruntergekommensein (*BL* 79), sein Alkoholproblem (*BL* 80) und sein Verlassensein (*BL* 39, 127). Dieses Machtgebaren wird dadurch noch kompliziert, daß die Überlegenheit des Machthabenden diesem ja meist zugestanden wird (*Masse* 473). Auch Horn hatte Liszt gestattet, ihn als Unterlegenen zu behandeln, obwohl er gegen Ende des Briefes behauptet, nur Thiele dieses Vorrecht eingeräumt zu haben (*BL* 105). Da es sich jedoch bei dem Zugeständnis dieser Rechte nicht so sehr um eine Machtaufgabe als um den Wunsch nach Machtfusion handelte, kann Horns Ziel — trotz aller Beschuldigungen — nicht die Herabwürdigung Liszts sein. Eher möchte er »eine ungleiche Verteilung des *Durchschauens*« (*Masse* 336) ihrer Beziehung erreichen. Diese Ungleichheit des Durchschauens soll dem Gegenüber bewußt werden. Es geht dem Machthabenden also nicht darum, seine eigene Stärke zur Schau zu stellen, sondern darum, den Wissensmangel des anderen zu entlarven. Liszt, der immer tat, »als verfüge er bei allem, was er mit Horn anstellte, über eine Horn-Kenntnis, die dieser selbst niemals auch nur erreichen könne«, soll nun mit »seiner vollkommenen Horn-Ignoranz« (*BL* 61) konfrontiert werden.

Der Wissensanspruch, den Horn hier für sich selbst erhebt, ist von langer Hand vorbereitet. In seinen »Rachekalendern« (*BL* 82) führt er schon jahrelang Buch über eine Vielfalt von Verletzungen und Erniedrigungen, damit er sich eines Tages Genugtuung verschaffen könnte. Der Zweck dieser Aufzeichnungen ist nicht, eine rechtliche Bereinigung anzustreben, sondern dem Bedürfnis nach Versöhnung entgegenzuwirken. Er will seines Zorns nicht beraubt werden, damit die Genugtuung zu einem Sieg werden könnte. Unter diesem Aspekt der Unversöhnlichkeit intensiviert er die

Anwendung seiner Strategie. Der Beschuldigte darf die Abrechnung nicht erwarten, damit sie zu einem Vorteil führt: Das »Belauern« durch die Rachekalender entspricht also einem rudimentären Instinkt der Macht, dem des Überraschens und Erfassens (*Masse* 325). Aber auch ein weit komplexerer Rechtsanspruch soll durch das Belauern befriedigt werden. Horn hofft, sein Gefühl der »Machtlosigkeit« (*BL* 84), das seinen Mangel an Recht-Haben verrät, zu überwinden. Dazu will er die Rechtsanmaßungen preisgeben, die sich ihm als Beleidigungen und Demütigungen eingeprägt haben. Der Platz, den er Thiele und Liszt durch Stillschweigen eingeräumt hat, soll denen nun wieder streitig gemacht werden. Weil eigenes und fremdes Recht auf diese Weise miteinander verwoben sind, kann Horn behaupten, daß das in den Rachekalendern Notierte meist ihn selbst betreffe (*BL* 83).

Für Horns Genugtuungspläne ist es wichtig, daß er die Position des Verhörenden einnimmt, der durch den Willen zum Wissen (*Sexualität* 100) das Innerste des Gegenübers offenbaren kann. Diese Absicht läßt sich ablesen, wenn Horn Liszt z. B. auffordert, seine Bindung an Thiele zu prüfen (*BL* 48), wenn er veranschlagt, wieviel Liszt Thiele wert ist (*BL* 77), oder wenn er von ihrer gemeinsamen Liebe zu Thiele spricht (*BL* 104). Meist aber bedient er sich detaillierter Beschreibungen, die Liszts Versteckspiel vor der Wahrheit nachzeichnen (*BL* 39, 58, 72), um auf diesem Weg in dessen geheimste Gedanken und Gefühle vorzudringen; denn nur dort ist Liszt noch verwundbar. Dort wird Horns Wissen über Liszt als Waffe gebraucht. Indem er dieses Wissen durch seine Materialsammlung ständig zu vergrößern sucht, und indem er es gegen Liszt einsetzt, hat sich der Machtmechanismus des Geständnisses erweitert. Denn mit der traditionellen Machtausübung des Richtens, Strafens und Vergebens (*Sexualität* 80) will sich Horn anscheinend nicht mehr begnügen. Seine Strategie sieht vielmehr vor, durch dieses zusammengetragene Wissen Liszt eine Niederlage zu bereiten. Und er erreicht es z. B. beim Streit in der Haltnau. Während Liszt versucht, sich als einen Menschen darzustellen, der mit allen in reinem Frieden lebt, fragt Horn ihn schlicht, wie es seiner »Frau gehe und wo sie sei« (*BL* 121).

Zum Wissensanspruch Horns gehört die Wiederherstellung der Vergangenheit. Ob es sich nun um konkrete Vorkommnisse wie die Streite in Hamburg und in der Haltnau handelt, oder um Liszts Karriere, jedesmal übernimmt Horn die Rolle des Klügeren. Aber auch im Bereich der Gefühle, wenn es um die Vereinsamung Liszts geht oder um den Verlust der gemeinsamen Freundschaft, meint Horn, an Liszts Stelle sprechen zu können. Indem er das Gemeinsame zwischen sich und Horn überwiegen läßt, wird die Kenntnis vom Gegenüber in etwa der eigenen Selbstkenntnis gleichgesetzt (*BL* 46, 48, 58, 80). Doch während Horn bei diesen Vergleichen immer auch sein Anderssein betont (*BL* 39, 66, 71, 81, 133), soll Liszt durch dieses Gemeinsame seine Eigenständigkeit verlieren: Mit seiner Kenntnis des anderen will er über ihn verfügen können. »Ihr Mißerfolg muß noch über die Bühne. Er wird mein Erfolg sein« (*BL* 143). Solche Sätze schreibt Horn ohne Böswilligkeit, denn das, was er über andere weiß, beansprucht ja die Wahrheit zu sein. »[M]ein Freund Horn«, so stellt Liszt ihn vor, »der, weil er einiges besser weiß als ich, alles besser zu wissen behauptet [...]« (*BL* 120).

Schon im ersten Postskriptum steht dieser Wahrheitsanspruch im Mittelpunkt. Horn will endlich einmal sagen, wie es wirklich war. Und er beginnt daher ganz zuversichtlich Fakten zu sammeln. Über den ersten Streit in Hamburg, über Thiele, Liszt und Ryynänen, über die im »schönsten Unernst« (*BL* 50) stattfindende Wanderung von Hagnau zur Haltnau bis zu Liszts »Provokation« (*BL* 58). Horns Schilderung der Wahrheit hängt jedoch hauptsächlich von seinem Gemütszustand ab. Wenn er behauptet, »dem Streit in die Wurzeln leuchten« (*BL* 47) zu wollen, dann spricht er nicht nur von Fakten, sondern vor allem auch davon, wie er seine Beziehung zu Liszt bisher empfunden hat. Der »Sachlichkeitsrang« seiner »(vielleicht leidvollen) Erfahrung« (*BL* 63) unterscheidet sich grundsätzlich von der Objektivität Liszts, denn was er eher bescheiden als »*Unerledigtes*« (*BL* 40) ankündigt, umfaßt ja all das, was er bisher nicht verkraften konnte.

Voraussetzung für eine solche Bewältigung wäre, daß Horn die Wahrheit in sich verbirgt, daß diese Einkerkerung der Wahrheit von der Außenwelt gefordert wurde, und daß es nun lediglich der Freigabe dieser Wahrheitbedürfte, um auch Horns Los zu verbessern. Jedes Geständnis setzt ähnliche Gedanken voraus: Dem Ritual des Fragens und Bekennens geht die Verheißung einer Befreiung voraus. Auch Horn hat sich mit seinem Geständnis die Aufgabe der Selbstanalyse gestellt, um sich von seinem Leid zu erlösen. Aber gerade an dieser Aufgabe droht er immer wieder zu scheitern, da das Zielstreben der Macht vor der Innenwelt nicht haltmacht. Angesichts dieser Gefahr hat er schon früh beschlossen, nicht »gleich alles zuzugeben« (*BL* 28) und diesem Entschluß zum Selbstschutz bleibt er treu (*BL* 143). Sein Geständnis soll sogar mehrere Geheimnisse bewahren. Liszt gegenüber verheimlicht es, daß es einer Strategie angehört, durch die sich Horn »angenehm« machen will, und daß dabei Horns eigentliche Stärke verschwiegen werden soll (*BL* 149). Sich selbst gegenüber aber versucht Horn das Unerträgliche seiner Existenz zu verbergen. »Ich schätze jetzt, um es zu ertragen, alles falsch ein« (*BL* 32). So wird die Wahrheit vorsätzlich eingeschränkt. »Nicht erkennen wollen, auch das ist noch eine Wendung des Willens zur Wahrheit« (*Sexualität* 72). Erst wenn das Projekt der Selbsterforschung an diesen Grenzen zu scheitern droht, ist Horn bereit, Weiteres zuzugeben. Nach Abschluß des Briefes gesteht er sogar, daß das Geheimnis der Unerträglichkeit ein noch tieferes Geheimnis in sich birgt: die wirkliche »Erträglichkeit des eigenen Lebens« (*BL* 149) und sein Weitermachen-Wollen wie bisher (*BL* 153). Doch diese Offenheit ist nicht für den Umgang mit der Außenwelt bestimmt. Alles, was bisher ausgesprochen war, wird durch den Entschluß, den Brief nicht abzuschicken, wieder zu Horns Geheimnis. Seine Beobachtung, daß durch seinen Bericht in der Beziehung zu Liszt »überhaupt noch nichts geklärt, nichts gesichert ist« (*BL* 60), hat sich in bezug auf die Außenwelt bestätigt. Für ihn selbst wird der Rückverweis in die Innenwelt zu einem Kräftesammeln. Nichts wird vergessen, alles kann in ihm weiterbrennen. »Man ist stumm, ohne zu verstummen« (*Masse* 338).

Horn vermutet natürlich nicht, daß er mit seinem Verschweigen Machtmechanismen Vorschub leisten könnte. Obwohl er sich allmählich bewußt wird, daß er mit seinem Geständnis die Wahrheit beeinflußt, begreift er nicht, daß diese Wahrheitsmanipulation von der »wißbegierigen Präsenz« der Macht (*Sexualität* 59) gelenkt wird. Er beginnt lediglich, seinem Wissen zu mißtrauen. Obwohl er anfangs noch darauf baut, über die ganze Wahrheit zu verfügen, sieht er am Ende ein, daß er nur die Wahrheit, die für ihn gilt, darstellen konnte. »Wahrheit, was ist denn das?« (*BL* 132), fragt er sich jetzt, weil er inzwischen bekennen muß, daß seine Wahrheitssammlung aus dem Verlangen nach Genugtuung entstanden ist, und aus der Hoffnung, auf dem Wege der Selbsterforschung zur Eigenständigkeit zu gelangen. Jetzt erst lernt er, den Kalkül der Wahrheitsproduktion besser einzuschätzen. Es wird ihm klar, daß die Wahrheit zwischen ihm und Liszt bisher immer von Liszt bestimmt worden war, daß Liszt aussprach, worauf es ankam, während ihm nur Zustimmung und Schweigen blieb (ebd.). Von dieser Erfahrung läßt er sich jetzt leiten. Seine Taktik, nicht die ganze Wahrheit zu sagen (*BL* 149), gleichzeitig aber seine Wahrnehmung so zu schärfen, daß sie der Erforschung des Leides dient, enthält keinen Widerspruch. Sie korrespondiert vielmehr mit dem von Foucault beschriebenen Doppelimpuls eines durch die Macht gelenkten Geständnisses (*Sexualität* 61). Dem von außen kommenden Zwang des Ausfragens begegnet sie, indem sie die größten Geheimnisse verschweigt; der Lust des Gestehens hingegen, die von der Hoffnung auf Selbstbefreiung diktiert wird, gibt sie mit einer vom Leid geschärften Beobachtungsgabe statt. Der ursprüngliche Wahrheitsanspruch ist also durch die Zweckmäßigkeit des

Geständnisses hinfällig geworden: »Wievielmal kann man ein Geständnis wiederholen, bis es eine Lüge ist?« (*BL* 146), meint schließlich auch Horn. Indem er seine persönlichen Kränkungen und Verletzungen ans Licht bringt, werden zwar die Funktionen der Macht bloßgestellt, für seine Person ist dadurch aber noch nichts gewonnen. Es gelingt ihm ja weder, die Ursachen seines Unglücks zu beseitigen, selbst wenn er diese bis ins kleinste Detail verfolgt, noch kann er sich von dem Gefühl der Nichtswürdigkeit befreien, indem er dieses möglichst wahrheitsgetreu beschreibt. Trotzdem schafft ihm das Geständnis eine Erleichterung. Besonders dann, wenn er die Wahrheit relativieren darf und sein Wissen über die Wirklichkeit beliebig einsetzen kann. »Ich brauche Dämmerung. Darum mische ich in jedes Licht soviel Dunkel, daß ich, so sehr ich schaue, weniger sehe, als ich ertragen kann« (*BL* 145).

III. Selbstverwirklichung und Macht

Der zweite Teil von Horns Strategie läuft dem ersten zuwider. Nicht mehr die Teilnahme an der Macht, sondern die Flucht vor ihr wird erstrebt. Diesen Fluchtversuchen ist gemeinsam, daß sie dem überpersönlichen Kräftespiel der Macht durch die Rückbesinnung auf sich selbst entgegenwirken wollen. Auch dazu taugt das Geständnis, da es immer ein Mittel der Identifikation ist. Durch diese Technik der Selbstidentifikation, die von der Psychoanalyse verfeinert und erweitert worden ist, soll das Rätsel des Individuums gelöst werden: Das Selbstgeständnis soll zum Selbstbewußtsein führen.

In Horns Selbsterforschung treten mehrere Verhaltensweisen in einen Wechselbezug: Versuche der Selbstdarstellung vermischen sich mit unverhüllten Preisgaben seiner Person, und der vordergründige Verlauf der Ereignisse wird mit emotionalen Reaktionen verwoben. So entsteht ein für Horn typisches Selbstgefühl. Da er aber dieses Selbstgefühl als negativ empfindet, hofft er, auf dem Wege der Selbstanalyse zur Heilung und zur Eigenständigkeit zu gelangen. Er will sich selbst zuliebe alles zur Sprache bringen, was ihn bewegt, um so die unumschränkten Anforderungen von außen abzuwehren und seine lange Geschichte der Selbstlosigkeit zu beenden.[15] Dazu gehört, daß er seinen Werdegang noch einmal verfolgt. Sein Fluchtweg vor der Macht führt zunächst zurück in die Abhängigkeit, damit der Teil der Wahrheit, der seine Entwicklung betrifft, deutlich werden kann. Mit Hilfe der Erinnerung will er sich selbst sein Schicksal erklären, ohne sich jedoch noch einmal dieser Abhängigkeit auszuliefern.[16]

Seit Thiele ihn im Finanzamt entdeckt und einfach mitgenommen hatte (*BL* 95), hatte Horn sein Leben ganz der Anziehungskraft Thieles überlassen. Um Thiele zu gefallen, hatte er den Untergang seines Vorgängers betrieben, obwohl er meinte, nur aus gedankenloser Rücksichtslosigkeit zu handeln: »Ich hatte nichts gegen ihn« (ebd.). Im Rückblick, nachdem ihm durch Liszt Ähnliches widerfahren ist, will er jedoch die Gründe seines Verhaltens ausführlicher darstellen. Damit er Thieles »Einundalles« (*BL* 70) werden konnte, hatte Herr Ochs beseitigt werden müssen. Offenbar hatte Horn bei Thiele menschliche Wärme vermutet, und Thiele schien ihm auch als Freund entgegenzukommen. Aus Zuneigung, so scheint es, war Horn in den Bann der Macht geraten, welche die aus ihr resultierenden Kämpfe annehmbar machen will, indem sie ihnen Werte und Ideale unterschiebt (*Subversion* 93).[17] Die Maskierung der Macht als Freundschaft (*Masse* 430-433) kann jedoch Horns Handeln nur teilweise entschuldigen. Denn er hatte die Macht schon hinter dem Freundschaftsantrag gespürt und seinen Anteil daran begehrt. Seiner Rücksichtslosigkeit hatte er bereits eine Zeitlang freien Lauf gelassen, bevor Thiele ihn wissen ließ, daß es für den Betrieb wichtig sei, daß »diese Ochsenfroschtour« ein Ende nehme (*BL* 96). Erst nachdem Horn die »Zerstörungssucht« (*Masse* 249) unter Beweis gestellt hatte, die ihn zur Ausführung der Macht qualifizierte, hatte Thiele ihn »an seine gewaltige Brust« gezogen (*BL* 97). Von nun an schien sein Erfolgshunger und die Hoffnung, wie Thiele zu werden, auch dem Wunsch nach Selbstverwirklichung zu genügen. Canettis Theorie vom Doppelantlitz der Macht, einem, das spendet, und einem, das mordet (*Masse* 489), kennzeichnet also auch dieses Stadium von Horns Selbstverwirklichungsversuchen.

Mit der Beschreibung seiner Selbstaufgabe sagt Horn seine weitere Entwicklung im Bereiche dieser Macht voraus. Das In-Dienst-Nehmen all seiner Kräfte, die sogenannte »Normalisierung« (*Sexualität* 111) zugunsten der Macht, wird auch in Zukunft mit der äußeren Ausbreitung der Macht Schritt halten müssen. Horn beobachtet diese Progression an sich selbst, als er einem noch größeren Machthaber als Thiele begegnet. »Ohne daß ich es plante, habe ich alles getan, um mich gut zu stellen mit ihm« (*BL* 114). Auf der psychologischen Ebene der Auseinandersetzung wird nicht mehr der »Zufall des Kampfes« (*Subversion* 98) entscheiden, sondern einzig die »Rationalität der Macht« (*Sexualität* 116). Während sich die Außenwelt immer mehr im Sinne der Macht formiert, und die Menschen immer weniger ihre Umwelt beeinflussen können, hat diese Macht auf die Innenwelt den größten Einfluß gewonnen. Wie alle anderen hatte ja auch Horn früher »eine Meinung von sich« und hatte gehofft, »die Welt werde eines

Tages über ihn genau so denken wie er« (*BL* 142). Doch wenn er oder andere jetzt dem zustimmten, was aus ihm inzwischen geworden ist, dann wäre das letzte Hemmnis zu seiner Zerstörung aufgehoben und seine Nichtigkeit vollends besiegelt. Gerade diese vollkommene Durchdringung scheint das Ziel der Macht zu sein. »Es kann sich keiner identifizieren mit dem, der er in den Augen der anderen ist. Aber bevor man sich nicht mit dem, der man für andere ist, identisch erklärt, hat man keinen ruhigen Augenblick« (ebd.). Horns innerer Aufruhr belegt, was Foucault als ein physikalisches Gesetz beschreibt. Das Instabile der Macht, die Beweglichkeit ihrer Verkettungen und Systeme (*Sexualität* 114), haben zum Zerbrechen von Einheiten geführt, die »die Individuen selber durchkreuzen, zerschneiden und umgestalten« (ebd. 118). Horns Daten beweisen darüber hinaus, daß er zum Opfer jener Zerstörungssucht geworden ist, die nach Canetti das Leben aller bedroht. Horns Gefühl, schon bei Lebzeiten nicht mehr am Leben zu sein (*BL* 94), zeigt, daß im Bereich der Macht das Überleben schon die größte denkbare Niederlage voraussetzt. Um Canetti zu paraphrasieren: Der Überlebende beweist das Erbübel der Macht.[18] Horn beschreibt sich am Ende als einen Menschen, bei dem die Feindseligkeit den Wunsch nach Freundschaft ersetzen muß, als einen, der anderen zufügen kann, was ihm zugefügt wurde (*BL* 135).

Obwohl in seinem Fall die von außen einbrechende Macht die Selbsterforschung mit dem Eindruck der Zerstörung besiegelt, entschließt sich Horn zu einem Rettungsversuch. Nachdem er erkannt hat, daß er im Umgang mit anderen statt Freundschaft nur Feindschaft erwarten kann, und daß diese Feindseligkeit bald jedes andere Gefühl übertreffen wird (*BL* 137), verfestigt sich in ihm der Entschluß zur Eigenständigkeit. Horn will sich fortan »in Trennung üben« (*BL* 134), bis er ohne Bindung an andere auskommen kann. Die geplante Trennung wird aber nur schrittweise erreicht, und ständig wird sie von Verlustgefühlen begleitet. Es steht zwar von Anfang an fest, daß Horn seinen Brief als Abschied von Liszt konzipiert hat, doch dieses Abschiednehmen hat die Anziehungskraft Liszts nicht vermindert (*BL* 32). So entsteht in Horn immer wieder der Wunsch nach Nähe und Gemeinsamkeit, der dann von erneuten Trennungsversuchen abgelöst werden muß.

Was die Trennung von Liszt erschwert, ist nicht mehr der Anspruch auf Machtteilnahme, sondern die Hoffnung, Liszt könnte sich doch noch zu Gemeinsamem bekennen. Denn wenn Horn ihm dieses Zugeständnis abringen könnte, dann hätten sich auch die Gesellschaftssätze bestätigt, durch die er die Wirklichkeit erfassen will. Da Liszt für ihn die wichtigste Verbindung zu der Welt ist, die seine Selbstempfindung so entscheidend geformt hat, müßte der jetzt seine Weltkenntnisse bestätigen. Doch schon während der ersten beiden Postskripte wird klar, daß Horn bei der Summierung seiner Erfahrung nicht mit Liszts Anteilnahme rechnen darf (*BL* 58, 63). Es ist, als ob die Welt jetzt, wo er ihre Gesetze endlich begreifen lernt, ihn zwingen wollte, diese Gesetze als ein Geheimnis zu bewahren. Obgleich es ihm darum geht, im Rätsel seines Unglücks Allgemeines zu entdecken (*BL* 34), sieht er sich nun auf seine persönliche Misere zurückverwiesen: Die Macht versteht es, ihre Anonymität zu schützen.

Horns Versuch, sich aus der Position des Unterlegenen freizukämpfen, indem er sein machthabendes Gegenüber zwingt, eine fundamentale Gleichheit zu akzeptieren (*BL* 144), endet erst, als seine Kraft nicht mehr ausreicht, selbst ein »Illusions-Bollwerk« (*BL* 143) wie Liszts Selbstgefühl zu erschüttern. Es bleibt ihm nichts anderes übrig, als sich ganz aus dieser Kräfteauseinandersetzung zurückzuziehen. Er ist jetzt ganz auf Abwehr und Distanz angewiesen. Im Grunde war diese Einsicht dem Brief schon vorausgegangen. Denn im Jahr zuvor, in Hamburg, hatte Horn sich schon einmal von Liszt losgesagt. Damals war es ihm gelungen, Liszts Freundschaftsangebot abzuwehren, indem er sich auf »unbeglichene Rechnungen« (*BL* 39) besann. Er hatte sich einfach dem Sieg-Frieden, der Liszt vorschwebte, entzogen, indem er seinen Bedarf nach Zuneigung und Liebe mit seiner langjährigen Erfahrung verglich. Aber die so erreichte Distanz hatte Horn nicht aufrecht erhalten können. Bei dem gemeinsamen Ausflug am Himmelfahrtstag erklärte er sich bereit, »bedingungslos« (*BL* 55) mit Liszt auszukommen. Durch diesen Entschluß zur Friedfertigkeit hatte er noch einmal das Spielfeld der Macht betreten, und in der Haltnau mußte er dann seine bisher größte Niederlage erleben. Er war von einem Geschlagenen geschlagen worden und hatte diesen dadurch ermächtigt. Deshalb will Horn in seinem Brief das Alleinsein begrüßen. Diesmal soll die Distanz zur Selbstbesinnung führen, da sie die völlige Abkapselung des Inneren fördert. »Ein Brief wird nicht beantwortet —, das ist, als schließe sich ein Fenster, durch das bisher nur Lärm hereinkam, von selbst« (*BL* 81 f.). Das erste Ergebnis der Beschäftigung mit sich selbst ist für ihn ernüchternd. Statt auf Eigenes stößt er auf das »Mimikry-Produkt« (*BL* 134), mit dem er bisher den Erwartungen der Umwelt entgegenkam. Dieses Erleben des Selbstverlustes intensiviert noch einmal sein Verlangen nach Abstand. »Distanz: Das spüre ich jetzt wie ein Element, das mich tragen könnte« (*BL* 111). Selbst wenn Horns Unabhängigkeitsvorhaben im Alltag nicht bestehen können wird, möchte er fortan lieber den »Wahn« der Eigenständigkeit pflegen, lieber den Augenblick der Festigkeit (ebd.) in sich bewahren, als ganz in der Zweckmäßigkeit der Macht aufzugeben. Nur durch diese Selbsttäuschung wird er die Vorstellung von Selbstbestimmung bewahren können. »Allein der Wahn ist unbestechlich. Eben deshalb wird der Wahn, diese treueste Folge der Wahrnehmung, erklärt zur Unfähigkeit, etwas wahrzunehmen« (*BL* 117).

Obschon Horn das In-Beschlagnehmen seiner Person nicht verhindern konnte (*BL* 135) und folglich ganz der geworden ist, der aus ihm hat werden sollen, kann er doch dieser Beschlagnahme durch die Außenwelt nicht zustimmen. Die Frage, ob er nicht selbst versuchen sollte, sich für diesen Franz Horn zu halten, für den alle ihn halten, und somit die letzte Gegenwehr aufzugeben, beantwortet er so: »Ich kann es mir befehlen. Aber die Kraft, diesem Befehl zu gehorchen, kann ich mir nicht einflößen« (*BL* 142). Jetzt, da dem Fortschritt der Macht nichts mehr im Wege stünde, ist ihrer Ausbreitung eine Grenze gesetzt. Auch ohne Horns Zutun behauptet sich ein Widerstand, der ihn vor der endgültigen Selbstaufgabe bewahrt. Der Widerstand, erklärt Foucault, ist »die andere Seite, das nicht wegzudenkende Gegenüber« (*Sexualität* 117) im strategischen Feld der Machtbeziehungen. Bei Horn entspringt er einzig aus der Schwäche und gegen seinen Willen. Horn möchte ja lieber »in den Alles-ist-gut-Chor« (*BL* 98) einstimmen, statt noch einmal auf sich aufmerksam zu machen. Es ist also allein das Zur-Sprache-Bringen des Selbstverlusts, das den unverkennbaren Ton des Widerstands in ihm erzeugt. »Es wäre schlimm, wenn es nur mir so ginge. Es wäre schlimm, wenn es allen so ginge« (*BL* 142). An anderer Stelle sagt er: »Es ist ja auch alles gut. Sonst wäre es doch nicht so wie es ist. Vor allem: könnte nicht so bleiben« (*BL* 98). Solche Sätze, die die Vernunft der Macht imitieren wollen, produzieren »reine Ironie« (*SI* 153-174). Der ironische Stil wird zum Ausdruck bleibender Ungereimtheiten, die vor allem durch das Zustimmen-Wollen der Menschen zu ihrer eigenen Vernichtung und durch den unablässigen Sieg der Gefühle über die Erfahrung entstehen.

Zu den ironischen Ungereimtheiten gehört es, daß Horns Brief die Darstellung einer machtdurchsetzten Wirklichkeit versucht, gleichzeitig aber auch ein Mittel der Selbstdarstellung und der Selbstverbergung ist. Horn hat mit der emotionsreichen Beschreibung seines Unglücks auch über eine drohende Gefühllosigkeit hinwegtäuschen wollen. Am Ende gesteht er, seine »Empfindungsfähigkeit« spreche nur noch auf »Dramaturgie« an (*BL* 137). Die Leichtigkeit der Gefühle, mit der er Liszt ausstattet (*BL* 47, 58, 73, 75) und die emotionale Schwere, mit der er sich selbst repräsentiert, sind demnach Bestandteile einer Inszenierung gewesen, durch die er sein verlorenes Selbstgefühl zurückgewinnen wollte. Dazu sollte durch die Beimengung des Leides das Vergangene noch einmal gegenwärtig werden, und der Genuß des Schmerzes sollte Totes noch einmal beleben. Und damit der leidvollen Vergangenheit auch ein Fortschritt abgewonnen werden könnte, sollten die Gefühle durch das Aussprechen jedes kleinsten Details noch gesteigert werden. »Gar nicht mehr aufhören sollte der Schmerz: Hatte er je so gelebt wie in diesem Moment? Er brannte doch« (*BL* 146). Der Brief ist durch diese Intensivierung der Gefühle zu einem Monolog geworden, in dem das bewußte Leiderleben — nicht nur das Vorgefallene — den Weg zur Selbstempfindung vorbereiten sollte (*BL* 31). Von Anfang an wollte Horn sich »pathetisch vorkommen« (*BL* 34), damit der Selbstverlust in ein verstärktes Selbstgefühl umschlagen könnte. Deshalb hatte er sich bemüht, alle emotionalen Resonanzen, die den Verletzungen durch die Außenwelt folgten, zusammenzutragen: Das Vergangene sollte sich zu einer neuen Wirklichkeit verdichten.

Als Zwilling von Horns »leidvoller Erfahrung« ist Liszt von der Erkundung des Eigenen nicht ausgeschlossen. Da er jedoch auch als Miturheber des Unglücks gilt, sind Horns Gefühle ihm gegenüber ambivalent. Immer wieder schwankt er zwischen Ablehnung und Mitgefühl. Mit Daten und Fakten argumentiert er für die Trennung von Liszt; durch sein Mitleiden wird diese jedoch unendlich erschwert. Wenn es Liszt schlecht geht, möchte Horn als Mitbetroffener ihn streicheln (*BL* 40), und wenn er beobachtet, wie rückhaltlos Liszt den Geboten der Außenwelt nachgeht, spürt er die Folgen dieser Selbstlosigkeit wie am eigenen Leibe (*BL* 71). Offenbar tragen Liszts Gefühle zur Intensivierung von Horns Empfindungen bei. Wenn Liszt es schafft, seine Zuneigung mit dem Aspekt der Nützlichkeit zu verbinden, dann erfahren wir, wie Horn leidet (*BL* 77). Weil bei ihm immer das Bedürfnis nach Liebe und Freundschaft ausschlaggebend gewesen war, weil er Liebe und Freundschaft mehr suchte als den Erfolg (*BL* 109), sind sie für ihn zum Prüfstein der Wirklichkeit geworden. Der drohende Verlust der Freundschaft führt ihn ja zuerst dazu, seine Erfahrungen zu rekapitulieren, und dieser Prozeß müßte ihm dann eigentlich die Absage an Liszt ermöglichen. Gleichzeitig verursacht dieser Prozeß aber auch das Verlangen nach einer erneuten Bindung. Zum Schluß will Horn sich von Liszt lossagen, ohne ihn ganz aufzugeben. »Ich mag Sie ganz sicher nicht. Nicht mehr« (*BL* 132), sagt er gegen Ende des Briefes. Doch dann muß er diese Feststellung noch einmal revidieren. »Ich liebe Sie nicht mehr. Besonders wenn Sie nicht da sind« (*BL* 144 f.). So kommt es im ganzen Brief zu keiner Trennung, nur zu einer Hin- und Herbewegung, bei der der Entschluß zur Selbständigkeit und das Freundschaftsverlangen in ständigem Widerstreit liegen.[19] Trotzdem zeichnet sich im Verlauf des Romans eine Tendenz ab, die auf die absolute Kapitulation Horns hinauszulaufen scheint: Die Widersprüchlichkeit der Ironie, die schließlich zum Bewußtsein der Nichtigkeit führt, ist das psychologische Resultat der Zerstörungssucht der Macht.

Nach Foucault birgt jede Schwäche die Möglichkeit der Kraft in sich, so daß sich die bestehenden Kräfteverhältnisse durch einen plötzlichen Umschlag verändern können. Indem Horn sich ganz auf seine Schwäche konzentriert, scheint am Ende eine solche Verkehrung einzutreten. Die Pflege seiner Sensibilität, das Hätscheln seiner menschlichen Bedürfnisse scheinen doch noch zu einer Art Selbstheilung zu führen. Er spürt plötzlich die Leichtigkeit, um derentwillen er Liszt bewundert hatte. Daß der Brief nur eine »Pseudolösung« (*BL* 148) war, und daß er als »Statthalter des Unausgesprochenen« (*BL* 139) weitermachen wird, belastet ihn nicht mehr. Das Gefühl der Leere, das den Brief mitausgelöst hatte (*BL* 32), war in dieser Nacht durch seine lange Leidensgeschichte noch einmal gebannt worden. »Die Leere rauschte interessant« (*BL* 153), heißt es jetzt, weil sie auf einmal auf das hinweist, was Horn bisher nicht wahrnehmen konnte: daß selbst die Erfahrung größter Unfreiheit die Möglichkeit der Freiheit vorbereitet. Auch in diesem Aspekt trifft sich Horns Brief mit Foucaults Theorie der Macht. Denn im strategischen Feld der Machtbeziehungen gibt es keine absolute Freiheit, genauso wie es keinen Punkt der absoluten Niederlage gibt. Die Macht versteht es, das ihr fundamentale Prinzip der Ungleichheit zu erhalten, indem sie Kräfte regeneriert. »Auf ihre Ermüdung reagiert sie, indem sie sich von der ermüdeten Kraft nährt und so die Ermüdung weitertreibt: sie zwingt ihr Grenzen, Opfer und Kasteiungen auf, staffiert sie mit einem hohen moralischen Wert aus und gewinnt so wiederum neue Kraft« (*Subversion* 93). Horns Brief kann als eine solche Konzentration schwindender Kräfte beschrieben werden. Der Entschluß, den Brief am Ende doch nicht abzuschicken, ist kein Machtverzicht (hierzu müßte Horn die Mechanismen der Macht durchschauen können), sondern eine weitere Stufe dieser Konzentration. In diesem Stadium, in dem Lachen oder Weinen (*BL* 153) wieder möglich sind, treten die regenerierenden Kräfte der Macht »auf die offene Bühne« (*Subersion* 93). Denn in der Zwiesprache mit dem Leser bleibt bestehen, was im Brief durch die Kennzeichnung der Machtmechanismen zerstört worden war, das Bedürfnis nach Liebe und Freundschaft, und das Verlangen nach Gemeinsamkeit ohne Kampf, nach Selbstverwirklichung ohne Selbstaufgabe. Gerade weil diese Bedürfnisse in dem Roman nicht erfüllt werden konnten, werden sie im Bewußtsein des Lesers weiterwirken. Und noch ein weiterer Punkt ist wichtig. Indem Walser beschreibt, was die Macht in unserer Wirklichkeit erreicht, nämlich die feindliche Auseinandersetzung in allen Lebensbereichen und die totale Durchdringung des menschlichen Körpers, zerstört er die Illusion von ihren Grenzen. Im *Brief an Lord Liszt* gibt es keine solche Grenzen, hinter denen man die Möglichkeit der Freiheit vermuten könnte. Es gibt keine »reine Schranke der Freiheit«, durch die sich die Macht akzeptabel machen könnte (*Sexualität* 107). Dafür spielt der Entschluß, der Macht Einhalt zu gebieten, eine Hauptrolle. »[Ihre] Zentren namhaft machen, denunzieren, davon öffentlich sprechen — das ist bereits Kampf« (*Subversion* 136). Da solche Machtzentren durch Horns psychologische Entwicklung deutlich geworden sind,[20] kann nun der Leser den Auftrag übernehmen, die Macht in ihren verschiedenen Erscheinungsformen zu identifizieren. Auf diese Weise könnte ihr ein Bewußtsein entgegentreten, das zwar als Antwort auf diese Macht mobilisiert wurde, das aber nicht mehr ihrem Sog unterworfen ist. Walser rechnet anscheinend mit dieser Möglichkeit. Denn obwohl er die zerstörerische Tendenz der Macht mit wissenschaftlicher Genauigkeit verfolgt, teilt er weder den Pessimismus Canettis, noch die neutrale Sachlichkeit Foucaults. Er erreicht vielmehr diesen Grad der Genauigkeit, indem er sich in die Gefühlswelt seines Protagonisten einnistet. Weil er auf diese Weise nicht nur die Beschaffenheit der Macht beschreibt, sondern auch das Verlangen nach Glück zu Wort kommen läßt, vermag er uns vielleicht von der Kraft des Widerstands zu überzeugen, die in uns allen wohnt.

Anmerkungen

1 Michel Foucault, Nietzsche, die Genealogie, die Historie, in: M. F., Von der Subversion des Wissens, übers. und hrsg. von Walter Seitter, München 1974, S. 94. — Im folgenden zitiert als *Subversion*.

2 In Foucaults Studien über Wahnsinn und Sexualität sowie in Walsers Romanen reflektieren Krankheitsbilder nicht körperliches Versagen, sondern die Auswirkungen der äußeren Kräfte.

3 M. W., Thema Realismus. Gespräch mit Adalbert Reif, in: Nationalzeitung (Basel), 4. August 1973.

4 Porträt Martin Walser: Ein Gespräch mit Anton Kaes, in: *GQ*, 57 (1984), S. 434.

5 Michel Foucault, Sexualität und Wahrheit. Bd. 1: Der Wille zum Wissen, übers. von Ulrich Raulf und Walter Seitter, Frankfurt/M. 1977. S. 114. — Im folgenden zitiert als *Sexualität*.

6 Rolf Michaelis, Der alltägliche Krieg, in: Die Zeit, 19. November 1982 (Überseeausgabe).

7 Tilman Moser, Selbsttherapie einer schweren narzißtischen Störung: Martin Walsers *Brief an Lord Liszt*, in: T. M., Romane als Krankengeschichte: Über Handke, Meckel und Martin Walser, Frankfurt/M. 1985, S. 86.

8 Elias Canetti, Masse und Macht, Hamburg 1960, S. 259-319. — Im folgenden zitiert als *Masse*.

9 Ders., Macht und Überleben, Berlin 1972, S. 9.

10 Diese Gottesähnlichkeit zeichnet auch Liszt aus. In der letzten Phase des Streites kommt er Horn wie eine ägyptische Tiergottheit vor (*BL* 118), an anderer Stelle spricht er von »göttlicher Regellosigkeit« (*BL* 144) in Liszts Betragen. Die menschlich-tierische Gottheit, die Horn vorschwebt, beschreibt die Widerstandskraft der Macht (*Masse* 428), während die »göttliche Regellosigkeit« ihre Aggressionsweise kennzeichnet.

11 Am deutlichsten tragen Thiele und Ryynänen kindhafte Züge. Horn nennt Ryynänen »einen göttlichen Jungen« (*BL* 101); über Thiele berichtet er, daß bei ihm, wie bei einem Kind, etwas erst zu existieren beginnt, wenn er es entdeckt hat (*BL* 103).

12 Diese Mädchen fallen nicht ihm, sondern einer Erscheinungsform der Macht anheim: »[S]ein übermäßiges Zahnwerk, diese Tigerausstattung, und darüber, der Sängerknabenblick« (*BL* 99) spiegeln die »libidinöse Besetzung gesellschaftlicher Macht« wider. (Gespräch zwischen Michel Foucault und Gilles Deleuze, »Die Intellektuellen und die Macht«, *Subversion* 138.)

13 Klappentext zum *Brief an Lord Liszt*.

14 Ähnlich bei Canetti (vgl. *Masse* 327).

15 Diese Selbstlosigkeit, die schon in *Jenseits der Liebe* zu einem Selbstmordversuch geführt hatte, besteht auch zu Beginn dieses Romans noch. Nur

scheint sich Horn inzwischen mit seiner Unzulänglichkeit abgefunden zu haben: »Er war mit sich einverstanden« (*BL* 23). Dieses Einvernehmen mit sich selbst fußt aber auf einer »Unwertsempfindung«, deren Aufbrechen dann die erneute Beschäftigung mit sich selbst verlangt.

16 Er darf ja nicht der ganzen Wahrheit zum Durchbruch verhelfen, weil er damit seinen Machtanspruch über Liszt preisgeben würde. Nur wenn man eine psychische Krise für Horns Misere verantwortlich machen könnte, wäre vielleicht ein volles Geständnis der Wahrheit von ihm zu erwarten.

17 Foucault orientiert sich mit diesem Argument an Nietzsche, der behauptete, daß die Werte gut und schlecht dem »Grundgefühl einer höheren herrschenden Art« entsprächen. (Vgl. F. Nietzsche, Werke. Bd. I/2: Zur Genealogie der Moral, Salzburg 1983, S. 288.)

18 »Der Überlebende ist das Erbübel der Menschheit, ihr Fluch und vielleicht ihr Untergang« (*Masse* 540).

19 Selbst ganz am Schluß, als er noch einmal Liszt anruft, errötet er, als er Liszts Stimme hört. Dann flieht er aus dem Haus vor Angst, er könne es sonst gar nicht mehr verlassen (*BL* 153).

20 Die Psychoanalyse gewährt hier nicht den entscheidenden Einblick, denn die Konzentration auf das Individuelle gibt nicht das Geheimnis der Macht frei, das alle betrifft. »Das Geheime ist vielleicht nicht so leicht ans Licht zu heben wie das Unbewußte« (*Subversion* 137).

Walser und die Möglichkeiten moderner Erzählliteratur

Beobachtungen zum *Brief an Lord Liszt*

Bernd Fischer

WOLFGANG HILDESHEIMER HAT kürzlich eine Sammlung seiner Reden aus fünfundzwanzig Jahren Literaturkritik unter dem Titel *Das Ende der Fiktionen* veröffentlicht. Der Titel mag Indiz sein für die Resignation, in die der jahrzehntelang überbeanspruchte Literaturbegriff gegenwärtig wieder umzuschlagen scheint. Der zeitgenössische Roman gleich Trivialroman — das ist die Essenz, die das deutsche Feuilleton allenthalben mit der Schwermut kritischer Ästhetik aus Hildesheimers Denken zieht. Wenn Hildesheimer seine These vom epochalen Ende der Fiktion allerdings damit begründet, daß ein gesellschaftsbewußt schreibender Autor, »[k]onfrontiert mit dem [...] Unkontrollierbaren [...], von einem kollektiven Empfinden hilfloser Erwartung beherrscht« wird und nicht mehr unter der Prämisse arbeiten könne, »daß die Bedingungen menschlichen Lebens auf dieser Welt von der Vernunft geschaffen werden, die in letzter Stunde Abhilfe schafft«, dann ist das zumindest historisch leichtfertig.[1] Literatur bemüht sich seit Jahrhunderten darum, neben all den anderen Funktionen, die ihr sonst noch zugekommen sein mögen, einen fiktionalen Freiraum *verfügbarer* Welt zu schaffen. Ästhetische Form hat sich in ihrer komplizierten Dialektik von Kompensation und Utopie schon immer der »hilflosen« Erfahrung eines »unkontrollierbaren« Geschicks, wenn man so will, der »Heimatlosigkeit« entgegengestellt. Da, wo Hildesheimer das Ende der

Literatur behauptet, hat sie überhaupt erst ihren Ursprung. Und doch hat Hildesheimer recht: Als auktoriales Medium individueller Entfaltung und Ausdruck absoluter Subjektivität hat die Fiktion seit einiger Zeit ihre Glaubwürdigkeit verloren. Doch das ist ein Problem des Autonomie- und Einmaligkeitsanspruchs des Persönlichkeitsbegriffs der bürgerlichen Epoche und nicht der Literatur per se. Ein anderes Problem ist, daß die Fiktionen wohl in der Tat schwieriger geworden sind, daß die Phantasie schon gekauft ist und sich nicht mehr ernst nehmen lassen kann, daß die poetische Welt von dem Wissen um ihre »Konstruktivität«, um Lukács' Begriff einzusetzen, auf neue Weise zeugen muß; daß vor dem Horizont des ›bürgerlichen‹ Subjektbegriffs zwar nicht der einzige, wohl aber ein häufiger Weg im Aufleuchten der entfremdeten Individualität in der ästhetischen Erfahrung des Mangels liegt, wie Adorno Hegels Ästhetik negativ gewendet hat.

Seit Friedrich Schlegel hat man sich angewöhnt, das Durchscheinen der Konstruktivität der poetischen Welt als Ironie zu bezeichnen. Novalis hatte dagegen versucht, es in seinem freilich arg strapazierten Liebesbegriff unterzubringen; mit einigem Recht, denn literarische Ironie gelingt bekanntlich nur, soweit ihr Held und seine Welt zur Identifikation einladen, so satirisch, grotesk oder resignativ sie auch dargestellt sein mögen. Auch die einzigartige Weiterentwicklung der Ironie in der modernen Literatur steht noch immer in der Spannung von liebevollem Geltenlassen und selbstkritischer Zurücknahme, von Engagement und distanzierter Unterhaltung. Ob diese Spannung nach einer Seite, etwa gegen Thomas Manns Tendenz zum vermeintlich leichtfertigen Rückgriff auf selbstgefällige Phantasien, aufgelöst werden kann, soll hier nicht diskutiert werden.[2] Gezeigt werden soll dagegen, daß die Entwicklung der ironischen Form das Wirklichkeitspotential des poetischen Realismus (Lukács) und der Moderne (Adorno) gleichermaßen umfaßt, und sich ihr noch heute der ästhetische Schein von sinnvoller Auslotung des Mangels verdankt.

Walsers literarische Entwicklung lebt von dem zeitbezogen synthetisierten Erbe der ironischen Innen- und Außenvermessung dieser beiden häufig als gegensätzlich aufgefaßten Epochen. Die subjektive Haltung seiner Erzähler, die (Proust und Kafka verpflichtet) in der weitgehenden Eingrenzung auf den Reflexionsraum eines Helden in eine radikalere Objektivität, da Selbstbeschränkung, umschlägt, zeichnet sich spätestens seit *Jenseits der Liebe* durch zunehmende Genauigkeit aus — die freilich bisweilen in Gefahr schwebt, den Text zum theoretischen Psychogramm des Helden abzuschwächen. Die existentielle Schwere des pathetisch Absurden oder die Polemik gegen die Medienversklavung ›unentfalteter

Individualität‹ der frühen Romane sind in Franz Horns und Xaver Zürns Sätzen selbstkritisch gewendet, einfach indem ihr Subjektivitätsanspruch am gesellschaftlichen und psychologischen Detail zur Konkretheit gezwungen ist. Die individualpsychologische Existenzkrise der fünfziger Jahre findet eine korrigierende soziale Einbettung, die Gesellschaftsanalyse der sechziger Jahre eine Bestimmung in der Konkretheit der leidenden Individualität.

In dem Sinne kann Walsers *Brief an Lord Liszt*, als Roman über die Entstehung und Funktionsweise von Literatur, wie eine Antwort auf Hildesheimers These vom Ende der Fiktion gelesen werden, auch in bezug auf die zugegebenermaßen hier nur aphoristisch angedeuteten Unterschiede im Begriff des literarischen Subjekts. Nicht länger ist Literatur hier als Niederschlag unentfalteter Subjektivität, als Medium der Selbstverwirklichung, als Einlösen von Freiheit möglich, sondern lediglich als zwanghaftes *Geschwätz*, in dem Horn sein *Begehren* zwar keineswegs befriedigen, wohl aber überhaupt erst erspüren kann. Indem der Briefschreiber sich im automatisch ablaufenden Diskurs als Begehrender begegnet, weiß er von sich.

Auch thematisch ist der *Brief an Lord Liszt* in mancher Beziehung als Epilog auf den inhaltlichen Bogen des letzten Romanzyklus angelegt. Einzelne Themen und Figuren der früheren Romane treten noch einmal auf. Vor allem wird Franz Horn, dem Helden des ersten Romans dieser Phase, *Jenseits der Liebe*, Gelegenheit gegeben, von einer neuen Entwicklungsstufe seines Leidens zu erzählen, und zwar im klassischen Genre des 18. Jahrhunderts, dem Briefroman, der vielleicht immer noch erschöpfendsten Form von Bewußtseinsprosa. Der Epilog ist nicht ohne Überraschungen. Erstaunt dürfte der Leser z. B. über die Entwicklung Xaver Zürns sein, dessen Leidensweg in *Seelenarbeit* in seiner Degradierung zum Gabelstaplerfahrer einen vorläufigen Abschluß gefunden hatte. Durfte der Leser mit diesem Zurückfinden des Chauffeurs in die eigene Klasse in bezug auf sein physisches wie psychisches Wohlbefinden einigermaßen beruhigt sein (wenn auch nicht ohne resignative Untertöne), so erinnert uns Walser jetzt erneut an die (unselige?) »Ehrsucht der Zürns«, die Xaver weiterzwingt, und die in der Gesellschaft der BRD nirgendwo anders als im Unternehmertum Erfüllung finden kann. Xaver hat sich selbständig gemacht, auf Kredit hat er einen LKW angeschafft. Walser läßt den Leser nach diesen Hinweisen mit einem besorgten »Was daraus wohl werden mag?« allein. Auch vom promovierten Makler Gottlieb Zürn hören wir, daß er trotz der Niederlage mit dem *Schwanenhaus* weiterhin allerlei einträgliche Abschlüsse erzielt.

Ob er seinen Mangel noch immer in Schubladenpoesie zu gestalten versucht, erfahren wir allerdings nicht.

Während Xaver und Gottlieb auf der Leiter der Macht weiter vorwärts kämpfen, wird Franz in seinem neuen Bekenntnisroman zum wirklichen Helden der überlebenstüchtigen Resignation. Der Roman beginnt mit dem Gipfel einer tragikomischen Groteske. Franz, dessen Abstieg dadurch endgültig geworden ist, daß er sogar in seinem Selbstmordversuch versagt, und ausgerechnet von Thiele, dem Chef und absoluten emotionalen Objekt von *Jenseits der Liebe*, gerettet wird, hat sich erst in dem Moment bei Thieles Konkurrenten Stierle beworben, als der Verkauf der *Chemnitzer Zähne* an *Bayer* bereits beschlossen und Horns Position damit ohnehin überflüssig geworden ist. Wie kann es anders sein, Stierle, der geniale Erfinder, aber untaugliche Geschäftsmann, sieht sich selbst bereits von Thiele geschlagen und übergibt sich und seinen Betrieb den Flammen, um die Niederlage nicht erleben zu müssen — Franz' Bewerbungsschreiben in der Hand, so möchte man es sich vorstellen. Die Konsolidierung von Horns Abstieg beginnt mit einem grotesken Lacher. Doch für die Dauer des überlangen Briefes mit neunzehn Nachschriften (und eigentümlich konventioneller Rahmenhandlung), den Franz an seinen Totengräber Dr. Liszt schreibt, der inzwischen selbst vom neuen Star der Firma, dem noch jüngeren Austro-Finnen Rudolph Ryynänen entmachtet wurde, erlaubt Walser seinem bekennenden Helden ein Weiterkommen in der eigenen Misere: literarische Verarbeitung. Schon das rücksichtslose Pathos des Patienten, mit dem jede der neunzehn Nachschriften beginnt, zeugt vom therapeutischen Charakter der übrigens in der Nacht vor Pfingsten Sprache werdenden Seelenmonster. Franz weiß, daß mit der bevorstehenden Fusion mit *Bayer* der in *Jenseits der Liebe* in Thieles Mittelbetrieb ausgetragene Kampf um das Selbstbewußtsein des Leitenden Angestellten eigentlich obsolet geworden ist. Es geht nur noch um die Bewältigung von Vergangenem. Liszt hat Thiele als dominierendes Objekt von Horns Begehren abgelöst. Das heißt jetzt Sehnsucht nach der Liebe zum Konkurrenten, der Freund und Genosse sein sollte und doch gar nicht sein kann, und Haß, der auch jetzt noch nicht Liebe sein darf, wo doch Liszt selbst bereits der Absturz bevorsteht. Schadenfreude ist die einzige Freude; aus Liszts Untergang kann Horns Zufriedenheit neu erwachsen. Das ist das psychische Gesetz der Konkurrenz, das Franz erkennt, das er ablehnt und dem er doch nicht entkommen kann. Liszts polare Position in Horns Emotionen, die in sich permanent ausweitenden, kreisenden Bewegungen Sprache werden, erlaubt dem fiktiv Korrespondierenden, im Prozeß des Schreibens, im dialogisierten Monolog das eigene Begehren literarisch zu erleben. Das macht den befreienden Zwangscharakter dieses automatischen Diskurses, dieses Nicht-aufhören-Könnens aus, ohne daß dem Begehren dabei freilich handfeste, erfüllbare Objekte erwachsen könnten. Horns wie ein traumatischer Endlosfilm selbständig ablaufende Erinnerungsfetzen konzentrieren sich auf drei dramatische Szenen, in denen Liszt sich zu einem unkontrollierten Wutausbruch hat hinreißen lassen. Hier müßte ein Hinweis für das geheime eigentliche Interesse der Konkurrenten an ihrem Konflikt zu finden sein. Natürlich stößt Horns Brief zu keiner konkreten Antwort vor. Liegt es daran, daß es ihm letztlich doch nicht gelingt, den Wunsch nach Selbstrechtfertigung aus seinen Sätzen herauszuhalten, und ist nicht auch sein pathetisches Schuldbekenntnis nur eine neue Form von Selbstgefälligkeit? Oder gibt es von vornherein keine wirklichen Antworten mehr? Teilantworten bieten sich zur Genüge an: so die beruhigend angenehme Einsicht in die eigene Unzeitgemäßheit oder die sieben Gesetze der Gesellschaftsphysik, die sich aus den eigenen Erfahrungen herausfiltern lassen — daß es zwischen Konkurrenten keine Freundschaft geben kann, daß der »Mißerfolg seines Konkurrenten [...] der Erfolg des Erfolglosen« ist (*BL* 144) —, oder das Bekenntnis zur Clownerie, die erst der existentiellen Schwere des Konflikts zum Ausdruck verhilft, und einiges mehr.

Besonders gelungen scheint das kontrastierende Bild der Thieleschen Entwicklung. Der Erfolg des neuen Produktionszweiges, der *Fin-Star* Surfbretter, bringt ihn nicht nur geschäftlich weiter, sondern entspricht auch seinen ganz privaten Interessen: Wassersport, Jugend und Frauen. Bei Thiele gibt es aus Horns Sicht keinen Riß zwischen Sein und Wollen. Hier findet der Anspruch der Aufklärung auf Selbstverwirklichung seine kapitalistische Einlösung. Geradezu ins Phantastische steigert sich diese auch charakterliche Überlegenheit in Thieles Sohn, in dem Horn eine ganz neue Stufe künftigen Unternehmertums erkennt, da dessen Kreativität eine alles Bisherige übertreffende Geschäftsführung erlauben wird. Denkt man diese Figur weiter, dann erscheint hier die Jugendrebellion der sechziger Jahre gegen bürgerliche Enge und Normen als nichts anderes als eine Reaktion auf eine Verschiebung in den Charaktermasken des Kapitals, als Befreiungsakt des Kapitals von dem restriktiven Bewußtsein des bürgerlichen Mittelstandunternehmers, vom Leitenden Angestellten ganz zu schweigen: ein soziales Phänomen, das hier für Franz Horn in grotesker Form bildlich wird. Man stelle sich diesen Kleinbürger in der Szene auf dem Supermarktparkplatz vor, als ihm (im Verborgenen, auf dem Weg zu seiner triebhaften »Freistunde«) Vater und Sohn Thiele über den Weg laufen, auf der Höhe ihres Glücks und ihrer Herrlichkeit, *ready to take on the world*, »Et nunc, et semper« (*BL* 141); für den ewig Verdammten eine geradezu religiöse Offenbarung der Macht. »[...] *exaltavit spiritus meus in Deo salutari meo*« (*BL* 139). Horn ist der masochistische Voyeur der Freiheit des Kapitals.

Horns Degradierung reicht bis an den Kern männlichen Selbstbewußtseins. »*Horns Gemischtwarenabteilung* —, das ist, von ihm aus gesehen, nichts, was einen Mann ausfüllen darf« (*BL* 65). Der Selbstmordversuch hat ihn eins seiner Stimmbänder gekostet. Die Stimme seiner Frau dagegen, mit der er seit der »dummen Geschichte« wieder zusammenlebt, ist gewachsen. Als neuer Stern am lokalen Konzerthimmel erwirbt sie sich einigen Ruhm. »Erst allmählich ging mir auf, daß ich nicht mehr vollmündig werden sollte« (*BL* 69). Schließlich kommt es zu der tragikomischen Identifikation mit dem Theaterclown Georg Thomalla, dem *Geschwätz* in Frauenkleidern, jedem deutschen Fernsehzuschauer bekannt. Dabei ist das literarische Akzeptieren des Abstiegs trotz oder wegen der Kunst der neurotischen Gefühlsclownerie doch noch ein Glücksfall. Daran werden wir erinnert, wenn Franz vom Schicksal seines Vorgängers erzählt, dessen Sturz er mit so hinterhältigem Tratsch, von Thiele am langen Band geführt, inszeniert hatte, daß im Kontrast die Kälte von Liszts korrektem, vermeintlich nur am Profit orientierten Angriff auf Horn einen guten Einblick in die Weiterentwicklung der Ethik der bundesdeutschen Geschäftswelt gewährt. Für den »leidenden Angestellten« (so werden Horn und Liszt seit Ryynänens Eintritt in die Firma von Thiele gern genannt) ist der Versuch, sich das eigene katastrophenartig erfahrene Schicksal bewußt zu machen, zum gesellschaftlichen Überleben (das Horns Vorgänger z. B. nicht mehr geglückt war) unabdingbar geworden. Diese Bewußtmachung vollzieht sich auf mehreren Ebenen. »Welch ein Glück! Wenn man sich gefügt hat, vergißt man mit der Zeit, daß man den Druck nur deswegen nicht mehr spürt, weil man sich gefügt hat. Wer mitmacht, kommt sich frei vor. Ich, zum Beispiel« (*BL* 71). Doch das ist nur der Verstand, der hier spricht. Der andere Franz läßt sich nicht so leicht mit Vergessen abspeisen.

> Ich schlafe doch immer ein im Büro. Weil ich nachts nie durchschlafe. Wenn ich morgens zwischen zwei und drei aufwache, ist es, als habe in mir ein Unruhiger, Wütender, Ängstlicher, Gieriger, Nervöser schon die ganze Zeit darauf gewartet, daß ich endlich aufwache. Bist du endlich wach, ruft er und legt sofort los. (*BL* 79)

Neben dem Schreiben findet das auf der Beschwörung der eigenen Wertlosigkeit fußende, unerfüllbar bleibende Begehren vor allem im infantilen Zurück zum unmittelbaren, possessiven Bezug zu den Gegenständen, dem liebevollen Schrott, einen lebbaren Ausdruck, was sich am stärksten in Horns unkontrollierter Sammelleidenschaft manifestiert. Am liebsten will er sich im eigens errichteten Schopf (man beachte die doppelte Bedeutung) bei den übrigen vor der Verschrottung geretteten Gegenständen verkriechen. Horn ahnt, daß der Mangel, die Verschlossenheit als Voraussetzung der Gestaltlosigkeit des Begehrens zu den Grundzügen seiner Existenz gehört, vielleicht der seiner Klasse überhaupt. »Ohne Mangel wäre ich verloren. Für den Überfluß fehlt mir die Theologie, sozusagen« (*BL* 109). »Ich stehe nicht mehr zur Verfügung. Distanz! Distanz, Distanz! Endlich Halt! Endlich Festigkeit! Durch Distanz!« (*BL* 111).

Der Brief an Lord Liszt, der nie abgeschickt wird, ist ein Erfolg. Franz wird rechtzeitig zur anstehenden Familienfeier aufbrechen, er wird weiterleben, ja sogar arbeiten können. Die Polemik des nächtlichen Schreibens gegen die Gewalt des Tages erweist sich als Therapie; aber auch als Wahrheit? »Der helle Wahn, werden Sie sagen. Vielleicht werde ich das, wenn es wieder Tag ist, selber sagen. Aber das ist es doch, daß Tageslicht, Vernunft usw. im Dienst sind. Gekauft, bestochen. Allein der Wahn ist unbestechlich« (*BL* 117). Daß Phantasie auch Utopie ist, wie absurd und infantil gewendet auch immer, zeigen Horns alberne Teilnahmephantasien in Zusammenhang mit der Episode des fast sitzengelassenen Professors, an dessen Existenz sich ja auch der betrunkene Liszt mit seinen Clownerien anhängen wollte. Oder die absurde Form des Wunsches nach wertvoller Eingebundenheit in die Geschichte: Horn und Liszt als Heiligenfiguren des 17. Jahrhunderts, die aus dem Bodensee gefischt werden. Horns Phantasien des Sich-Anschließens verschweigen nicht, daß sie natürlich längst von den Medien verwertet und vorgeformt sind. »Ich weine nur noch bei Filmen. Meine Empfindungsfähigkeit spricht nur noch auf Dramaturgie an; auf die grundverlogene Art, wie in jedem Film das Leben geboten wird« (*BL* 137). Der kurze Epilog der Rahmenhandlung greift die Problematik der Interaktion von Leben und Kunst, von Schreiben als Leben direkt auf. »Hatte er je so gelebt wie in diesem Moment? Er brannte doch. Alles, was schmerzte, löste Feuerbilder aus. Sein Kopfweh produzierte die Vorstellung, heiße Schienen führten durch seinen Kopf, glühende Schienen, auf denen gleißende Bilder rasten« (*BL* 146 f.). Horn vor der nächtlichen Schrift, das ist auch Kafka. »Er durfte jetzt nicht mehr an das denken, was er Liszt geschrieben hatte. Er wollte es nicht mehr wissen. Widerlich, sich so entblößt zu haben« (*BL* 147). Andererseits aber: »Er hatte das Gefühl, als habe er gearbeitet. Er war müde, aber seine Stimmung war besser als jede, die er in dem Brief an

Liszt gezeigt oder geschildert hatte« (*BL* 148). Horn hat (mit Walser) beim Schreiben gelernt, daß die Präzision des undramatisch Alltäglichen die Kunst der Literatur ist.

> Das Schwerste war offenbar, einem anderen Nachricht von der wirklichen Erträglichkeit des eigenen Lebens zu geben. Katastrophenmeldungen, Verzweiflung, das ist keine Kunst. Er hatte nicht das Gefühl, gelogen zu haben, aber er hatte wieder zuviel Rücksicht auf den als elend gemeldeten Zustand Liszts genommen. (*BL* 148 f.)

Ein Plädoyer für die Literatur, für die lebenspraktische Potenz ironischer Fiktion:

> Er fühlte sich jetzt doch sehr wohl. Der Brief an Lord Liszt hatte ihn nicht geschwächt! Auch das Nichtabschicken nicht! In Zukunft würde er jedem, von dem er irrtümlicherweise glaubte, er brauche ihn, einen solchen Nachtbrief schreiben, den man nicht abschicken konnte. Was Besseres gibt es nicht! (*BL* 153)

Damit ist Horns Brief an Lord Liszt, wenn man so will, auch eine Antwort (vielleicht immer noch Kafkas Antwort) auf Hofmannsthals *Lord Chandos Brief*. Sprache ist das Medium des Welt- und Selbsterlebens, noch aus der elendsten Position heraus. Die von Lord Chandos behauptete sprachlose *unio mystica* gibt es nicht. »*Deposuit potentes de sede et exaltavit humiles?!*« (*BL* 139) ist die, mit einer Kombination von Frage- und Ausrufezeichen versehene Botschaft der Religion, die Horns Frau Hilde am Pfingstsonntag an die Welt des Bodensees singen wird. Kann es auch die Botschaft der Kunst sein?

Anmerkungen

1 Wolfgang Hildesheimer, Das Ende der Fiktionen. Reden aus fünfundzwanzig Jahren, Frankfurt/M. 1984, S. 247 f.
2 Walser hat dem historischen und politischen Stellenwert der Ironie eine ganze Vorlesungsreihe gewidmet. (Vgl. *SI*).

The Art of the Other[*]

Leila Vennewitz

AT SOME POINT when I was preparing this talk, a friend asked me what I was going to call it, and when I told her "The Art of the Other" she said, "Oh, is it about Zen?" I find the title does have something of Zen about it—it is that word " other," suspended in a disconnected kind of way, so to speak, like the sound of one hand clapping. However, there will be nothing about Zen in this talk—nor, for that matter, anything about the Art of Motorcycling. . . .

In the printed program, the title of my talk appears as: "Thou shalt prove . . . how hard the passage to descend and climb by others' stairs" (sic). The complete passage is from Dante's *Il Paradiso* and reads in the H. F. Cary translation:

>   Thou shalt prove
> How salt the savor is of other's bread;
> How hard the passage to descend and climb
> By other's stairs.[1]

It was these lines that first set me off thinking in the direction I plan to take today.

So let us first look at the nature of that "art of the other," Dante's "other's bread," "other's stairs," that elusive "otherness," and how it can best be conveyed in translation. First: the "other" scenario. Let us be clear that there is no way a translator is entitled to gloss over the foreignness of the scenario of the original text. That scenario is the original author's property;

---

[*]©Leila Vennewitz. All rights reserved by the author; published here by her express permission.

he has created it, and all the people who move about in it, so the conscientious translator is not about to tamper with any of that. But, by means of what is really quite a mysterious process—the process of translation—it is possible to convey the intent of the original author, as well, of course, as the content. The author has used both his art and his craft to produce the original work; it is up to the translator to do the same, and if he is successful a kind of wonderful reconciliation will take place, a reconciliation between two different languages out of which a new text emerges. In that new text the two "others" meet.

I have just said that an author uses both his art and his craft, and that a translator must do the same with his. Let me first dispose of a question that is constantly being asked: Is translation an art or a craft? I don't propose to settle this here, or even go into it, beyond saying that books are published with titles such as *The Art of Translation*,[2] and *The Craft & Context of Translation*,[3] and others with titles that straddle both concepts—I would not be surprised to learn that there is a book called *The Art & Craft of Translation*. But I find that books about the *art* of translation abound in examples of the craft aspect, and authors of books dealing with the *craft* aspect tend, at a very early stage, to try and convince the reader that the entire process of translation is profoundly artistic. So I am content to leave the question right there for the present.

What I am concerned with today is the art inherent in a given literary work, and how the translator can best perceive that art and then convey it through the medium of another language.

First, let us take for granted that a writer has a vision, which does not mean that he is necessarily a visionary. But he has something in mind that he absolutely must communicate by writing it down. Now this vision is hard won. Virginia Woolf, in her *Diary*, says in 1929, after a period of enforced inactivity:

> ... I must think of that book again, & go down step by step into the well. I shall grind very hard; all my brakes will be stiff; my springs rusty. But I have now earned the right to some months of fiction. & my melancholy is brushed away, so soon as I can get my mind forging ahead, not circling round.[4]

Note her metaphor, the metaphor of descent: "I must . . . go down step by step into the well." Virginia Woolf is by no means the originator of this notion of descending, of bringing up out of darkness into light: in myth we have Orpheus descending into the Underworld in search of his Eurydice, and Montaigne spoke in the sixteenth century of "the spiral staircase of the self."[5]

Well now, one might say, everyone knows that the act of creativity is one of travail, but why should this affect the translator? Surely for him the author has already done all the hard bits. Can't we translators just hang around at the top of those stairs, at the edge of that well, dictionary at the ready, waiting for the reemergence of our author, who will then hand us his piece of work, and off we will go with our dictionary in pursuit of convenient one-to-one equivalents between one language and the other? Must we follow Orpheus and Virginia Woolf down into the darkness?

Yes, translators must, and I will tell you why.

Getting back to that vision the author had in the first place: if all we translators do is wait for him at the top of the stairs or at the edge of the well, and merely decode, as it were, his revelations from one language to the other, what we will get will be the usual result of decoding: a communication or message of some more or less useful sort. What we will assuredly not get is an artistic experience, for the simple reason that the translator hasn't had one.

Back to our Dante lines: another rendering, this one by John Ciardi, of the line "How hard the passage to descend and climb by other's stairs," is: "Up and down stairs that never are your own."[6] Either way, we have an image of effort, of labor, and I use this metaphor to try and convey the translator's scrupulous retracing of the footsteps of his author, of "the other." If the translator does not make that descent and find what the author found and bring it to light, he will have nothing to bring to light himself.

And as long as we are talking about light we must think about reflection. A reflection is not the same as a mirror image. A reflection may bounce off water, or a sheet of silver—it bounces off a *substance*. It does not bounce off a pane of glass, or only very dimly unless it is dark outside. A translator, it has been said, cannot be a pane of glass; he brings himself, his own substance, to the original text, and he remains a person, another human being—in fact, for the original author it is the translator who is "the other." What bounces off the translator in the form of his translation is a reflection of the original work. This substance, this translator, is as complex as the author. The translator, like the author, works by making choices—all the time, word by word; he chooses certain words rather than other words because he is a certain kind of person, and the words he chooses result from his own highly individual perception of the author's vision.

So down those stairs or into that well the translator has to go, because the author has gone there before him. A different translator may make the same downward journey and reemerge with a different perception of the author's vision—in fact, he almost certainly will. Art is not subject to single, exclusive interpretation. I recall hearing Yo Yo Ma, the cellist, quote Artur Schnabel as having said something to the following effect: "Every piece of music has more imaginative possibilities than any one performer can discover in it." There is in fact no such thing as a definitive translation, regardless of publicity puffs to the contrary. The author's art, the art of "the other," of the other language, remains constant; the interpretation of it will vary from one interpreter to another, depending on who has followed Virginia Woolf down into the well.

However, it is this very constancy of the art of the other that can become a pitfall for the translator. It is all very well for the translator to say, "That's right, I'm not a pane of glass, I'm entitled to some self-expression, this author could do with a bit of polishing up here and there, what a good thing I'm around to do him this favor." Certainly he can say this, and some translators not only say it but act on it, but I don't believe this to be the mandate of a translator. His job is interpretation, and only interpretation. The only part of himself that he should bring to the job is his twofold ability: first, to get to the heart of the author's thought, and, second, to choose the words best suited to convey that thought in the other language—and that choice will depend, must depend, on the person the translator is. That much subjectivity is unavoidable. Nor is it undesirable. We take for granted that conductors vary in their insights into the same musical composition. But, vary though they do, what is paramount for them is the meaning of the composition. I would like to quote from the *Manchester Guardian Weekly* a tribute to the late Sir Adrian Boult, the great English conductor, by Neville Cardus and Edward Greenfield. Here it is, as it stands, without paraphrasing, although the text refers to music:

> Boult did not, as he conducted, seem to say, "Listen—apropos of Beethoven, I now propose to convey to you my own personal interpretation of a symphony." Adrian Boult had enough faith in a work to believe it possessed a vital creative energy of its own and was not sent into the world by the composer stillborn, requiring to be beaten into life black and blue by the baton. His constant aim was to let the music speak for itself; he was willing always to regard the masters of music as his betters, happy to serve them with all his technical and aesthetic experience.[7]

No doubt some of you will still be thinking: Why should a translator put himself through all this? He is never going to become famous like Sir Adrian Boult or Leonard Bernstein. His lovingly prepared translation will probably sell very few more copies than a mediocre one that contains not only infelicities of expression but outright errors. It is even possible to see why some publishers choose to produce and sell mediocre translations at lower cost than to aim for the profits that can derive from selling smaller quantities of a good translation to a limited market.

The explanation—the explanation, that is, of why a translator should put himself through all this travail—lies in the art of the other. If this art can cast its spell upon the reader of the original, upon someone who, normally, reads the text only once yet still is captivated, why should its effect upon the translator be any less? Believe me: its effect is even greater. A translator can become as enamored of the text he is interpreting as can a performer of the music he is performing. When Janet Baker, the English mezzo-soprano, was asked what made her choose to interpret certain musical works rather than others, she is said to have replied: "I must feel captured by the music, I must feel that I *have* to perform it!" And Jean Paris, in an essay in *The Craft & Context of Translation*, says: "I would say a successful translation should rather be the brother than the son of the original, for both should proceed from the same transcendental Idea which is the real but invisible father of the work" (63).

So now let us take a look at the art of the original author, the art inherent in *his* language, and see how, if the translator manages to retrace the initial intuition, to find his way back (or down) to the root of the work, he may be able to produce a translation that could be called the "brother" rather than the "son" of the original.

Nobody, least of all a translator, can be expected to have an affinity with every author; so, in my opinion, the best translations are made on the basis of such affinity with the author and, equally, with the original. In translating Nicolas Born's *The Deception (Die Fälschung)*, I felt very close to the author, although he was no longer alive by the time the book came into my hands. The story, centering around a German journalist assigned to report back to his newspaper in Hamburg on the war in Lebanon, in and around Beirut in 1977, must have meant many descents into the well for its author. Here is a passage:

> On the Corniche Chourane the car speeded up, and through the rear window Laschen once again saw the swirling scraps of paper floating down. At the level of the bathing grottoes, where new high rises have been built back from the coast, in some cases only half finished, their concrete elevator shafts girdled by scaffolding, the driver stopped the car. There was wasteland between the buildings, piles of yellowish-red earth, here and there some sparse dry grass where a few sheep were being herded. The

driver walked ahead on a narrow trail leading down at an angle across the steep slope to the beach, signaling him to follow. Laschen got out reluctantly and stood leaning with his arms on the hood. He didn't wish to acknowledge his sense of fear, a kind of hollow chill mounting within him, but he shook his head.

"I show you something!"

Now he felt embarrassed that the man had to ask him a second time. He followed him down the trail through high reedlike grass, then on across a wide, desolate, bulldozed garbage dump and around some projecting rocks, until they were down on the sand, the man ducking in front of him as if to warn him. At this point the rocky cliffs thrust into the sand in bulky masses. Above their heads Laschen could see a crusty overhang covered with bushes. Although the garbage had not yet slid down onto the whole width of the beach, the sand was covered with torn paper, rags, empty cans, bottles, and bits of rusty iron. They climbed over a low cliff that stuck out a few yards into the sea and came to a kind of grotto that was open to the sea all the way to the top. On the sand lay black bones, skulls, thighbones, jawbones, pelvises. The sand was black too, as if soaked with dirty oil; in one corner a pile of sodden newspaper and cartons that had apparently been used to light the fire.

Laschen believed he felt nothing, only the sound of the surf seemed to continue inside him, to swell and strike numb nerves. No speechless outrage. The arrangement of human bones—he thought the word "arrangement"—looked calm, simply a picture in the sand, a communication signal, bones that were bones and at the same time symbols, and then again bones; little puffs of moist air wafted across them. No danger. The taxi driver—he had found what he was looking for—was not unduly triumphant, but he wanted to watch Laschen's amazement. Not a soul in sight, nothing on the sea, a pleasant haze around the sun. And it was a bit cool down here without a coat.

"Like to see more?" Laschen said No. It came out with a muffled sound, as if caught in his throat....

"Could even happen to you," said the man with a smile, not craftily but politely, a little proud.[8]

It seems obvious from this passage that the author did not lift it off the top of his mind as being some agreeably grisly scene that would make a nice spicy article for his paper back home. The scene provided him with depths—real physical depths to which he had to descend, as well as the depths of human cruelty. But it is all described against a commonplace background: the dismal wasteland at the top, the dry grass, the bulldozed garbage dump; then the disgusting garbage on the beach. But beyond a low cliff a "kind of grotto," and inside the grotto the ultimate obscenity: charred human bones—the bones that had once formed the skulls, thighs, jaws of human beings. As if that were not enough of a shock, the author's final touch is the oil-blackened sand—the oil used to burn the remains of human beings.

A lesser writer than Nicolas Born might have foreshadowed the approaching horror down on the beach while the journalist was still up on the cliff. Born merely mentions a "kind of hollow chill mounting within him," but at that point he does not yet account for it. This gradual crescendo from a mere *sense* of fear to the full and overpowering shock of the sight down at the bottom must be fully perceived and replicated by the translator, as must the author's gradual reversion to the commonplace: "a pleasant haze around the sun. And it was a bit cool down there without a coat." Because the author's protagonist saw and felt these simple things, too, the obscenity he had just witnessed became something he was able to survive.

So we see that it is the translator's job to be a "brother" to the author, to weigh each word just as the author did, not to choose epithets that convey so little that they simplify, or so much that they exaggerate. Too much emphasis in the first part of that scene or in the last part, and the body blow dealt by the unexpected scene of outrage down on the sand would have lost impact. This is a scene in which author and translator really must walk down that path together.

Now I would like to turn to another author who, like Nicolas Born, died not long ago in the full spate of his literary powers: Uwe Johnson. Johnson's art consists not in musical phraseology but in forceful, rhythmic sentences aligned one against the other. Rather than aim at building up tension, as Nicolas Born does, during a descriptive passage, Johnson accumulates *all* the tension before he begins, so that a given passage runs off like an uncoiling spring. I would like to quote this passage from his *Anniversaries (Jahrestage)*:

September 9, 1967 Saturday
Justice almost prevails in New York this morning. The air is motionless. The air cannot move under stationary heat masses in the upper atmosphere; since yesterday it has been unable to rise into the cold and shed the dirt pumped into it by the city from power plants, gasworks, chimney stacks, car motors, jet engines, and ships: the inversion has clamped an impenetrable dome over the city. The accumulated dirt from soot, fly ash, hydrocarbons, carbon monoxide, sulfur dioxide, nitrous oxide, is no respecter of persons and seeps through cracks of windows into eyes, into skin folds, dries out throats, shrivels mucous membranes, exerts pressure on the heart, blackens tea and seasons food, creates additional work for lung specialists, shoe shiners, car washers, window cleaners, and for Mr. Fang Liu, in his basement shop off Broadway, who accepts the Cresspahl laundry from Marie with deft, eager gestures. . . . In every store on Broadway where Marie walks around with her shopping cart, the mere

word "pollution" will invariably yield her some conversation as well as the New Yorker's pride in the unparalleled difficulty of life in New York, mutual sympathy; sighs can be exchanged and smiles bartered when she pushes her hair back from her perspiring brow with her forearm. Outside, on the hot, darkened street, she will feel as if her face were plunging into a wall of steaming water.[9]

Uwe Johnson was tuned into memory—not merely to memories. Memory fascinated him: its function, its power, its perpetual presence in our lives. If Johnson could succeed, as he most supremely did, in conveying to German readers what was lodged in *his* memory, the translator has to find a way to do the same. At first Johnson felt very alien to me: his whole background was difficult for me to imagine and feel. I didn't even find his Mecklenburg humor funny—much to the amusement of my husband, who was more amused by my efforts to laugh at Johnson's jokes than he was by the jokes themselves. "It's just typical Mecklenburg humor," my husband would assure me. So how did that help me? Well, eventually it did, because gradually I found myself able to find parallels between the rural life of Johnson's corner of North Germany and the country life I had known as a child in Devonshire. For example, Johnson tells a Mecklenburg joke about the sun falling out of the sky, which absolutely failed to amuse me—until I remembered one of my father's tales, told to me in broad Devon dialect, about a farm boy looking at the moon. That story had never failed to convulse me, so, if I had been able to laugh at that, why couldn't I laugh at the sun falling out of the sky? I found I could, and I did, and my problem with Johnson's humor was over!

As for the parts of *Anniversaries* that are laid in New York, I was able to spend a day wandering about the area where Gesine had lived on Riverside Drive. The house is there, with the same number as in the novel; Gesine's telephone number was a real telephone number. I watched the cars streaming by along the Hudson Parkway, heard the swish of tires that Gesine had heard morning, noon, and night from her windows; I walked to the corner of her side street and Amsterdam Avenue where she did her shopping. I was literally in the same place as Johnson had been, and, because in his book he had told me where to look, I looked, and I saw what he saw.

This is not to say that a translator can be successful only if he follows physically in his author's footsteps. Obviously this can rarely happen. But a translator may be able to find, if he searches his own background, parallels in his own experience on which to draw. If, on the other hand, he is faced, as I have been faced, with a scenario that is utterly strange to him, with which he feels no kinship, then I suggest that he turn to a different text; for to try to convey the essence of a text that is beyond his ken is about as impossible as trying to translate from a language one has not mastered.

I have touched, by way of two examples, on the differences between authors that must be taken into account by the literary translator. But what he also has to perceive are the various phases in the literary output of a single author. Let us consider Heinrich Böll. Böll was a writer who developed a number of styles that can, if one wishes to go into it, be placed in a matching variety of time slots. But for now all I want to do is demonstrate two styles of which he was master, and for this purpose I would like to read you two short passages.

The first is taken from his early novel, *The Bread of Those Early Years (Das Brot der frühen Jahre)*, originally published in German in 1955; the second is from *Group Portrait with Lady (Gruppenbild mit Dame)*, published in German in 1971. The passage from *The Bread of Those Early Years* exemplifies Böll's early postwar style—unadorned, straightforward, very lean when it comes to abstract or long words. The scene is a German town still laboring under the effects of air raids during World War II, where the population was still living largely among ruins. Böll's choice of words, of syntax, is in favor of short words and a simple sentence structure. The entire passage, which runs to almost a page in the book, contains only seven adjectives, two of which are used twice—significantly for Böll perhaps, these two are "fresh" and "living." There is not a single adverb in the whole passage. Now obviously as the translator you cannot begin to reproduce the German syntax, but you can reproduce the rhythm, and you can reproduce the simplicity of vocabulary and style by ways of our own in the English language—one-syllable, everyday words—"bread," of course, and "loaf," "bench," "hands," "warm," "raw," and a total abstinence from adverbs. I think the ability, as well as the preference, to translate the book in this way come not from a desire merely to copy the author's style but from a sharing in the author's original vision. As Charles Morgan wrote long ago, in the thirties, either in *The Fountain* or *Sparkenbroke* (and I apologize for not being able to come up with the exact source): "Two people come closest together, not when they are thinking of each other but when they are thinking of the same thing." Here is the passage from *The Bread of Those Early Years*:

> Sometimes [my father] sent me money to buy bread, and when [this] money arrived I would go to the black market, buy myself a whole two- or three-pound loaf, fresh from the bakery, sit down with it on a bench or

somewhere among the ruins, break open the loaf in the middle, and eat it with my dirty hands, tearing off pieces and stuffing them into my mouth; sometimes it was still steaming, all warm inside, and for a few moments I had the sensation of holding a living creature in my hands, of tearing it to pieces, and I would think of the man who had given us the lecture on the North Pole expedition and told us they had torn apart live fish and devoured them raw. Often I would wrap up part of the bread in newspaper and put it in my tool bag, but then after walking on a hundred yards or so I would stop, unwrap it again, and swallow the rest, right there on the street. If it had been a three-pound loaf I would feel so full that at the hostel I would give up my supper to someone else and go straight to bed; and I would lie, wrapped in my blankets, alone up there in the dormitory, my stomach full of sweet, fresh bread, satiated to the point of numbness.[10]

Nearly twenty years later Heinrich Böll was to write *Group Portrait with Lady*. This long novel also deals with World War II and the postwar years in Germany, but this time from the vantage point of a mature writer who in the intervening years had developed a style which, although logically and demonstrably linked with his early style, had become ramified, complex, in both syntax and vocabulary, freewheeling in its use of metaphor and abstract allusion while retaining perfect lucidity. *Group Portrait* is the story of a young woman, Leni, and the background that made her what she was. In describing Leni's schooling, Böll writes:

Before any misunderstanding can arise, let us now present, as factual information, an explanation for the dubious educational circumstances to which Leni was obliged to submit, or to which she was subjected. In this context there is no question of *blame*, there were not even—either at the primary school or the high school attended by Leni—any serious disagreements, at most there were misunderstandings. Leni was thoroughly capable of being educated, in fact she hungered and thirsted after education, and all those involved did their best to satisfy that hunger and thirst. The trouble was that the meat and drink offered her did not match her intelligence, or her disposition, or her powers of comprehension. In most—one can almost say all—cases, the material offered lacked that sensual dimension without which Leni was incapable of comprehension. Writing, for example, never posed the slightest problem for her although, considering the highly abstract nature of this process, the reverse might have been expected; but for Leni writing was associated with optical, tactile, even olfactory perceptions (one has only to think of the smells of various kinds of ink, pencils, types of paper), hence she was able to master even complicated writing exercises and grammatical nuances: her handwriting, of which she unfortunately makes little use, was and still is firm, attractive and, as the retired school principal Mr. Schlocks (our informant on all *essential* pedagogic details) convincingly assured us, nothing short of ideally suited for the evocation of erotic and/or sexual excitement.[11]

If we take a word count of the two passages, we find that the earlier one, the one from *The Bread of Those Early Years*, contains *only* ten percent fewer words than the *Group Portrait* passage. Yet the *Group Portrait* passage, while only ten percent longer, took me exactly twice as long to read aloud—simply because of the author's choice of longer words.

Both passages are about hunger, but about different kinds of hunger. In *Group Portrait* Böll describes a mental and spiritual hunger, the hunger for education; and in alluding to her "hunger and thirst" and the "meat and drink" offered to her, he introduces connotations that are at the same time biblical and physical. In other words, he is extending himself into three separate dimensions which he succeeds within that very short space in reconciling. In Böll's early work we don't find much in the way of such words as "tactile," or "olfactory," and he was not yet using a style that juxtaposed on the one hand such commonplace tools as pen, ink, and paper and, on the other, erotic or sexual excitement, moving with absolute sureness from concrete to abstract and back again.

There might well be an editor who would be relieved if a translator were to produce a translation that simplified the later work, making it more accessible to the English-reading public about whom that editor may be quite nervous. Why, he may ask the translator, why use a difficult word when a simple one would do? The answer is that the author has *chosen* to use a so-called difficult word; and if a little jolt occurs in the mind of the reader of the original text, that jolt must be replicated in the mind of the reader of the translation. It is up to the translator to choose words that carry equal weight with their counterparts in the original.

George Steiner, in his *After Babel*, discusses intensive reading in one's own language, and here he says something that can apply equally well to the process of translation: "One must master the temporal and local setting of one's text, the moorings which attach even the most idiosyncratic of poetic expressions to the surrounding idiom. Familiarity with an author, the kind of restive intimacy which demands knowledge of all his work, . . . will facilitate understanding at any given point. . . . Neither erudition nor industry make up the sum of insight, the intuitive thrust to the centre" (25).

It must be apparent from what I have said so far that there are no short cuts for the translator. That "spiral staircase of the self" of Montaigne's; that well of Virginia Woolf's; that "other's staircase" of Dante's—they all lure the translator farther and farther down. "Probing," "delving," "dredging"—all these words imply the exploration of depth, and it is in these depths that the author's art is always to be found. It is useless for the translator to look for it elsewhere. George Steiner, also in *After Babel*, has said that "a text is embedded in specific historical time" (24). I would take that one step farther and claim that a text is embedded in specific human experience, but the important concept is "embedded." Unless the translator digs this thing out, this concept, this experience, this vision if you like, and looks at it from all sides, it will simply remain in its matrix; only the surface—if anything—will be visible, and the translation, although it may excellently describe that surface, will fail to impart the total nature of the object. A bit of technique—the author's and the translator's— will remain; the art will not.

I have touched on the work of a few German writers of our day: Nicolas Born, Uwe Johnson, and Heinrich Böll. Now I would like to turn to that great name in German literature today: Martin Walser. Martin Walser writes from the inside out. To say that he is "introspective" is not enough: many writers may be said to be introspective, but few actually master the sleight of hand that enables Walser to take us on the most extraordinary interior journeys. His stories unfold almost entirely by means of interior monologue. Even in a recent novel, *Brief an Lord Liszt* (published in English as *Letter to Lord Liszt*),[12] Walser's vehicle is—just that—a letter, quite a short letter in fact; but hung onto this letter-monologue like a series of firecrackers are no less than nineteen P.S.'s. As a German critic wrote of the original: "It is not so much that we *read* what Walser writes as that we *hear* it." The critic goes on: "What happens is that the reader becomes a listener, an 'ear witness'—an ear witness to a colossal, night-long confession."

This sense of immediacy, the brilliance of the pacing of his narrative, are, as we all know, hallmarks of Walser's novels. Two years ago I had occasion to speak about Walser's pacing of his narrative, and I hope you won't mind if I quote my own words as follows:

> The author spends virtually all his time inside his protagonist's head, where room must later also be made for the reader and, when the time comes, for the translator. Now an interior monologue seldom follows a straight line; it tends to press forward, then withdraw, perhaps curl back on itself, reflect, amble, then surge ahead again as thoughts and ideas come and go at varying, sometimes breathless, speeds. There is a flux about an interior monologue that differs from that of dialogue or ordinary narrative or description, in all of which modes the line tends to advance tidily from point A to point B. The two people engaged in dialogue must not, after all, appear wandering or confused, the narrative must

"progress"; and the descriptive passage, while permitted to flow picturesquely, is expected to adopt a firm direction. The interior monologue (and today I would add the letter-monologue) knows no such limitations. It is not expected to be symmetrical, or even logical. We ask only that, overall, it have meaning, and that that meaning be discernible.[13]

In his novel *The Inner Man (Seelenarbeit)*, published in 1984, Walser's protagonist is a chauffeur—a chauffeur to an executive, a chauffeur who with passion and dedication drives a Mercedes 450 which, in every sense but the literal one, is his own adored possession. The "inner man" of the English title reflects the word *Seele* (soul) in the German; it is also, and equally, a reference to the human stomach. Partridge defines the idiom, "the inner man," as follows:

> One's stomach as the receptacle of food.... From the original sense ('the soul'): 'To be strengthened ... by his Spirit in the inner man' (*Ephesians*, iii. 16)....—Greek Testament,... in 'that part of man which is spiritual'....[14]

Wonderful Eric Partridge!

Walser's chauffeur in *The Inner Man* is obsessed with the workings of his stomach and of his entire digestive apparatus. He suffers from chronic, tension-induced indigestion; but while he drives his boss about, swinging the Mercedes voluptuously around the curves of secondary roads, over and down and around swelling hills and graceful valleys, those undulations that have, in Henry James's words, "a kind of rhythmic value"[15] and that comprise the lovely buxom countryside that fans out to the north of Lake Constance, he is simultaneously fiercely preoccupied with all kinds of nonphysical problems. He frets over his two teenage daughters, who (probably only for the time being) have withdrawn each to her own world, out of reach of either parent. He frets over his job and the ludicrous necessity, because of a misunderstanding, of keeping up a pretense toward his boss that he is a teetotaller, with the result that the boss plies him with ice cream at moments when all he wants is a beer. The "inner man" is in an almost perpetual state of turmoil—spiritual and physical—and finally he is persuaded to go to a specialist for a checkup. What happens at the clinic during an internal exploration of his stomach is one of the most "internalized" passages which even that arch-internalizer Walser has ever conceived:

> "Swallow," Xaver hears. He shakes his head. He raises his hand. Waves it as if to say: It's no use, forget it. You can see it doesn't work with me, not this time, another time maybe. But in the darkness the professor sees only what he wants to see. They've almost reached bottom, the

professor says. He has told the truth. Xaver can feel it. The metal head is at the bottom. The retching stops. Xaver is now lying on his left side.... "Beautiful!" says the professor. Would Xaver like to have a look? An attachment is brought. Xaver is given something to look into. He is awestruck. The vault of his stomach appears gloriously pink and shiny before his eyes. He looks up the shiny walls as if he were standing below them. "Now we'll move along the stomach wall," says the professor. Xaver feels the profoundest reverence as the journey moves along the pink, shiny, mucous vault. "These are the peristaltic waves," says the professor. Xaver immediately feels as if he were in a subterranean Bosporus. If only he could ask the professor to turn out the light in there for a few seconds! He'd like to spend a few seconds in the natural lightlessness of his inside.... Can Xaver see that black spot? Xaver can. In the middle of the marvelous pink that glistened as if freshly painted, a totally black spot. "That's the pylorus, the opening of the stomach into the gut." Xaver feels relieved. "We're now approaching the pylorus," says the professor. They approach it.... The pylorus grows larger. Recognizable as an exit. "Here we are, now watch," says the erudite guide from Wilpoltsweiler. "We are leaving the stomach." And, incredibly, they are able to disappear into the pylorus. "We are now in the duodenum."[16]

What kind of magic is this? How is Walser able to make his professor say "We are now in the duodenum" to make it sound as if he were saying: "We are now in the cathedral"? The magic is in the pacing, the narrative taking just about as long as the actual procedure would take in reality. But it is also in the images: the inside of his stomach seen as a vault, with walls so high that Xaver feels he is standing on the ground looking up at them. As for the leap I just implied, the leap from duodenum to cathedral—perhaps we had barely noticed that, part way along this magical journey, Walser tells us that Xaver feels "the profoundest reverence"; but let us remember it now, realizing that the word "reverence" has remained suspended at the back of our minds, conditioning our response to the passage. *Then*, realizing all that, we come to the words: "We are now in the duodenum." With almost no alteration of mood this sentence could be changed to: "We are now in the cathedral," and it is then that we understand why Walser previously introduced the note of reverence. It was inevitable that he should, for it seems to me, at least, that Walser must have felt reverence, been suffused by it when he conceived Xaver's making this enchanted journey through his own stomach.

And what of that phrase: "the natural lightlessness of his inside"? Can anything darker be imagined than the inside of a stomach? But to Walser "darkness" is not enough: there can be darkness that is less than total, or almost total, but Walser must have total absence of light, and the word "lightlessness" pulls the reader up short in a way that the word "darkness" in this context never could.

Again, therefore, the translator must match the images, match the pacing, and above all be aware of the magic that is bold enough to equate reverence with the duodenum. If we were to look for an image of descent and search, where could we find a better one than in this passage from *The Inner Man*?

And now, having talked about Nicolas Born, Uwe Johnson, Heinrich Böll, and Martin Walser—in fact, about the art of "those others," let me quote a few lines from T. S. Eliot's long poem, "Little Gidding." The lines are about words, and, although Eliot doesn't say so, they could be about words that reconcile two different languages to bring something new to light. Here are Eliot's lines:

> ... (where every word is at home,
> Taking its place to support the others,
> The word neither diffident nor ostentatious,
> An easy commerce of the old and the new,
> The common word exact without vulgarity,
> The formal word precise but not pedantic,
> The complete consort dancing together)[17]

It was at this point that I had meant to close my remarks, but a few days ago I received a copy of Martin Walser's *Meßmers Gedanken*, just published. In it I found the following words by Walser that seem to me to be an even more fitting conclusion:

> Wenn man von den Mitteln nichts mehr verlangt, verschwinden sie. Übrig bleibt unmittelbar der Darstellende (*MG* 86).[18]

Notes

1. *Il Paradiso*, Canto XVII, lines 58–60, trans. H. F. Cary (New York: The Colonial Press, 1901).
2. Theodore Savory, *The Art of Translation* (London: Jonathan Cape, 1957).
3. *The Craft & Context of Translation*, ed. William Arrowsmith and Roger Shattuck (Austin: U of Texas P, 1961).
4. *The Diary of Virginia Woolf*, ed. Anne Olivier Bell (New York: Harcourt Brace Jovanovich, 1980) 3: 243. Woolf's unconventional punctuation has been left untouched.
5. Quoted in George Steiner, *After Babel* (New York: Oxford UP, 1975) 120.
6. *Il Paradiso*, Canto XVII, lines 58–60, trans. John Ciardi (New York: W. W. Norton, 1977).
7. *Manchester Guardian Weekly* 6 Mar. 1983.
8. Nicolas Born, *The Deception*, trans. L. Vennewitz (Boston: Little, Brown, 1979) 29–31. (*Die Fälschung* [Hamburg: Rowohlt, 1979]).
9. Uwe Johnson, *Anniversaries*, trans. L. Vennewitz (New York: Harcourt Brace Jovanovich, 1974) 48–50. (Vol. 1 and part of vol. 2 based on author's cut version of *Jahrestage* [Frankfurt/M.: Suhrkamp, 1970].)
10. Trans. L. Vennewitz (New York: McGraw-Hill, 1976) 20. (*Das Brot der frühen Jahre* [Köln: Kiepenheuer & Witsch, 1955].)
11. Trans. L. Vennewitz (New York: McGraw-Hill, 1973) 22–24. (*Gruppenbild mit Dame* [Köln: Kiepenheuer & Witsch, 1971].)
12. Trans. L. Vennewitz (New York: Holt, Rinehart and Winston, 1985).
13. From a lecture entitled "Who Is a Translator?" given at Washington College, Chestertown, Maryland, on April 11, 1983; published by PEN American Center in *Newsletter* No. 54, Summer 1984.
14. Eric Partridge, *A Dictionary of Clichés*, 5th ed. (London: Routledge & Kegan Paul, 1978): 188.
15. *A Little Tour in France* (New York: Oxford UP, 1984) 120.
16. Martin Walser, *The Inner Man*, trans. L. Vennewitz (New York: Holt, Rinehart and Winston, 1984) 147.
17. *Collected Poems 1909–1962* (London: Faber and Faber, 1963) 221.
18. "When nothing more is demanded of the means, they disappear. We are left face to face with the portrayer" (L. V.).

My Walser, or the Author as Friend

Siegfried Unseld

THERE IS A forthcoming novel by Martin Walser—known in this room only to the author, his wife, and me—with the suggestive title *Brandung* ("Breakers"), referring to the breaking waves of the Pacific on the Californian coast, which are a metaphoric mirror of the hero's relationship with a young American coed; in this novel Walser warns us about a lecturer in these words: "Don't go and trust these sentences—these gestures and this mimicry which accompany his lectures. Don't go and let yourselves be duped by the apparent depth of emotion and consummate calculation of these painstakingly droning sentences from my manuscript. It's all old hat, ladies and gentlemen" (*B* 274). Should I also warn you then about my sentences which you're about to hear?

Martin Walser recently wrote an essay entitled "What Is a Classic?" and came up with this answer to his own question: "The books that the greatest number of people use over the longest period of time turn out to be classics."[1] In other words, extent of use is the criterion for what becomes a classic. Subsequently, when Walser was invited to deliver his essay as a speech on the occasion of the formal presentation of a new collection of the works of classic German authors, he responded: "I take it you want a simple 'party version' of my text."

Ladies and gentlemen, my case is somewhat analogous: I was—as you see—invited to give an after-dinner speech, and I am delighted to do so, although we Germans are generally considered too serious, too painstaking, too humorless to be after-dinner or keynote speakers capable of entertaining an audience. So what am I to do? The brilliant address Walser gave when awarded the Friedrich Schiller Prize of his home state of

Baden-Württemberg begins with the sentence, "Let other people talk about Schiller; I'm going to talk about *my* Schiller" (*LI* 157). Similarly, others participating in this symposium have had a great deal to say about Martin Walser; I'm going to speak about *my* Walser. It's up to you to judge whether I, in doing so, am carrying out Walser's intent here, for in that same address he goes on to say that talking about *his* Schiller ". . . is not meant to be taken as an excuse to do a poor job, nor as a claim to have some special angle of vision. I don't wish to sound either modest or original; I merely wish to take possession. One could say: after all, he belongs to all of us, our Schiller. But for that very reason I say: to each his own Schiller" (ibid.).

I shall now present my own Walser, then—a publisher's attempt to look at his author, who also happens to be his friend—from four different points of view in twenty minutes.

View One of "My Walser" might be entitled "Gains and Losses":

In early January a Suhrkamp author came to the United States to become a writer in residence at an American university. Before he left Germany, he requested his publisher to furnish him with a word processor, for he no longer wanted to compose his works on a typewriter but to enter them immediately into a computer. In contrast, up until the present time, Martin Walser has written his works by hand, and no doubt he will continue to do so in the future as well. I can imagine that the students of West Virginia University who see Walser's works on the shelves of their campus library would be amazed to learn that all of them were written by hand. Perhaps a student might react like that Canadian lady who had arrived via tourist bus in front of the Louvre in Paris and, when the guide explained that ten thousands of works of art were on display in this museum—among them the famous Mona Lisa—asked with a sigh, "And all are painted by hand?"

I shall betray a second secret along with this one. Martin Walser would never expect his publisher or his printer to deal with a handwritten manuscript; therefore it has to be typed. This task has been performed for some thirty years now by his wife, Käthe Walser. This then is my second secret: without Käthe Walser there wouldn't be any Martin Walser. And this is not only on account of her role in transforming handwriting into typescript.

When I first met Walser thirty-seven years ago, he was unmarried. By the time I visited him in Korb in the Swabian Remstal in connection with the publication of his first book, he was married and had *one* daughter. On my visit to him in Friedrichshafen on Lake Constance in connection with his *second* book he had a second daughter; there followed a third book and a third daughter, and finally a fourth daughter. At some point, of course, he had to give up this parallel production of daughters and books, for today Suhrkamp lists a total of forty-three titles by Martin Walser in its catalogue! Four daughters, each one prettier than the other, was quite a thing at a time when women were supposedly mere reflections of the male image of the female. Once when Käthe Walser went shopping with two of her daughters at a Swabian butcher shop, the butcher asked her if she also had any sons. Frau Walser was obliged to answer in the negative and mentioned the existence of two additional daughters at home. Upon learning of four female offspring, the butcher said to her, "Well, at least they're healthy."

The publisher's relationship to authors is a difficult one. Is friendship possible? Franz Horn's mystique of society gives one answer to this question: "Among persons who, in a juridical, commercial, or narcissistic sense are interdependent, no friendship is possible" (*BL* 91–92). So we often were in the famous double-bind situation. Listen to what Martin Walser wrote as an inscription to me in a copy of his second book, *Marriages in Philippsburg*: "Dear Siegfried: No one has displayed as much tact as you have with this book. You never praised it so much that I had to feel bound to it. You never criticized it so much that I was forced to defend it excessively."

The most important question in relationship with authors—especially when they are friends—is how the parties involved deal with disagreements. During the last decade, I have been having an ongoing disagreement with Martin Walser; he, as author, believes himself to be dependent on the market; I know that he isn't—and as his publisher, who is familiar with his accounts, I know what I am talking about. His rank and fame as a writer and the resulting sales of his books make him independent of market conditions. Since Martin Walser was convinced of this dependence, however, he preached to his daughters about the advantages of secure professions in the social services, such as teacher, physician, social worker, and so on. Certainly not because his daughters wanted to prove me right about independence from the marketplace but perhaps because they were impressed after all by their father's free-lance status, they did *not* choose especially secure professions: the first one is an actress, the second a writer, the third is in the United States studying to become a painter and graphic artist, and the fourth is training with iron self-discipline at the age of sixteen so that one day she can sing at the Met.

By the way, since the word "disagreement" crept into my discussion of the topic, "the author as friend," it occurs to me that we used to settle our differences of opinion in long nocturnal discussions that at times were quite heated. Later came periods in which we were simply silent about our disagreements. We sometimes kept silent for years. During the last decade we have found other apt methods for dealing with our differences: we play chess together, and he always takes the white pieces, leaving the color black to me and thus the role of the one who always has to make the second move. Or we play tennis, where he is always clearly superior to me but where I—when it comes to the actual points—usually win the match. Of course, Martin Walser is in relation to me in a privileged position. Sometimes I can see deficiencies of my character appear in the character of Walser's figures; and I have to be careful not to call him too early on New Year's Eve.

By losing in tennis, Martin Walser is identifying with the situation of his characters, for, so he—the expert in the loser-role—instructs us, there are always more losers than winners in life, or, as he puts it in his novel *The Swan Villa*: "Gottlieb suddenly saw the whole world before him; a system in which everyone demands too much from the next person because someone else in turn is demanding too much from him" (*SH* 144).

A Second View of "My Walser": The Rise to Fame:

We first met at the University of Tübingen in the winter semester of 1948/49 in seminars given by the literary scholar Friedrich Beissner, who dedicated his life and work primarily to the poet Friedrich Hölderlin. Beissner represented an exception among his fellow professors, for he permitted his students to write their dissertations on *modern* topics. Accordingly, Walser wrote about Franz Kafka, who had died a mere thirty years earlier, and I about Hermann Hesse, who was still living at the time. The two of us did not seek out these topics; they sought *us* out. And it is naturally no accident that it was Kafka who sought out Walser and Hesse who sought out me.

It later turned out that our past histories revealed some common features: both of us had experienced the Nazi years, and I, two and a half years older, had also experienced three years of the war in the military. After the war we returned to high school to earn our diplomas four years behind schedule. Neither of us had the special qualifications which would have permitted us to be among the few students admitted in those days to our local University of Tübingen. When we finally *were* admitted, neither of us had the money to finance our studies, and thus we became what is called "Werkstudent." That is, we both had jobs in order to earn money for our university fees: Martin Walser as a radio reporter in Stuttgart, I as an employee of a Tübingen publisher. Things were not especially easy for us.

We had less time than other students; we went to fewer and fewer lectures and concentrated on writing papers (Walser on Kafka, I on Hesse) for those seminars in which we needed to have grades on our records in order to fulfill the requirements for the doctor's degree. We just more or less managed to squeeze by in our studies. Martin Walser disappeared from the university for a while, and when he turned up again he was surrounded by the aura of a successful reporter. He liked his job as a reporter, but he also fell prey a little to the attractiveness of earning money. Looking back, he wrote: "It was a bit crazy, for I wanted to earn money in order to study, but then I earned money for the sake of earning money."[2] What a long way in forty years to *Meßmer's Thoughts*: "Money produces a dimension of terror in which nothing occurs except money itself" (*MG* 19).

When I said that we met in Beissner's seminar, what I really meant was: I saw him, I listened to him, but we probably never spoke to each other. I learned from Walter Jens, then an instructor in Tübingen, that Walser was a writer and had given him a manuscript with a title typical for a beginning author, "Diffident Descriptions." Jens sent it to his publisher Rowohlt, in Hamburg, who rejected it. Walser's experience of Tübingen was definitely different from mine; for me the university became a spiritual home where I devoted myself passionately to reading Hermann Hesse and where I believed I could actually feel in my body the way my mind was stretching its intellectual horizons. For Walser, Tübingen was a "place of anxiety." He reports that he had anything *but* carefree student days and that he was "quite oppressed by anxiety." Faced with successful academic types, he perceived his own "worthlessness" and "lack of identity."[3] He had difficulty in getting to know people and in communicating with them. He wanted to write, to become an author, but didn't have the courage to confess to his mother that he had given up his studies at the university; he was afraid she would apply the terrible word "drop-out" to him.

Thanks to a combination of anxiety and defiance, he did finally succeed in getting his doctor's degree. And now the first works of the author were written. One of them, perhaps the first to be published, appeared in 1949 under the title: "A Minor Confusion: A Grotesque." A grotesque it was, but it was also the sign of a major confusion. Listen to the way his state of mind while at Tübingen is reflected in a few lines:

> Urleus had not yet been in the city very long. He didn't get on at all with the city either. He himself didn't notice this, however. He was even proud of the way he crossed the main traffic intersection in the center of the city in exact accordance with the policeman's signals. The policeman always

saw then how seriously Urleus was about crossing the street and smiled. This made Urleus happy. Therefore, he preferred to go across at the spot where the policeman stood.[4]

We can already detect here the influence of Franz Kafka, which grew even stronger in the stories to follow. When Peter Suhrkamp read a story of Walser's for the first time, "The Instrument," he wrote to the author, "In the work before me the manner of Kafka, as you conceive him, is still too predominant." Two years passed; Walser's short stories became well known, bringing him, in 1955, the Group 47 Prize and his connection with Suhrkamp. His rise to fame had begun. We at Suhrkamp were fortunate, because on the same day Walser received our acceptance, the mail brought a positive response from another publisher, Luchterhand. Walser wrote to Suhrkamp (on June 20, 1955): "... to my misfortune, two acceptances! The admixture of a measure of bitterness on such an otherwise good day is probably unavoidable on this earth. I am nevertheless delighted at your decision. I sweat blood over the letter to Luchterhand. A bit of consolation was my memory of the many letters with which Dr. Unseld frequently bandaged my unsteady hand."

Peter Suhrkamp, in his response, expressed the hope "that this beginning of a common effort will, above all, mark for you the beginning of a fruitful literary career."

"The Airplane over the House"

When his first book was then published on September 19, 1955, Walser wrote to Suhrkamp praising "the triumph of its outer appearance" and to me: "The minute my wife saw the lettering on the jacket, she said, 'You can see the airplane over the house.' ... I had to be careful when I looked at this book not to become too solemn, not to make promises for the future that I can't keep."

A Third View of "My Walser": The United States and Homesickness for the Future:

If I were the President of the United States, I would appoint Martin Walser as my country's ambassador to Bonn, for no one in Germany sings the praises of your country as a thorough-going democracy as much as he does. (I know only one other German intellectual who is almost equal here: the philosopher and sociologist Jürgen Habermas, who once euphorically declared to me in Austin, Texas that American democracy was primarily expressed in the fact that one-, five-, ten-, and one-hundred-dollar bills over here are all the same size!) Under the title, "An Attempt to Understand a Feeling," Walser wrote a prose hymn to America in 1976 which begins as follows:

> Who will explain to me my homesickness for America? What must the tones be like that will stretch from here to Texas and last as long as the fair skies do there? Where to put the graceful oaks, the cedars, countless in number, that have taken root in my head? What to do with the immortal sentences spoken in the supermarket that still betray the Southern rounding of the lips from which they issued? Why does the service station stick with me as if it were by Michelangelo?[5]

The service station as if it were by Michelangelo! Walser's trips to the United States are becoming more frequent and his stays longer; they serve the purpose, as he describes it, of "recuperation." His journeys to these shores are "journeys solely to a life style." Here in the United States he is far removed from that European "undertakers' culture," whose representatives he sees in Adenauer, de Gaulle, and Samuel Beckett. Is Walser employing a double standard here? We Europeans are supposed to suffer from problems of communication and identity, whereas things in America are different: after people have gotten to know one another better here, they want to be independent of their fellow men—realization of the American dream, independence! His children, for example, had a better time of it in the American schools than in the German ones. "In America," Walser reports, "they were treated more like human beings and not like little defective machines that are brought to the teacher." In Germany the automobile is one of the much-discussed causes for the famous "Waldsterben," for the pollution of the environment. In the United States it's different. Here cars are driven at slower speeds and with catalytic converters. "These designers of cars," writes Walser, "apparently don't just want to make cars that run. Cool dreams the color of glaciers are meant to move along on white tires, with sharp front ends and wide radiator grilles, as unstreamlined as possible, roaring loudly. Dark-red cubist shapes of metal, hair-raising elegance, insane battleship phantasies. Every car designed in America dreams of being a Rolls Royce. A hulking elegance, that's the aim. Five-liter motors, gigantic gas guzzlers, 300 horsepower—in a country on all of whose streets and highways you can't drive more than fifty-five miles an hour."[6]

In spite of all the harshness of American capitalism he finds American society "more permeable," and power doesn't take that form for him over here that it has with us; it doesn't demand that other people tip their hats to it. But—problems of form aside—who is more powerful than the American president, who by pressing a button can launch a nuclear war and thus bring about world-wide catastrophe?—something which to our good fortune no German president is able to do. "Have it all now": this is a principle Walser would not accept for Europeans. Yet I'll never forget how he uses that motto to introduce his description of an "American, thus content-laden form," a brunch at the Nassau Inn in Princeton, New Jersey: "You can't begin to count all the things you can heap onto your plate from the splendid overladen buffet in the Yankee Doodle Tap Room. It's a regular torture to have to pass by twenty kinds of salad and ten kinds of meat and six kinds of fish, all the steaming and gleaming dishes of sauce and bowls of vegetables, just because you can only heap on, take along, and eat such a ridiculously small amount. All of that together costs twelve dollars. Even for me, who converts everything into German marks, that is still under the pain threshold."[7]

In Germany, Walser never tires of stating that he himself never had that Father in Whose house there are many mansions and before Whom all men are equal, nor does he tire of noting that "he has never encountered one person who believes in God." To be sure, he doesn't find this transcendental God in America either, yet he does believe that in the United States God "is a partner everyone can take into his business.... There, religion is the most golden among the many credit cards."[8]

Here I shall skip over his ever-recurring praise of West Virginia, that "paradise of trees": "What the gorges don't swallow the trees conceal with their foliage.... In autumn, when the leaves fall here, whole sections of the city drown in foliage. It's the most beautiful catastrophe one can experience: the leaves just keep streaming down.... In West Virginia the houses large and small sit on the manicured meadows of the built-up hillsides as if cared for by the trees, which are a governing force. Maple and hickory are mightier there than Rockefeller. Hopefully more lasting too."[9]

Walser's homesickness for America is no doubt his way of experiencing homesickness for the future.

Fourth (and Final) View of "My Walser"—"When I put on my cap, I am":

It's no easy task to characterize Martin Walser the writer, the author of novels, the dramatist, the essayist and—not to be overlooked—the public speaker and the brilliant public reader of his own works, without merely repeating the universally familiar stereotypes once again. I could try to make it easy for myself by picking out from innumerable descriptions the one penned by a German critic who attributes to Walser the merit of having restored German literature to a position of world prominence. I certainly won't quarrel with this view, but merely want to add to it my own attempt to describe the works of *"my* Walser": I see the motive force behind these works to be his ironic style.—And what about the engagé social critic, you will ask, the dramatist struggling against oblivion, the great storyteller, what about the masterful essayist, the almost classical writer of fiction? Martin Walser, I would like to suggest, is all these things *because* of his ironic style. His ironic style is typified by the way he describes characters who suffer from society, who are almost destroyed by it—and yet don't criticize it; on the contrary, they accept it, even if they lose their identity as a result. The fact that Hans Beumann, Anselm Kristlein, Franz Horn, and other Walser figures affirm the status quo, playing their own music to it, even as their life lies in ruins, is an example of their author's irony. So that the reader can recognize and follow this irony, Walser depicts the inner life of his antiheroes in great detail; for this reason, he carefully traces their every emotion and makes his characters into almost compulsive talkers. And the more they talk, the clearer—this the power of his style—his criticism becomes, for the ironic style "probably strips more justification from social conditions than any type of direct criticism. Up till now, I believe, no form of domination has ever survived the irony that it has provoked" (*SI* 196). It is this irony that makes Martin Walser the great successor *and* continuator of Franz Kafka and Robert Walser. One could make more specific the comment of the critic already quoted by saying that it is for this reason that Martin Walser has helped restore German literature to a position of world prominence. But Walser the author must not be allowed to disappear behind this accolade, for as he himself has stated: "The self-awareness of authors of the ironic style is apparently dominated by what they have to suffer under. Their irony thus stems directly from the overwhelming experience of the imperfection they try to affirm" (ibid. 195).

If I am correct, Walser—by no means an ironist but rather a master of the ironic style—has become a great realist not least of all because of his American experiences. His recent books demonstrate a new realistic foundation. "When I put on my cap," thinks Meßmer, "I am" (*MG* 106). In his work, *Experiences and Reading Experiences*, he formulates it this way: "The plot based on realistic observation doesn't let itself be imposed upon by reality; rather, it imposes upon reality its own view of what reality is. It plays with reality until the latter confesses: that's what I am" (*EL* 92). This search for the actual, for reality, for truth is what distinguishes the writer Martin Walser. He has carried on this search, and still does so, with enormous force. A final quote testifying to this comes from a letter he wrote to me thirty years ago. (By the way, not only Marbach keeps its archives in the basement; our publishing house as well has a "subterranean heaven"—thus Walser on Marbach—and this heaven is also "subversive." Suhrkamp possesses in its archives the priceless treasure of many marvelous, mostly handwritten letters from Martin Walser, and I am guarding this treasure as Fafnir did the hoard of the Nibelungs, and I am not going to let myself be slain by any Siegfried!) In a letter of October 29, 1955, Walser wrote: "Even if everything . . . rebels and is recalcitrant, there is *in* us a force that affirms the actual, the usual, that is in league with the everyday, the traditional, and against this force, impossible to locate specifically . . . no inner revolution has even the slightest chance of success." Let us readers likewise place our confidence in this inner force.

Now, others have spoken about *their* Martin Walser, I about *mine*. About this author as a friend.

Notes

1 "Was ist ein Klassiker?" *Warum Klassiker? Ein Almanach zur Eröffnung der Bibliothek deutscher Klassiker*, ed. Gottfried Honnefelder (Frankfurt/M.: Deutscher Klassiker Verlag, 1985) 3-10.

2 *Genius loci: Gespräche über Literatur und Tübingen*, ed. Peter Roos (Pfullingen: Neske, 1978) 66-93.

3 *Genius loci* 83.

4 "Kleine Verwirrung: Eine Groteske," *Frankfurter Rundschau* 29 Sept. 1949.

5 "Versuch, ein Gefühl zu verstehen," *Dimension: Contemporary German Arts and Letters* 9.2 (1976): 250; reprinted in Martin Walser, *Versuch, ein Gefühl zu verstehen, und andere Versuche* (Stuttgart: Reclam, 1982) 59.

6 "An jeder Ecke wartet ein neuer Freund. Blätter aus einem Notizbuch: Ein deutscher Schriftsteller reist durch Amerika (II)," *Rheinischer Merkur/Christ und Welt* 8 June 1984.

7 "Supermann und Superfrau sitzen im Büro. Blätter aus einem Notizbuch: Ein deutscher Schriftsteller reist durch Amerika (Schluß)," ibid. 15 June 1984.

8 Ibid.

9 Ibid. 8 June 1984.

Between Utopia and Resignation: *Das Sauspiel**

Steven D. Martinson

GEORG HENSEL HAS charted a path from revolution to resignation and the preoccupation with private aesthetics in theatrical performances of the 1970s in the Federal Republic of Germany.[1] This development in the theater has an even wider basis in West German culture as evidenced, for instance, by the direction which the critical theory of the Frankfurt School has taken. Whereas the social theory of Horkheimer and Adorno began as an "enlightened revolutionary praxis," it has resulted in the resignation of "political abstinence."[2] What remains of its original revolutionary thrust is the accusatory power of criticism which indicts all unreason and needless suffering. It is this shared path in the dramatic practice and critical thought of West German intellectuals which Martin Walser both criticizes and shares in *Das Sauspiel* (1975).

The "Stimmung . . . nach einer niedergeschlagenen Revolution" (*SM* 159) which Walser attempts to capture in his drama is characterized by radical dissension and counterrevolutionary activity. The opposition forces are not the military troops of the establishment, as one would expect, but intellectuals such as Dürer, Melanchthon, and Sachs, who have resigned themselves to the reformation and the unsuccessful attempt at revolution. Out of a sense of self-preservation, they now supply the theoretical justification for the maintenance of the status quo—as had Martin Luther.

Yet, *Sauspiel* is not only a glaring and disturbing theatrical study of post-revolutionary complacency and complicity. It testifies as well to the

---

*A version of this essay appeared in Steven D. Martinson's *Between Luther and Münzer: The Peasant Revolt in German Drama and Thought* (Heidelberg: Carl Winter, 1987).

undying perseverance of radical forces of change. It is hardly coincidental, then, that fictional characters like Wolfgang Vogel and Markus should mouth the words of Thomas Münzer.

In point of fact, the tension between conservative and radical intellectuals in *Sauspiel* is one of the most challenging examples of the creative recurrence of the intellectual battle between Martin Luther and Thomas Münzer in twentieth-century German literature. The historical antagonism between Luther and Münzer is a major intellectual model in dramatic representations of the Peasant Revolt and the events surrounding it by German dramatists from Goethe to Martin Walser.[3] Like Ernst Bloch and others before him, Walser has transformed the Luther-Münzer paradigm into a sign either of the advancement or retardation of historical progress.[4] Although the political revolution has been crushed, the intellectual battle is still being waged. Because Münzer was against those "die, / ein Bild ans andere fügend, Geschichte / festhalten, und, immerzu nach hinten / schauend, weitergehen" (*SM* 12), Walser would seem to be on the side of the progressive forces of history, i.e., on the side of the radical intellectuals.[5] In other words, Münzer—yes, Luther—no.

As I argue here, however, it is the very vacillation between utopia (revolution) and resignation (maintenance of the status quo) which makes Walser's *Sauspiel* such a controversial and commanding work.

Few scholars have recognized the complexity of Walser's drama as an indication of the author's uncertainty concerning his own position. Frank Trommler has suggested that the character Jörg Graf best represents this condition of uncertainty. "In seinem Schwanken zwischen den Abhängigkeiten trägt Graf die Sympathien des Autors, und es wird zum Zeichen äußerster Selbstqual und Selbstdistanzierung, wenn Walser vorführt, wie sich Graf beim Sauspiel, als er allzu gezielt auf den Konkurrenten Georg Grünwalder eindrischt, verrät, worauf ihn die Gesellschaft wirklich blendet."[6] Graf's split allegiance to the patricians and the Anabaptists in the play supports this interpretation. Even the author seemed to favor such an understanding when he referred to his central protagonist as wavering "zwischen den Fronten."[7] However, the issue is still more problematic. For Graf is a negative hero.[8] This being the case, the dramatist must ultimately condemn the actions of his central character. In fact, this is precisely what he did in his interview with *Theater Heute*: "Dieses Taktieren [Graf's] führt zu seinem Untergang, zu seiner Blendung. Der sich blind gestellt hat, wird blind gemacht" (16.9 [1975]: 30). Graf's attempt to play both sides against the middle evidences a lack of moral integrity leading to self-destruction (in this case, blindness).

Hence, the criticism of middle-class society and the actions or nonactions of West German intellectuals in Walser's play is far more sophisticated than any clear-cut interpretation of the author's position. For the seemingly masochistic act of an intellectual writing about intellectuals—"Die große Wut des Martin Walser ist also auch eine Wut über sich selber"[9]—actually discloses the writer's acceptance of self-criticism as a necessary means in the pursuit of truth. The infusion of such self-criticism into one's work constitutes an act of enlightenment which not only challenges the external conditions of reality but the internal, subjective realm as well. Herein lies the true substance of criticism itself.

As a prominent member of the West German intelligentsia, Walser must incriminate himself while indicting middle-class society. He must include himself in Jörg Graf's criticism in "Das Lied von der Unruhe," a central verse of which reads: "jeder will's heut nur noch bequem" (10). As the sale of Dürer-*Bilder* for profit and the marketable success of such works as *Unterweisung der Messung* and the *Befestigungslehre* suggest, the artist, especially the free-lance writer, is dependent upon the subventions and royalties he receives, no matter how critical he may be of the shortcomings of the culture industry. Like his Melanchthon, the author must find himself guilty at times of being all too scrupulous and thus powerless to act. As Walser once remarked: "Dieser Melanchthon sind wir alle, an diesem Tanz nehmen wir alle teil" (*SM* 413). Spengler, for instance, refers to Melanchthon's soul-searching speech as "eine Demonstration der Ohnmacht und Macht des Intellektuellen"[10] and, as Camerarius adds, constitutes an "Analyse der Schuld der Schuldlosen" (95). Here we have arrived at the very heart of the problem explored in *Sauspiel*. While reenacting the theoretical victory and the practical, political defeat of the New Left, the play also investigates the more general problem of complacency among intellectuals in a post-revolutionary age.

The thorny issue of guilt becomes more comprehensible when we consider the role of Albrecht Dürer. For he is the one representing all those who hold up art and beauty over political engagement. Most incriminating is the painter's silent refusal—in fact and in fiction—to assist the radicals among his master students such as Jörg Rathbeg, the designer of the rainbow-flag of the *Bundschuh*. This crippling hesitancy extends from a deep-seated anxiety. The "urkatholische Angst" which Walser attributed to Dürer in his interview with *die tat* translates into a fateful fear of political power (*SM* 412). But is not that "ur*katholische* Angst" also the author's own *Angst vor der Macht*? Here, I mean not only fear of political power but anxiety over the potential power of the intellectual. Is not his Kafka-like "Mangel-Erfahrung" (*WS* 37) the true source of Walser's probing criticism of self and society?

As a realist writer, Walser qualifies as a "critical" intellectual. As Ralf Dahrendorf once submitted, "Der kritische Intellektuelle steht am Rande seiner Gesellschaft, aber er bleibt in ihr. Angelpunkt seiner Kritik ist seine Zugehörigkeit, in der auch die Hoffnung beschlossen liegt, durch die Kritik etwas auszurichten."[11] Walser himself once suggested that standing on the periphery of society ("am Rande"), i.e., neither becoming fully integrated into nor wholly divorced from society, was the ideal vantage point of the writer-intellectual. In his essay, "Engagement als Pflichtfach für Schriftsteller" (1967), Walser perceived that this position of critical engagement fosters insight into the underlying social developments which contribute to the shaping of consciousness (*HE* 116).[12] The social function of the intellectual consists in the monitoring and filtering of received opinion—an act of enlightenment. In the manner of Dahrendorf's court jester, the intellectual maintains the critical distance necessary for responsible living:

> Die Bundesrepublik zeigt manche hoffnungsvollen Ansätze zur Entwicklung einer kritischen, unbequemen Intelligenz in der Funktion des Narren.... Wenn es den Intellektuellen gelingt, diese ihre kritische—närrische—Aufgabe wahrzunehmen, ist dies auch Symptom für den Fortschritt der deutschen Gesellschaft auf dem Weg zur Verfassung der Freiheit. (Dahrendorf 324)

Like Kafka before him Walser seems to perceive the individual as a divided self created by the environmental pressures of an alienating industrialist-capitalist society, as a being whose consciousness cannot fully comprehend the reality of which he is a part. Inherent in this *Weltanschauung* is perpetual skepticism concerning the reliability of knowledge about reality. This epistemological dilemma creates an anxious uncertainty about the world. In *Sauspiel*, the patricians are fearful of the proclamation of Judgment Day; hence their eagerness to hear a consoling word from Martin Luther. They are also fearful of the economic power of the Fuggers; hence their desire to increase productivity. Spengler isolates the external factors of this anxious condition when he exclaims, "Und wenn uns der Münzergeist nicht ruiniert, ruiniert uns der Fugger" (39). Anxiety also grips some of the prisoners, fearing, like Maier, that Münzer's fatal end will become their own. And, among the intellectuals, Dürer's fear of political power may be interpreted as an extension of a deeper-lying angst created by the uncertainty which is life itself. As in Gerhart Hauptmann's *Florian Geyer*, the characters of *Das Sauspiel* all seem to be prisoners of a paralyzing *Angst vor dem Leben*. Because they do not understand the source of their anxiety, the patricians of Sauspiel are more than delighted with the sense of security which Dürer's *Befestigungslehre* seems to promise, only to realize in the end that reinforcing the city walls means walling in one's enemies and hiding oneself from the truth outside, namely the truth of the fundamental insecurity of life. But entrenchment of this sort carries with it not only brutal intolerance of those critical of or publicly opposed to the status quo but ultimate self-destruction as well.

Given the artistic realism of his theater of consciousness (*Bewußtseinstheater*),[13] Walser conceives of the dramatis personae as "Bewußtseins-Protagonisten des Autors" (*HE* 78). As a result, the dramatic work generates a myriad of perspectives, the presence of which complicates the attainment of a clear picture of the author's position. Surely, there is no question that the dramatist is highly critical of intellectual opportunism. It is also apparent that his social conscience dictates the need for social equality and justice, not only in the theoretical-legalistic provisions of a democratic constitution but in practice, that is, in the workplace. Unmistakable is his sharp criticism of the manipulation of the Protestant work ethic by the patricians for the benefit of the few. Viewed in its totality, however, the play suggests the very lack of "EINE Lösung" (86). Just as in *Der schwarze Schwan* the author offered no solution to the question of the mastery of the past, he offers no solution in *Sauspiel* to the "Problem der Menschenführung" (146). Thus we are left with a challenging range of possible standpoints created by the dialectic vacillation between the extremes of revolution and resignation. Hence, in the final analysis, the writer seems to be caught between the lure of utopian vision and the snare of resignation to reality.[14]

In the end, however, it is blindness in triumph over the vision of a better, more egalitarian social order based on justice. Although Paracelsus's utopian thought, the utopian visions of Markus and the Starck sisters, and the utopian-revolutionary activism of Wolfgang Vogel keep alive the hope in progress and the ultimate resolution of the contradictions of history, the final climax of the play consists in a "negative Utopie."[15] Although Vogel is confident of the values of social justice and equality (i.e., of introducing the living and concrete Christ into present earthly life—as Thomas Münzer had desired), the fact remains that he, together with nine of his companions, is led to hopeless and senseless slaughter. Thus the play ends with the further entrenchment of a conservatism which seems to extinguish all hope in utopia. As Pirckheimer is led to say, "Gelähmt von der Einsicht in unsere Lage, beginnen wir eine unendliche Bautätigkeit" (147).

Since the incendiary Anabaptists remain imprisoned from beginning to bitter end, the possibility of revolutionary activism expressed in the hymnic line—"Zerbrecht das Recht, das Unrecht tut" (68)—simply cannot be and is not realized. Even Vogel is forced to accept the difficult truth that, no matter how active in the political arena, radical intellectual forces are "ohne alle Macht" (109). In this dim light, I must agree with those critics who see in *Sauspiel* a basically pessimistic work.[16] For the play ends in the suspension of sight and sound (*"Alle auf der Bühne reglos als stilles Bild. Keine Musik"*), i.e., with the suspension of drama itself. Viewed from this perspective, the end result is: Luther—yes, Münzer—no. This point is driven home most forcefully by the fact that the singing of "Ein' feste Burg ist unser Gott"— the *Lutherlied*—drowns out the death march of Vogel and his companions singing "Eine schöne Stadt wird sein"—the *Täuferlied* (123). It is this tragic-pathetic condition which unites *Das Sauspiel* with Dieter Forte's *Martin Luther und Thomas Münzer oder Die Einführung der Buchhaltung* (1970). In the final analysis, the play shows where the "triumph" of unenlightened conservatism must end, namely in the frozen zone of the perpetual reproduction of the same.[17] At this point, Walser may insist that the real aim of the piece is not to demonstrate who is in the end victorious but, rather, which force has the most positive tendency in history.[18] While I concede that it may be possible to reinforce the need for tolerance, self-criticism, and social justice without the aid of a positive hero, the inversion of traditional drama which we find here (as well as in Forte's piece) is so negative that it does not recommend itself as a viable alternative to what is. Indeed, the utopian-revolutionary *Gegenstimme* in the piece appears both fruitless and futile. To that extent, Walser's *Sauspiel* is symptomatic of the path from revolution to resignation in the West German theater of the 1970s.

In retrospect, the critics' interpretation of the author's standpoint and the empirical reality of the text itself appear contradictory. Perhaps the contradiction is resolved, however, if we appreciate the vacillation between protest and resignation, or the hope in utopian transcendence and the acceptance of reality as an indication of the writer's true position. But, if that be the case, then the author would be as harshly critical of himself as he was of his negative hero, Jörg Graf, wavering "zwischen den Fronten." Surely, all this must generate a great deal of anxiety on the part of the writer, since he appears to be caught between two irreconcilable standpoints.

In conclusion, we perceive that in the critical environment of the theater of consciousness the "I" is forced to incriminate itself while in the very act of indicting society. Therein lies Walser's trial—and the source of his prominence among writers such as Heinrich Böll and Günter Grass.

Notes

1 Georg Hensel, *Das Theater der siebziger Jahre: Kommentar, Kritik, Polemik* (Stuttgart: Deutsche Verlags-Anstalt, 1980) 336-40.

2 Zoltán Tar, *The Frankfurt School: The Critical Theories of Max Horkheimer and Theodor W. Adorno* (New York: Wiley, 1977) xv.

3 Whereas Luther's theology was grounded in the Word (*Buchstabe*), Münzer's theo-politics was based on the Spirit (*Geist*). This fundamental and irreconcilable disagreement between the reformers is drawn out repeatedly in Walser's play. The debate is re-presented chiefly by the clash of ideologies between Wolfgang Vogel and Philipp Melanchthon. In the indictment against Vogel, for instance, Pfinzing accuses the radical enthusiast of the following: "Als verordneter Seelsorger und Prediger haben Sie die Ihnen anvertrauten Pfarrkinder, statt zum Wort der Schrift, auf den Weg des Aufruhrs und des Umsturzes gewiesen" (103). And, already at the beginning of the play, Pirckheimer draws out the skepticism of the day concerning the inherent evil of the written word, noting how Thomas Münzer had spoken out against "Unkraut und Frechheit eines gedichteten Glaubens" (12). Furthermore, Vogel's song, "Eine schöne Stadt wird sein" (32, 68), is a lyrical manifestation of Thomas Münzer's *omnia sunt communia*. Finally, Paracelsus's teachings as conveyed by Rosi also intersect with the political theology of Thomas Münzer. In stark contrast, Melanchthon is forever waiting for Martin Luther's instructions.

4 E.g., Ernst Bloch, *Thomas Münzer als Theologe der Revolution* (München: K. Wolff, 1921). The perspective which I am exploring here is supported also by a few insights conveyed by the author himself. In his interview with *die tat*, for instance, Walser maintained that "Der Intellektuelle legitimiert oder bestreitet Herrschaft und jeder muß zumindest wissen, was er tut, und warum er es tut, auf welcher Seite er arbeitet. Das teilt sich natürlich nicht so auf, daß man nur legitimiert oder nur bestreitet. Aber auf jeden Fall: von Legitimieren bis Bestreiten reicht die Skala unserer Möglichkeiten" (*SM* 412).

5 E.g., Mechthild Lange: "Kein Zweifel bleibt jedoch, daß diesen Wiedertäufern und ihrer innigen Gemeinschaft die ganze Sympathie des Autors gehört" (*SM* 429-30). Even Peter Hamm, who is justifiably critical of Benjamin Henrichs and Hellmuth Karasek, states: "Er [Walser] appelliert an unsere Solidarität mit den Gejagten..." (*SM* 435).

6 Frank Trommler, "Demonstration eines Scheiterns: Zu Martin Walsers Theaterarbeit," *Basis: Jahrbuch für Deutsche Gegenwartsliteratur* 10 (1980): 140.

7 *Theater Heute* 16 (1975): 30.

8 As suggested by Walser in his interview with *die tat* (*SM* 416).

9 Benjamin Henrichs, "Nabelschau mit viel Musik" (*SM* 421).

10 The question of the limits of intellectual thought was a major topic of discussion in the late 1960s. See, for instance: *Macht und Ohnmacht der Intellektuellen*, ed. Kurt Hoffmann (Hamburg: Wegner, 1968).

11 Ralf Dahrendorf, *Gesellschaft und Demokratie in Deutschland* (München: Piper, 1965) 318.

12 Admittedly, the tone here proceeds from Walser's disillusionment over the ineffectiveness of political protest. In "Über die Neueste Stimmung im Westen," the author advanced the idea that "Unsere Angepaßtheit, unsere Abhängigkeit und die Funktion, die wir erfüllen, sollten reflektiert als Bewußtsein in unseren Produkten auftreten, sonst sind unsere Produkte blind und nur geeignet, andere in Blindheit zu erhalten" (*WL* 31–32).

13 As gleaned from his seminal essay, "Imitation oder Realismus" (*EL*, esp. pp. 66 and 71).

14 This is so, perhaps, because Walser accepts the troublesome fact of the periodic power and all-too-frequent impotence of the intellectual and writer.

15 Walser employs the term in his interview with *die tat* (*SM* 415).
    I am reminded of Karl Mannheim's insight that the absolute presence of the utopian idea of establishing God's kingdom on earth (Münzer) creates a *Gegenutopie* which encourages resignation: "Das utopische Bild erweckte das Gegenbild, der chiliastische Optimismus der Revolutionäre gebar letzten Endes das konservative Resignationserlebnis und verlieh dem politischen Realismus später endgültige Gestalt" (*Ideologie und Utopie* [Bonn: F. Cohen, 1929] 193).

16 E.g., Klaus L. Berghahn, "Die Geschichte des Deutschen Bauernkriegs—dramatisiert," *Geschichte im Gegenwartsdrama*, ed. Reinhold Grimm and Jost Hermand (Stuttgart: Kohlhammer, 1976) 93. Also, the overtones of hope which Walser detects in the songs when considered within the total context of the play are unconvincing, as Benjamin Henrichs has observed (*SM* 423).

17 In Karl Mannheim's sociology of knowlege, utopian vision is a necessary driving force of history without which the world would simply reproduce itself. In *Sauspiel*, however, this direction is not underscored.

18 "Die Tendenz ist nicht, wer als Schlächter übrig bleibt auf der Bühne, ist Sieger, sondern wessen Tendenz durch das Stück als die positive Tendenz der Geschichte zum Vorschein gebracht wird" (*SM* 416).

Cultural History on Stage: *In Goethes Hand*

Gerald A. Fetz

THE GERMAN HISTORY play, once proud queen of the nineteenth century dramatic forms, was pronounced quite recently to be a rather moribund genre.[1] In light of the numerous, highly-acclaimed history plays in the postwar period, however, such a claim would now seem quite absurd.[2] Historical subject matter, in fact, has attracted most of the major German-language dramatists since World War II, and their plays, in all their diversity of form, content, and approaches to history, reflect an obvious revitalization of the genre. Whereas the major historical dramas of the nineteenth century focused on great men, usually those involved in what Edward Gibbon termed "wars and public administration," the more recent history plays clearly reflect attitudes which are critical of this history-from-above approach and reflect the expanded range of inquiry found in contemporary historical research and writing. They take up the topics and concerns not only of the traditionally studied and dramatized political realms, but those of *Zeitgeschichte*, and of social, economic, and cultural history as well.

The dramas of this last category—such as Peter Weiss's *Hölderlin*, Tankred Dorst's *Toller*, or Peter Hacks's *Gespräch im Hause Stein* ...—have successfully laid claim to cultural history as a legitimate topic for the theater and they have consistently offered new, provocative, and not infrequently controversial interpretations of cultural history and its relationship to the present.[3] Walser's play from 1982, *In Goethes Hand*, provides us with just such a provocative treatment of cultural history.

In spite of the title and the year in which it was written, *In Goethes Hand* was hardly intended to be a celebration of Goethe. For anyone familiar with Walser's earlier statements about him, it will be no surprise that the portrayal is critical and at odds with the traditional *Goethebild*. In his 1967 essay, "Ein weiterer Tagtraum vom Theater," for instance, he wrote: "Die sentimentale und sozusagen atavistische Regression Goethes, diese Flucht aus der beginnenden bürgerlichen Geschichte nach Weimar und ins eingebildete Griechenland, hatte traurige Folgen" (*HE* 71). Yet, this is not primarily a play about Goethe; it is a play about these "traurige Folgen." The central character, in fact, is Eckermann, and the events, situations, and characters are viewed more from his vantage point than any other, even though Walser clearly does not affirm Eckermann's perspective.

In both prose works and plays Walser has usually focused on the unexceptional rather than the great characters. His antiheroes are generally struggling, somewhat neurotic individuals with lower middle-class sensibilities, occasionally situated in the shadows of the limelight of others, incapable of generating much light themselves. One senses that it is such characters with whom Walser most closely, although ambivalently, identifies. But he clearly views neither them nor himself uncritically.[4]

Walser's previous literary journeys into the German past have generally focused on the postwar period. Even where he does reach farther into the past, such as in *Das Sauspiel* or here, it is evident that Walser's historical interest goes well beyond history for history's sake. The relevance of history for Walser lies in the impact and influence it has on today, in the insights which an analysis of past events, situations, and characters can yield for contemporary society and for himself. His interest in Eckermann, therefore, or Goethe, is anything but antiquarian. And one can see from both *Das Sauspiel* and *In Goethes Hand* that Walser wants to suggest new approaches to and pose critical questions about historical events and characters in order to challenge many traditionally held interpretations, particularly where he senses that these have served reactionary ends and perpetuated damaging patterns of behavior. Obviously, he has taken his cues from anti-bourgeois historiography.[5]

Walser's *In Goethes Hand* is an open and loosely-structured play, a fact suggested by the subtitle—*Szenen aus dem 19. Jahrhundert*—, and consists of three acts set in 1823, 1829, and 1848 respectively.[6] The first act opens with the young Eckermann visiting his already long-term fiancée, Hannchen, trying to make excuses for his absences and inaction and to explain why and how he intends to become a writer. He plans to travel to Weimar and win the support and confidence of the aging Goethe in order to advance his own career and get his work published. Three months later we find that Eckermann has spent the summer in Jena working for the absent Goethe: "Der getreue Eckermann" has been born. Goethe finally appears, on his way back to Weimar, having reluctantly left Marienbad and Ulrike. The image which Walser creates of Goethe at this point is that of a portly old man, witty, clever, lusty, and charming, but also peevish, moody, and terribly self-centered. Appearing at times almost senile, he is so forgetful that he can neither remember Eckermann nor that he had employed him. Very aware of his status as a living legend, appearing often to be more monument than human being, Goethe even asks: "Bin ich Goethe oder heiß ich nur so?" (*GH* 33). Finally realizing just how useful the young Eckermann could be to him, Goethe manipulates him in such a way that Eckermann agrees to go to Weimar and help him edit his complete works. Hannchen, we recall, is still waiting in Hannover.

In the second act, set six years later in Weimar, Hannchen pays Eckermann a surprise visit in order to issue a marriage ultimatum. Obviously, he has spent the intervening years serving Goethe, and, we discover, for virtually no compensation. Hannchen's overt and strident criticism of Goethe stands in sharp contrast to Eckermann's awe and reverence. She understands both how Eckermann is being exploited by Goethe and how dependent her fiancé has become. She challenges his naïve idealism, expressed, for instance, when he says: "Goethes Verhältnis zu mir erlaubt kein Geld. Deshalb hat er dafür gesorgt, daß ich Englisch lerne und jetzt Stunden geben kann" (59). Hannchen urges him to regain his independence—"Je länger du in seinem Papier rumwühlst, desto mehr Bände. Und von dir? Das Trauerspiel? Die Gedichte? Nichts. Bloß noch Goethegoethegoethe..." (59)—but her urgings are to no avail. Eckermann promises but cannot bring himself to discuss with Goethe either money or his desire to marry Hannchen.

The centerpiece of this second act, however, is the briefing which Eckermann gives to Goethe and Goethe's daughter-in-law, Ottilie, on what he intends to tell a group of painters who have come to Weimar to paint Goethe. Here Walser has Eckermann articulate the essence of the traditional *Goethebild*, that of the noble *Dichterfürst*, familiar to us from the ubiquitous busts or from portraits such as that by Stiegler (1828). It is precisely the "traurige Folgen" of this *Goethebild* which Walser is highlighting in his play. Eckermann shows that he is at least aware of contemporary artistic movements rejecting Goethe's and Classicism's call for such idealism, for grace and beauty and harmony in art: "Krankheit, Schmerz, Verzweiflung, die ins Wilde und Triste gehenden Tendenzen der Moderne mag Goethe nicht. Krankheit geht den Menschen nichts an. . . . Nur die Gesundheit sei remarkabel" (82). Yet, there is no doubt that he is completely unsympathetic to this challenge to idealism. He instructs the painters to remember that Goethe is aware he is history, and that his life is ". . . seit Jahr und Tag, das eines Mitarbeiters an der Geschichte" (77), and commands them to paint him as "beautiful": "Dann malt ihr ihn nicht nur, wie er gemalt werden will, sondern wie er gemalt werden muß" (ibid.). "Wer Goethe nicht schön darstellen kann," concludes Eckermann, "kann ihn nicht darstellen. Der Verzweiflungsvirtuose muß die Finger lassen von diesem Lebensmann" (83).

Goethe, now six years older than in the first act, is even more senile and forgetful, more vain and pedantic.[7] Yet, his presence as a living legend and monument is very much in evidence, even when he is not on stage. The entire Goethe entourage, including not only Eckermann, but also Goethe's drunken son August, August's wife Ottilie, and others, suffers in his huge shadow. Goethe's ego, his fame, his idiosyncracies, his sexual power and charisma have all been partially responsible for the deformations, the alcoholism, and perverse dependencies which characterize the persons who make up his intimate circle. For Eckermann, the right moment to discuss money and Hannchen with Goethe never arrives, and a disappointed and disgusted Hannchen departs from Weimar.

The third act, still set in Weimar, in Eckermann's apartment, jumps ahead to the revolutionary year 1848. Eckermann, sickly and far older than his years, has obviously continued to serve his master, even throughout the sixteen years since Goethe's death. He, however, apparently did marry Hannchen after all, for his fourteen-year-old son, Karl, now lives with him. Hannchen has died in childbirth, we learn. Eckermann's apartment is both poorly furnished and filthy, not least of all because he has surrounded himself with all kinds of pet birds, even rodents. The picture of Eckermann now is that of a gentle, but pathetic old man, whose years of diligent service have brought him shockingly little material reward. Though the third volume of the *Gespräche* is now finished, even that has not resulted in an improvement in his financial situation.

The central moment in the act, and perhaps in the play, occurs when Eckermann receives a visit from Ferdinand Freiligrath, sent by Karl Marx to interview the author of the *Gespräche* for the *Neue Rheinische Zeitung* and to persuade Eckermann to alter his all-too-positive portrayal of Goethe. Freiligrath requests of him, "daß Sie Ihrem edlen Goethebild ein reales nachliefern" (136). Again Walser returns to the question of how Goethe (or great men, or cultural history in general, perhaps) should be depicted, nobly or realistically. But now the challenge to the standard, greater-than-life image is not merely inferred, as in the second act, but boldly and clearly articulated.

A cultural-political dialogue ensues when Freiligrath attempts to convince Eckermann that Goethe was a reactionary causing irreparable harm to Germany. In a display of apolitical naïveté, Eckermann recites a favorite Freiligrath poem: it is, not surprisingly, an early example in which sound and form are far more important than social or political content. The literary discussion is intensified when Gustchen, an acquaintance of both Eckermann and Freiligrath who has accompanied the latter to Weimar, then recites Freiligrath's revolutionary poem, "Die Toten an die Lebenden," after which Freiligrath declares: "Es geht jetzt nicht um Poesie" (124). The two extreme positions in this literary debate are now even clearer: (pure) aesthetics on the one side, political engagement on the other. To underscore Freiligrath's position vis-à-vis Goethe, Walser has him repeat several of the criticisms of Ludwig Börne, who, as is well known, often portrayed Goethe in harshly critical terms. Freiligrath cites Börne's depiction of Goethe as a "Stabilitätsnarr" (134), for instance, and asserts that "der große Dichter ist kein Vorbild für das richtige Leben und Handeln. Er gehört nicht in die Schule, sondern in den Salon" (136).

These extreme positions, however, are both undermined by an undeniable ambivalence which shows itself in both characters. Freiligrath admits that he finds Marx to be far too mechanistic, even dogmatic, in his views, and Eckermann shows that even he is capable of seeing that Goethe had exploited him, and that he had led "ein verpfuschtes Leben" (112). In the most poignant expression of this ambivalence, the dialogue is as follows:

FREILIGRATH	... ich fürchte, Sie lieben ihn, Eckermann.
ECKERMANN	Das fürcht ich auch.
FREILIGRATH	Lieber Freund, dann sind Sie verloren.
ECKERMANN	Für Sie.
	....
FREILIGRATH	Ich mag Sie nämlich.
ECKERMANN	Ich Sie auch.
FREILIGRATH	Marx würde Sie jetzt hassen.
ECKERMANN	Bitte.
FREILIGRATH	Eckermann, ich beneide Sie.
ECKERMANN	Ich Sie auch. (143)

In the scene following Freiligrath's departure, Eckermann has a dream in which he sees Goethe and attempts to get the master's praise for a poem he has written, "Dem Andenken des Unvergeßlichen." Goethe, however, can only respond by talking about himself, refusing to acknowledge

Eckermann's creativity, and Eckermann consequently turns his attention from his own work back to Goethe, echoing his decision of twenty-five years earlier. In a very humorous scene, of which there are many in the play, Eckermann then asks Goethe to deny the truth of the rumor that he is dead. Assuming an immortal and monumental pose, Goethe replies: "Tot, Doktor, ich?! Würde das zu mir passen, gestorben zu sein?" (147). In many ways, of course, he is absolutely correct.

Finally, but significantly only in a dream, Eckermann vents anger and frustration after Goethe accuses him of being an opportunist who had flattered his way into working "am größten Literaturwerk der Epoche" (147). Eckermann even admits at this point that he hated Goethe, had to hate him, but (significantly again) only at night: ". . . am Tag . . . bring ich den Haß nicht mehr zusammen, ich schaff ihn nicht mehr" (149). In contrast to his earlier accusations about Eckermann's "opportunism," Goethe does manage to praise Eckermann's diligence over the years. Then, with a final "Na ja. Mal sehen. Nicht wahr!" (151), Goethe slips into a pair of waiting angel wings and floats off. In the background of this scene one observes an ironic parallel: Hannchen has been trying to gain Eckermann's attention throughout the dream sequence, but he fails to acknowledge her, just as Goethe basically failed to acknowledge him.

Eckermann awakes from his dream in a frightened state: "Oh nein, nein. Nicht. Entschuldigung, Exzellenz! Ich will das nicht. Das ist die Nacht, Exzellenz, die Niedertracht des Dunkels, der Wahnsinn . . . Ich Goethe hassen, ja was denn noch! . . . Warum nicht gleich die Sonne, das Licht, das Leben . . . oder Gott!!" (153). Eckermann obviously cannot cope with his ambivalent feelings about Goethe, and it is clear that he can view neither Goethe nor himself realistically, at least while awake.

Before the play ends, Eckermann receives one more visitor: Ottilie. She displays little sympathy for Eckermann's plight, and spends most of the visit lamenting the unfaithfulness of her English lovers, worrying that the government is offering her too little for the Goethehaus, and complaining that her sons, Goethe's grandsons and heirs, have not yet been raised to the status of nobility. The purpose of this closing scene is to illustrate emphatically one more time to what extent Goethe's legacy, shown here in very personal and concrete terms but obviously with symbolic implications, has allowed itself to be trivialized and distorted, perverted by petty aristocratic desires, and put into the service of reactionary ends. In spite of his earlier, nocturnal expressions of criticism, Eckermann ultimately acquiesces to and accepts these distortions as well as his part in perpetuating them. As the curtain prepares to fall, one hears:

ECKERMANN   Küss die Hand, gnädige Frau.
OTTILIE   Danke, Doktorchen.
ECKERMANN   Gern geschehen, gnädige Frau.   (170)

Walser attempted a great deal in this long and complex play, yet he certainly had no intention of writing either great drama or a conventional tragedy.[8] This play gives us no reason to think that he has altered his views in this regard since 1962 when he wrote: "Die Konflikte, die das Drama fundierten, die es hervorbrachten, sind heute keine mehr." And in the same essay he states: "Gute Theaterstücke würden genügen" (*EL* 60). *In Goethes Hand* is precisely that: "ein gutes Theaterstück," a play which is instructive, which makes a critical approach to literary and cultural history come alive through a text which is stageworthy and also compelling to read.

The reviews and critical responses to the play, in both its book form and in its first two performances in Vienna and Bonn, were mixed, a fate which has characterized the reception of virtually all of Walser's plays.[9] Some critics, betraying a clear but somewhat surprising Aristotelian bias (surprising after Brecht and Beckett), found the play too loosely structured. Others felt it maintained its power only as long as Goethe was on stage. But for our discussion, it is perhaps most noteworthy that an occasional reviewer took offense at what was perceived to be an unfairly hostile portrayal of Goethe, while others sensed that Walser weakened the play by succumbing to Goethe's charms himself and was therefore unable to sustain a consistently unfavorable portrayal. That failure, they claimed, meant that Walser was not able to make Eckermann into a "genuine tragic" figure[10] (which, of course, was never his intention).

Other commentators were not the least disturbed by the lack of Aristotelian unity or traditional dramatic development and found *In Goethes Hand* to be, as Rolf Hochhuth expressed it, "ein spannendes und tief bewegtes Stück...."[11] The play's strengths most frequently cited include its general faithfulness to historic facts (challenged in only a very few instances),[12] the insights which Walser shows into the complexity and ambiguities of Eckermann's relationship to both Goethe and Hannchen, the power of the dialogue between Eckermann and Freiligrath, and the significance of Walser's critique of the traditional *Goethebild*.[13]

Setting the feuilleton reception aside, we might do well at this point to ask what Walser's intentions were in writing the play. In a phrase which perhaps unwittingly anticipated this play, he declared in 1964: "Das Theater findet statt für Zeitgenossen. Auch wenn Goethe gespielt wird" (*EL* 66). Goethe, it seems, is played here for us, Walser's contemporaries; and what interests us? "Ich gehe immer noch davon aus, daß der Zeitgenosse, der abends ins Theater kommt, an sich selber am meisten interessiert ist" (*EL* 83). It has also been suggested that Walser, in his writing, is also interested in himself. As Klaus Siblewski has observed: "Schreiben bedeutet für ihn zunächst Auseinandersetzung mit dem eigenen Selbst. . . ."[14] And in the recent interview with Anton Kaes, Walser explained why his main characters are inevitably of the antihero variety: "Mit diesen Figuren antworte ich auf das, was mir passiert, so, daß ich das, was passiert ist, erträglicher finde als vor dem Schreiben."[15] Walser's own self-doubts and perceived weaknesses, although not identical and certainly not as extreme, are reflected and clearly worked over in the self-doubts and weaknesses of his characters: Anselm Kristlein, Helmut Halm, Jörg Graf, Eckermann, even Freiligrath. And we, his contemporaries, can identify and empathize far more readily with these characters than with an idealized Goethe, unless we are caught in visions of grandeur. Walser, we will remember, is hardly an idealist.

The fact that he writes for contemporaries does not mean that he is not interested in history; on the contrary, he writes history for contemporaries. His is neither history for history's sake, nor history viewed from the great man perspective. It is history viewed from below, from the vantage point of a critical realism. Concerning his "Realismus X," Walser asserted: ". . . auch dem Zuschauer zeigt sich, daß die Hauptstraße unserer Entwicklung, gesäumt von für immer schönen Idealismus-Ruinen, eine Richtung hat ins immer Irdischere, Realistischere" (*EL* 84). This statement summarizes well Walser's attitude toward our history and underscores his critical interpretation of the monuments or "Idealismus-Ruinen" of that history, while still allowing that they might cast shadows on our contemporary "Hauptstraßen." Walser's historical sensibility is undeniably schooled in Marxism (and Brecht), yet it never succumbs to orthodoxy (witness Freiligrath's ambivalence) or mechanistic oversimplification. Goethe cannot be portrayed, therefore, as the epitome of evil, nor Eckermann as complete victim. Walser approaches history, cultural history in this case, as he approaches contemporary reality in his other works: dialectically. And in his history plays, he clearly implies that a dialectical relationship exists between history, or at least our interpretation of it, and the present day. He views and portrays history from the vantage point of and for those in the middle of the street, like us, who are caught in the mundane and ordinary vexations and situations of life, attempting to free ourselves, but never quite succeeding. This is the perspective of those who doubt and make mistakes and miscalculations, the perspective of Jörg Graf, who feigns blindness only to be blinded in fact, or of Eckermann, who only has insight when he sleeps.

Gerald A. Fetz / 153

One could read Walser's play as a dramatized "reception history" of Goethe. On one hand, we see Eckermann's articulation of the great man approach to Goethe and his works; on the other, we observe the unequivocal condemnation of Goethe, stated here in Freiligrath's citation of Börne. Walser leaves us, however, to seek out a more realistic and productive portrayal than that represented by either extreme. That is not to say that Walser is wishy-washy in his criticism of Goethe. He forcefully condemns Goethe's aristocratic posing in his later years, his cultivation of the lofty *Dichterfürst* image, his rather shameless exploitation of Eckermann, the negative effect he had on others close to him, his politically reactionary and anti-modernist attitudes, as well as, perhaps most importantly, the "traurige Folgen" which his legacy has had on the development of German culture. Nonetheless, Walser's criticism of Goethe, although strong, is not wholesale: he obviously finds him charismatic, rather charming frequently, and shows in a positive light Goethe's lusty rebelliousness in the face of Weimar's pre-Victorian pedantry. It is also important to note that there is expressed nowhere in the play any clear criticism of Goethe's works themselves.

We must also recall that Walser is hardly uncritical of Eckermann's responsibility for allowing himself to be exploited, as Hannchen's crucial but unheeded insights into the Goethe-Eckermann relationship make clear. *In Goethes Hand*, then, is also a play about the venerable German problem of subservience, about dependence and exploitation. Walser obviously cannot agree with Friedenthal's implication that Eckermann's sacrifices and suffering were justified in the service of higher goals.[16]

This is also a play about art: *In Goethes Hand* both treats directly as a major theme and embodies in itself the tension between idealism and realism in art and literature. The play is a clear challenge to and criticism of Goethean (or any other kind of) idealism. Even the choice of the somewhat pathetic Eckermann as the central character underscores that fact. And through such figures as Hannchen and, in most respects, Freiligrath, the play argues forcefully for a critical realism of the kind that Walser has frequently espoused in his essays, such as "Imitation oder Realismus," and it is, like his other theatrical and prose works, a notable example of his "Realismus X."

In Goethes Hand is an aesthetically intriguing, thought-provoking, and instructive cultural history play. It presents and enlivens history by challenging widely-held notions and by warning of dangerous historical patterns of behavior. It provides instruction into the nature of the tension between idealism and realism in modern art (as well as the equivalent tension in historiography). It offers insights into our own ambivalent behavior and attitudes toward cultural traditions and their representatives among the great. It shows how the private and the public, the realms of aesthetics and politics, interact and how they are dialectically entwined. The play also offers insights into the prolific and important writer, Martin Walser.

Notes

1 See for example, Friedrich Sengle, *Das historische Drama in Deutschland: Geschichte eines literarischen Mythos*, 2nd ed. (Stuttgart: Metzler, 1969).

2 History plays by such dramatists as Brecht, Zuckmayer, Dürrenmatt, Hochhuth, Kipphardt, Hochwälder, Hildesheimer, Forte, Dorst, Heiner Müller, Hacks, Weiss, Walser, and numerous others clearly establish the genre's importance in the postwar period.

3 It is interesting to note here that Weiss acknowledged his indebtedness to Walser for "wertvolle Kritik und Ratschläge während der Arbeit an diesem Stück" at the end of the original edition of *Hölderlin* (Frankfurt/M.: Suhrkamp, 1971).

4 See, for example, the recent interview, "Porträt Martin Walser: Ein Gespräch mit Anton Kaes," *GQ* 57 (1984): 434–35: "Die fiktive Figur ist eine Reaktion auf das, was ich, um nicht andauernd indiskret gegen mich selbst zu sein, meinen Mangel nenne. Die Figur ist also der Ausdruck jenes Mangels. Der Mangel gehört zur Autobiographie, die Figur ist der Versuch, damit fertig zu werden, im wahrsten Sinn des Wortes. Wenn man versucht, glaubhaft als Chauffeur oder Immobilienhändler oder Eckermann aufzutreten, muß man viel autobiographisch Negatives in der Figurenrolle ausdrücken...."

5 Perhaps the best known early model of anti-bourgeois historiography is Friedrich Engels's *Der deutsche Bauernkrieg* (1850), in which he demands that connections and analogies be made explicitly between history and contemporary society and situations. That requirement has remained a constant feature of Marxist and most other anti-bourgeois historiography.

6 The version of *In Goethes Hand* on which the comments here are made is the original Suhrkamp text published in 1982. A somewhat different theater or stage version does exist and is now available as Suhrkamp Taschenbuch.

7 Goethe, for instance, frequently cannot remember lines from his own works or even in which works the lines appear. He cannot tolerate eyeglasses on others, so Eckermann hides his when they are together. Goethe also dislikes beards, so the painters with beards must remain in the back of the room in order not to offend him, and so forth.

Gerald A. Fetz / 155

8   In spite of the fact that this was clearly not Walser's intention and is rarely expected of contemporary drama, certainly since Beckett, critics have mentioned it as a weakness of the play. See for instance, Günter Niggl, in *Arbitrium* 3 (1983): 330: "Die Chance, in einem Eckermann-Drama gerade auch die tragische Dimension des Stoffes zu gestalten und so zu einer ernsthaften Auseinandersetzung mit Goethe beizutragen, ist ungenutzt geblieben."

9   An excellent summary of the reception of Walser's plays can be found in Werner Brändle's essay, "Das Theater als Falle: Zur Rezeption der dramatischen Stücke Martin Walsers" (Sibl. 187-203).

10 See for instance, Klaus Podak, *Süddeutsche Zeitung* 20/21 Dec. 1982.

11 "Im Banne des alten Goethe," *Die Weltwoche* 25 Dec. 1982.

12 The section on Eckermann in Richard Friedenthal's book, *Goethe: Sein Leben und seine Zeit* (München: Piper, 1963) 655-61, reveals that Walser's portrayal of Eckermann has its precedents.

13 See for instance, Claudia Sandner-von Dehn, "Martin Walsers *In Goethes Hand,*" *Hessische Allgemeine* 20. Mar. 1982.

14 "Martin Walser," *Kritisches Lexikon zur deutschsprachigen Gegenwartsliteratur* (München: edition text + kritik, 1982).

15 "Porträt Martin Walser" 436.

16 Friedenthal, *Goethe*... 656.

Der Schriftsteller und die Tradition
Walser, Goethe und die Klassik

Wolfgang Wittkowski

G OETHE-JAHR 1982. Das Wiener Burgtheater bringt eine Gedenkrede von Martin Walser und vom selben Autor in Uraufführung *In Goethes Hand*. Die Rede mit dem Titel »Goethes Anziehungskraft« erschien 1983 als letzte der *Liebeserklärungen*. Dagegen hat Günter Niggl das Stück als bösartiges »Pasquill« verrissen.[1] Tatsächlich meldete sich da der reputierliche Kritiker der Klassik und des Klassikkults zu Wort. Als solcher war Walser damals schon eingegangen in die Geschichte der Klassik-Rezeption. Reclams *Erläuterungen und Dokumente* zu *Iphigenie* präsentierten ihn 1969, auf dem Höhepunkt der Studentenbewegung, als das eine, exemplarische Orakel »über das Verhältnis der Moderne zu den Klassikern«. Zitiert wird dort aus dem Vortrag »Imitation oder Realismus« (*EL* 66-93), gehalten vor dem deutschen Germanistentag 1964. Es wurde eine Art Programmschrift für die Anti-Klassik-Kampagne, die voll einsetzte um 1970. Walser blies damals zum Angriff. Es war von schwerwiegenden Folgen, daß er damals an die Germanistik das Erbe Brechts vermittelte, nämlich dessen Methode des »Historisierens«.

Was heißt und wozu dient »Historisieren«? Wie das Leben selbst, ist alle Kunst Geschichte: geworden, gemacht, vergänglich. Kunst kann daher nicht allgemeinmenschlich sein, kann keine Vorbilder liefern für »Imitation«. Älterer Kunst kommt daher nur »Gebrauchswert« zu: sie erteilt Geschichtsunterricht über das, was damals war, was uns heute bedingt, im übrigen aber vergangen ist (*EL* 69). Vergangenheit ist aktuell im Rückblick und unter Fragestellungen, die ausschließlich diktiert sind von den Interessen der aktuellen Gegenwart. Daß wir ohnehin dazu verurteilt sind, derartig aktualitätsbezogen in die Vergangenheit zu blicken, haben inzwischen Hermeneutik und Rezeptionstheorie bekräftigt. Ältere Kunst soll damit aus dem ›Museum‹ erlöst und wieder ›relevant‹ werden. So versichert man. Tatsächlich aber verbannt das historisierende Verfahren die Kunst der Vergangenheit gerade ins historische Museum; und sie will das auch. Brecht gab das außerhalb der DDR und im Gespräch nur gar zu gerne zu.[2] Führte er ältere Stücke auf, dann richtete er sie für jene Perspektive derart zu, daß das Denken der Vergangenheit so überholt erschien wie die längst überholten Stadien der technischen Entwicklung. Die sogenannte »Dialektik zwischen Historizität und Aktualität« wurde zur tautologischen Einübung der marxistischen Geschichtsdoktrin. Ein Dialog mit der Vergangenheit war das schon für ihn selbst nicht, noch weniger aber für das Publikum, das gar nicht mehr das alte Stück erlebte, sondern bereits dessen historisierend umgeschaffene Gestalt. Die Vergangenheit selbst war im Kern verschwunden, aufgesogen von der Aktualisierung. Was übrigblieb, erschien in überholter Ferne, in musealer Unverbindlichkeit.

Tatsächlich will Walser ja, wie Brecht, die klassischen Werke abschieben ins historische Museum um zu befreien von der »Einschüchterung durch Klassizität«[3] — d. h. von der Einschüchterung durch die vor allem politisch als hinderlich empfundene ethische Verbindlichkeit des ewig-überzeitlichen Allgemeinmenschlichen, das angeblich nichts zuläßt als Wiederholung, »Imitation«. »Iphigenie ein Mensch wie Du und ich« (*EL* 70).

Nun rühmte Brecht sich selbst als treuen Imitator seiner Klassiker des Marxismus. Und Walser imitiert hier Brecht. Damit erfüllt er den allgemeinmenschlichen Tatbestand der »Willensfreiheit«, den er bei gleicher Gelegenheit bestreitet, nämlich Freiheit des Willens als Freiheit der Wahl (so Schiller). Walser wählte Brecht als Wegweiser, obwohl er andere hätte wählen können. Und selbst bei Brecht war er wählerisch, praktizierte er das ebenso allgemeinmenschliche Gegenteil von Imitation: er fand, Brecht stilisierte seine Stücke und Figuren seinerseits zu einschüchternder Klassizität. Das heißt, Brecht prätendierte für sie eben jene allgemeine Gültigkeit, die er allgemein und insbesondere den Klassikern bestritt. Entsprechend versicherte er ungeniert, »Veränderung« sei schon immer nötig gewesen und werde es bleiben. Sogar die Menschlichkeit, auf die er hinarbeitete, unterschied sich inhaltlich nicht sehr von derjenigen der Klassik und des Christentums, die er doch beide kritisierte. Handelte es sich bei der Freundlichkeit zwischen Menschen etwa um Dinge, die morgen wie heute und gestern und für alle Menschen gelten bzw. gelten sollten? Dann wären auch sie überzeitlich-ewige Werte, allgemeinmenschliche Bedürfnisse und Postulate. Goethe nennt am Schluß der *Wahlverwandtschaften* einige von ihnen und weist dabei auf ihre überzeitliche Geltung wie auf die schmerzliche Vergänglichkeit ihrer zeitlichen Realisierung hin: an Belisar, wie ihn ein stehendes Bild vorübergehend festhielt, »Tapferkeit, Klugheit, Macht, Rang und Vermögen«. »Eigenschaften, die der Nation, dem Fürsten in entscheidenden Momenten unentbehrlich sind, [waren da] nicht geschätzt, vielmehr verworfen und ausgestoßen worden«. Auch mit Ottilies Tod »war etwas unschätzbar Würdiges von seiner Höhe herabgestürzt«, nur

> waren hier so viel andere stille Tugenden, von der Natur erst kurz aus ihren gehaltreichen Tiefen hervorgerufen, durch ihre gleichgültige Hand schnell wieder ausgetilgt: seltene, schöne, liebenswürdige Tugenden, deren friedliche Einwirkung die bedürftige Welt zu jeder Zeit mit wonnevollem Genügen umfängt und mit sehnsüchtiger Trauer vermißt.

Hier und bei anderen »Dostojewskistellen« Goethes (*LI* 252) geht es offenbar um Tugenden und Werte, die man in der Kunst verschiedenster Epochen wiedererkennt und als aktuell erfährt: aktuell gerade nicht, weil sie bloß historisch wären, sondern weil sie über die Zeit hinweg allgemeinmenschlich vorhanden und ›relevant‹ oder wenigstens verständlich bleiben. Ihre historische Erscheinungsform — und alles Allgemeinmenschliche erscheint natürlich *nur* historisch — präzisiert genauer, was das Allgemeinmenschliche jeweils bedeutet und muß eben, will man das verstehen, in seiner historischen Bedingtheit gesehen und notfalls erforscht werden. Historizität in diesem Sinne wäre also gerade nicht aktualitätsbezogen und -beschränkt, sondern sachbezogen, und dadurch den aktuellen Horizont erweiternd. Etwas von der Vergangenheit zu lernen, statt bloß an ihr die eigene Position zu affirmieren und wiederzukäuen: das erscheint mir eher und im genauen Gegensatz zum »Historisieren« so etwas zu ermöglichen wie eine dialogische Dialektik zwischen Historizität und Aktualität. Dabei hilft solch abstrakte Formel gar nichts; ich greife sie nur auf, um vor der Theorie des Historisierens zu warnen: vor ihrer ideologisch motivierten, künstlich-vorsätzlichen Ausschaltung nüchterner Selbstkritik und des natürlichen Willens zu objektiv historischer Erkenntnis.

Letzteres ist nur möglich auf der Grundlage eines allgemein Menschlichen. Brecht und Walser setzen es selbst auf Schritt und Tritt voraus, obwohl sie es allein den Klassikern als falschen Anspruch ankreiden. Zumal Walser praktiziert unbefangen die Imitation und deren Gegenteil, die Wahlfreiheit des Willens, obwohl er beide als unmöglich ausgibt. Und trotz seiner eigentlich doch historisch unmöglichen, anachronistischen Liebe zu

Hölderlin, der wie keiner außer Klopstock auf deutsch ›von oben‹ her dichtete, folgte Walser der Richtung Brechts zur Rehabilitierung des Stofflichen, Irdischen; über Brecht hinaus der Richtung zur Resignation auf alles außer uns, auf alles sogenannte Positive, und in der Kunst zur Imitation bloß von uns selbst — bis das fliehende Pferd, wenn man so möchte, plötzlich alle vier Hufe stemmt gegen den Abgrund, dem es zustürmt: gegen den Narzißmus und das Daumenlutschen, dem die vorangeeilten Kollegen schon so ausgiebig frönen (*LI* 233 f.).

Warum wehrt Walser sich dagegen? Polizeilich ist das doch erlaubt, und die Leute kaufen es. Soll uns etwa (in Erinnerung an Hölderlin) so etwas wie Menschenwürde — grammatisch falsch, so aber allgemein beliebt — als »unverzichtbar« gelten? Wieder wäre das etwas »Allgemeinmenschliches«! Und Walsers ständiger Rück- und Abfall von seiner Kritik an dieser Vorstellung geschah sogar schon mit jenem Aufruf zur »Richtung ins immer Irdischere, Realistischere« (*EL* 84). Damit meinte er ja die endliche Richtigstellung eines historischen Irrtums, des »Idealismus«. Unter dessen Hülle war das allgemeine Menschliche die längste Zeit verdeckt geblieben und harrte nur seiner völligen Entdeckung und Befreiung.

Das meint natürlich jeder Dichter. Und wenn die Klassik auch die hohen Möglichkeiten des Menschen vorführte, so unterschlug sie deswegen doch nicht jene niederen Bereiche der menschlichen Natur, die noch Georg Büchner, der erklärte Idealismus-Feind, an denselben Bauern »niederträchtig« schalt, für die er Revolution machen wollte. Gerade weil die Klassiker noch hinter den höchsten, schönsten Qualitäten menschlichallzumenschliche Motive argwöhnten, durchleuchteten und stilisierten sie die niedere menschliche Natur. Die klassische »Kunst des Ideals«, wie Schiller sie in der Vorrede zur *Braut von Messina* programmatisch formuliert und in der Tragödie exemplarisch vorführt, ist »Kunst des Gesetzes«, des Gesetzes im naturwissenschaftlichen Sinn; und Schiller wie Goethe waren Naturwissenschaftler, waren bei allem humanitärartistischen Engagement, bei aller Rückständigkeit ihrer naturwissenschaftlichen Kenntnisse, die Walser dem Belächeln preisgibt (*GH* 136), zugleich eingeschworen auf das überzeitliche, allgemeinmenschliche Ethos wissenschaftlicher Nüchternheit, Besonnenheit, selbstkritischer, unparteiischer Gerechtigkeit. Sieht man genauer hin, dann stimmt es schon: »Iphigenie ein Mensch wie Du und ich« — mit unseren Schwächen nämlich, und so wie wir der Überwindung, der Anstrengung bedürftig, wenn es Bewährung gilt. Aufforderung zur Imitation? Doch wohl nur, wenn *wir* imitieren *wollen*. Andernfalls bietet Kunst lediglich Wegweiser in mögliche Richtungen.

Man kann das Allgemeinmenschliche nur in seinem historischen Gewand erfassen. Walser verteidigt ungewollt also gerade das von ihm abgewiesene allgemeinmenschliche Interesse, wenn er die aktualisierende Enthistorisierung der Vergangenheit ablehnt — ob man nun ein Stück kurzschließt auf ein heute aktuelles Thema (wie es freilich das von ihm propagierte Historisieren tut), oder ob man, von Hegel bis zu Gadamer, klassische Literatur als solche außerhalb ihres historischen Kontextes und über die historische Distanz hinweg für überzeitlich-ewig, vorbildlich-normativ erklärt (*EL* 78 f.). Goethe und vor allem Schiller wiesen solche Maßstäbe, mit denen ihre Zeitgenossen rasch zur Hand waren, entschieden ab. Was Walser und viele andere da bekämpfen, ist die schulmeisterliche Popularschablone eines spießbürgerlichen Klassikkults. Ersetzt man aber dessen positives Vorzeichen einfach durch ein negatives, so zementiert man jene Tradition eines himmelblauen Idealismus, anstatt sie sach- und geschichtstreu zu korrigieren. Zugegeben, das hat heute seine Schwierigkeiten. Rezeptionstheorie und Hermeneutik leisteten in der Praxis der natürlichen Neigung Vorschub, die Klassik mit der Geschichte ihrer Rezeption zu vermengen und aus diesen Rezeptionen sich die Muster auszusuchen, die die eigenen hermeneutischen Tendenzen — und damit die Bedürfnisse und Vorurteile unserer Individualität wie unserer aktuellen Gegenwart — befriedigen und affirmieren.[4] Die Wurzeln lassen sich zurückverfolgen u. a. zu Brecht und seinem Propheten Walser.

Die deutsche Klassik wollte, wie die Spätaufklärung überhaupt, Anteilnahme der Menschen aneinander und an der ganzen Menschheit. Es ging um Selbstlosigkeit, notfalls Aufopferung, Vertrauen und Vertrauenswürdigkeit, um das Vermögen zu vergeben, sich zu versöhnen. Menschliches Gedeihen kommt letzten Endes ohne solche ›Tugenden‹ nicht aus. Der Mißbrauch der Klassik durch einen Strang ihrer Rezeptionsgeschichte berechtigt nicht dazu, solche Werte zu denunzieren als Mittel zum Aufrechterhalten bestehender Herrschaftsverhältnisse. Dahinter stecken historische Unkenntnis oder Kurzsichtigkeit, ideologische Befangenheit, außerdem das heute modische Bekenntnis zu Subjektivismus und hedonistischem Egoismus. Brecht beteiligte sich daran lebhaft und pries z. B. 1927 seine Generation dafür, daß sie angeblich »die ganze Klassik aus ihrem Gedächtnis auszutilgen« vermochte. Im selben Aufsatz sagt er der »dramatischen Literatur« der »Klassiker« einschließlich Shakespeares genau das »Unglück« nach, das umgekehrt gerade der von ihm empfohlene Umgang mit der Klassik demonstriert: es ist »der ungeheure Unterschied zwischen Intelligenz und Weisheit«.[5]

Die Klassiker und die eben genannten Werte samt jeder Art von Hochherzigkeit wurden auf dem Regietheater der siebziger Jahre und von einem Großteil der Journalisten und der Lehrer an Schulen und Universitäten, ich möchte sagen, johlend über Bord geworfen. Solange das Einzelfälle blieben, mochte man es unterhaltend finden, ›anregend‹. Mich beunruhigte — wir reden immerhin von Deutschland — die politische Umfunktionierung der Stücke. Walsers wohlmeinende, aber erstaunliche Behauptung, das Böse sei keine Sache verantwortlicher, freier Wahl, sondern bloß das Produkt historischer Zwänge, hielt die junge Generation nicht, wie er wollte, davon ab, selbstgerecht und vielfach ungerecht, nämlich ohne historisches Verständnis, über die Sünden der Väter zu Gericht zu sitzen (*EL* 73). Seine These war aber auch kaum geeignet, die Deutschen zu entwöhnen von ihrer traditionellen Bewunderung für Diktatoren und hochwohlgeborene Herrschaften. Philipp von Spanien und Elisabeth von England, Geßler und Demetrius fanden Sympathie und Anerkennung auf Kosten ihrer Gegenspieler, der Kämpfer für Anständigkeit, für individuelle und nationale Autonomie. Diese, meist Verlierer, wurden als politische Dilettanten abgetan, Wilhelm Tell und Lessings Oberst Galotti sogar — wie Brecht es in seiner Bearbeitung des *Hofmeisters* von Lenz vorgemacht hatte — denunziert als feige Untertanen, die lieber dem eigenen Fleisch und Blut Gewalt antun als ihrem Unterdrücker.

Walser bestreitet, daß der *Wallenstein* etwas zu tun habe mit dem 20. Juli; und er hat recht, wenn er sich, wie ich vermute, bezieht auf eine Inszenierung, die Wallenstein als progressiven Widerstandskämpfer glorifiziert (*EL* 72). Zugleich verdeckt er aber, was man leider ohnehin nur selten sieht: es ist nur Wallensteins diktatorische Mißachtung menschlicher Autonomie, was die Gegenpartei, das verrottete System des Kaiserreichs, zum Bollwerk und erst recht den angeblich tückischen und obrigkeitshörigen Octavio Piccolomini zum humanen Verteidiger von Autonomie, Frieden, Menschlichkeit und konstitutioneller Rechtlichkeit erhebt.[6] Das zu verkennen und umzukehren in sein Gegenteil, können wir uns schwerlich leisten angesichts unserer spärlichen, aber keineswegs *so* spärlichen politischen Literatur, ganz zu schweigen von unserer vielberufenen neuen politischen Bildung. Letztere bezeugte sich vornehmlich als aufgeklärter, handfester politischer Pragmatismus. Man wünschte sich Tells Landsleute, die das Unrecht und das Blutvergießen scheuen, aggressiver und zuckte bedauernd die Achseln über Max Piccolomini und Thekla, die Opfer der Auseinandersetzung ihrer Väter. Soll man sich das Paar wünschen als Emblem der deutschen Friedensbewegung? Ich weiß es nicht. Daß dergleichen aber gar nicht in Betracht kommt, schon gar nicht nach der üblen Verzeichnung in Heymes Kölner Inszenierung, ist nur ein Symptom dafür, daß die Demonteure der klassischen deutschen Literatur mit deutscher Gründlichkeit vorgingen.

Die Demontage war ja leicht und sogar Pflicht geworden. Auch das ist Dialektik der Aufklärung. Walser spricht davon bei Brecht. Zuletzt war es in vielen Dingen unmöglich, nicht seine Position zu imitieren (*EL* 82). In den siebziger Jahren war es leicht und Mode, Brechts und Walsers Klassikallergie zu imitieren. Ja, es wurde geradezu zur Pflichtübung; denunzierte doch die Studentenbewegung Literaturinteresse als Desinteresse an der Gesellschaft . . .

Auch bei Goethe folgte das Regietheater Walsers »Richtung ins immer Irdischere« und seiner Empfehlung, es solle »uns selbst« statt andere »imitieren« (*EL* 83). Peter Steins Bremer *Tasso* unterhielt den Hof als »Emotionalclown« und Dressuraffe. Anstatt das Publikum zu kritischem Bewußtsein zu erziehen, bekräftigte er es in seiner Besserwisserei.[7] Bernhard Minetti spielte Faust in Berlin als dirty old man. So eben stellten er und sein Regisseur Klaus Michael Grüber sich den alten Goethe vor, der in Marienbad hinter einer Neunzehnjährigen her war. Günther Rühle von der FAZ war angetan von der volkstümlichen Pädagogik der *Iphigenie* Klaus Peymanns. Tatsächlich traktierte die Heldin das Publikum mit Humanität, als wäre man in der Klippschule. Sie selbst gebärdete sich dabei wie eine Klapsmühlen-Insassin, nicht anders als Orest, das Ebenbild des Dichters. Das geflügelte Wort, das Walser prägte: Thoas sei Weimaraner (*EL* 77), bewährte sich in Umkehrung: Weimar als klassisch geschönte Barbarei.

Der Herausgeber der *Erläuterungen und Dokumente* weiß mit der *Iphigenie* selber nichts mehr anzufangen. In einer repräsentativen Interpretation hebt er abschließend hervor, daß Goethe selbst die Aufführung zu seinem 50jährigen Dienstjubiläum schon nach dem 3. Akt verließ . . .[8] Wo man »historisiert«, anstatt Geschichte zu studieren, streitet man sich mit Geistern, die einem als ideologische Antipoden vorgestellt sind, und markiert richterlich den Platz, den ihnen der ideologisch vorgeschriebene Rahmen der ›Geschichte‹ anweist.

Walser wirft Goethe vor, er habe die Revolution verachtet. Goethe selbst versichert glaubwürdig, sie habe ihn zutiefst erschreckt und anhaltend beschäftigt. Verachtet und verabscheut hat er die Motive vieler Revolutionäre. Das tat auch Georg Büchner, der Student der Revolution, und tun heute zahlreiche Historiker. Walser belegt Goethes angebliche Verachtung der Revolution nun mehrfach mit dem Goethe-Wort, er begehe lieber eine Ungerechtigkeit, als daß er Unordnung ertrage. Im Kontext soll das heißen: Goethe mache sich kein Gewissen daraus, die große Unordnung der Revolution gegebenenfalls mit unrechten Mitteln zu unterdrücken. Soviel ich sehe, knüpft Walser das skandalöse Diktum aber nie an die Episode, der es entsprang, (während Walter Grab in seiner deutschen Jakobinergeschichte jetzt die Episode aus der Belagerung von Mainz zusammen mit dem Diktum anführt.)[9] Nach der Einnahme von Mainz erwischte die empörte Menge einen Jakobiner, der sich auf Kosten der Bevölkerung bereichert hatte und sich nun verkleidet aus dem Staube machen wollte. Goethe rettete ihn durch persönliches Einschreiten vor der Lynchjustiz der Masse. Er beging die Ungerechtigkeit, den politisch Andersdenkenden vor der wohlverdienten Strafe zu bewahren, eben weil er das unrechte Mittel, die Unordnung, entschieden abwies: *das* ist der Kern der politischen Ethik, der ethischen Politik, für die die Klassiker eintraten.

Walser löst jenes zentrale Diktum auch in *In Goethes Hand* aus jenem historischen Kontext (*GH* 134). Er porträtiert »seinen« Goethe[10] menschlich-allzumenschlich, als eitlen Trottel und seniles Ekel: Goethe, ein Mensch wie Du und ich. Wie bei Minetti spielt die Tragikomödie mit Ulrike herein. Günter Niggl bescheinigt Walser, er habe die Gelegenheit versäumt, Goethes großes Thema der Dankbarkeit und Anteilnahme von einer bisher unbekannten, womöglich problematischen Seite her zu beleuchten. Und dieser Eckermann verdient es ja kaum besser. Er will es nicht entschieden anders; und allen voran bestärkt er die Exzellenz in ihrer Resignation auf das Bemühen, sich zu bessern.

Das ist der heute nur allzu bekannte Goethe, den man nicht mehr zu lesen braucht, oder bloß noch, um sich ihm gegenüber politisch, moralisch überlegen und ›historisch‹ weiter zu fühlen. Wer ihn lobt, der ist gemeingefährlich und so zu behandeln — so lautet in Walsers Stück die Insinuation, wenn nicht Empfehlung Freiligraths. Sollen Andersdenkende beseitigt werden durch die Inquisition einer diktatorischen Utopieverwaltung, die (um ein Wort Walsers über Professoren abzuwandeln, *EL* 67 f.) Gerechtigkeit auf Ordnung und Welt auf Bewußtsein reimt?

Daß all dies als Warnung vor der Diktatur der Revolutionäre, der Utopisten und Veränderer um jeden Preis verstanden wurde, ist nicht anzunehmen; denn schwerlich ist es so gemeint und dargestellt. Durch den Mund Freiligraths, des historischen Goetheverehrers, läßt Walser beifällig den Goethekritiker Börne zitieren und Goethe als »Stabilitätsnarren« (*GH* 134) denunzieren. Dieses modegewordene Fehlurteil, dem Goethe selbst schon widersprach, gibt sich wie in ähnlichen Fällen bei Brecht ohne Umstände als Urteil der Weltgeschichte, als Weltgericht.

Eckermann relativiert es zwar ein wenig; keineswegs löscht er es aber aus. Der Getreue ist ja selbst geteilt zwischen einer Liebe, die man diesem

Goethe gegenüber nicht begreift, und einem Haß, den Goethes angebliche Lieblosigkeit, Selbstsucht und ungenierte Lasterhaftigkeit, seine amoralische politische Indifferenz und vollendete Unvorbildhaftigkeit — so Börne/Freiligrath — in deren Biedermeierzeit auslösen mochte. Heute sollten solche Qualitäten, wenn man sie Goethe schon an-»historisiert«, ihm einen Platz unter den ›Helden‹ unserer Gegenwartsliteratur sichern oder jedenfalls das vielberufene historische ›Verständnis‹ sichern — bloß, zu diesem Zweck historisiert man eben nicht.

Vielmehr demonstriert Walser mit propagandistischer Grelle, »wie man sich nach den Einsichten des Jahres 1980 im Jahre 1823 hätte benehmen sollen.« »Das ist so leicht wie sinnlos«, schreibt er selbst (*EL* 87. Da sind es die Jahre 1964 und 1942). »Zeigen wir doch lieber, wie damals wirklich gehandelt wurde, und warum!« Doch im Widerspruch zu dieser schönen Theorie des Historisierens aktualisiert er wie Brecht das Vergangene, indem er es nicht bloß enthistorisiert, sondern dabei auch noch Geschichte fälscht.

Mit einer Erweckung kritischen Bewußtseins, wovon man da gerne redet, hat das nichts zu tun. Im Gegenteil. Es handelt sich um die Affirmation eigener Positionen durch besserwisserische Mäkelei und durch Erledigung eines Dichters und seines Werkes, vollstreckt von einem, der als Autorität gilt. Über den Schaden scheint niemand nachzudenken. Man könnte nach dem angeschlagenen deutschen Identitätsbewußtsein fragen, das historisch weitgehend auf Goethe fußt, oder nach den Dissidenten, die die Länder des Ostblocks verlassen müssen und wenigstens die Kraftquelle der geliebten heimischen Literatur mitnehmen dürfen. Den Deutschen also will man das kaputtmachen, als könnte es, um Kleist zu zitieren, »dem nichtswürdigsten Gute gleich, mit dem nächsten Schritte schon wiedergefunden« werden? Wie steht es um den Menschen, den einzelnen, dem man in Schule, Universität, Theater, Zeitung, Radio, Fernsehen mit ähnlich leichtfertigen Vorstellungen die Klassik ein für allemal vermiest, verschließt? Keiner, der schreibt und lehrt, tut das im leeren Raum. Wir üben Einfluß, und wenn wir bloß anderen, vielleicht besseren Einflüssen den Weg verstellen.

Walser, endgültig arriviert, schließt seine Rede über Büchner — den er als »armen« Büchner, wie in Germanistenkreisen üblich, gewaltig unterschätzt[11] — mit dem Bekenntnis, ihm fielen »Freundlichkeit und Teilnahme« letzthin immer schwerer (*LI* 234). Seine *Liebeserklärungen* widerlegen das ganz offenbar. Oder liefert jenes Bekenntnis eine Art Feigenblatt zu diesen, mit denen er sich zu widersprechen scheint? Den größten Widerspruch leistet er sich zweifellos mit der letzten

Liebeserklärung, der an Goethe. Denn wie man laut Brechts Courage in Gottes Hand verloren ist, so ist man es *In Goethes Hand*, wenn man diesen liebt, wie der arme Eckermann es tut, der deshalb ebenfalls verloren sein soll (*GH* 143). Und auch der »arme« Walser fühlt sich von Goethe angezogen. Der Kontrast zu dem Theaterstück verführt dazu, dem Autor der Liebeserklärung seine Sünden nachzusehen, wegen seiner Sünden die Huldigung nun zu bewundern. Dieser Neigung sollte man wohl nur mit Maß nachgeben.

»Goethes Anziehungskraft« — so der Titel — beruht für Walser auf dem Kontrast zu Büchners Kunstauffassung. Bei Goethe ist Kunst Angstprodukt, künstlicher Widerstand gegen »die entwürdigende Gewalt unserer ungeheuren und negativen Disposition« (*LI* 255). Das ist wieder unsere allgemeinmenschliche Disposition — heute! Und was wir laut Walser außerdem noch in uns haben aus unserer Vergangenheit, das religiöse Heilsbedürfnis: genau das war Goethes eigentliche Muse (*LI* 252, 255). Sie potenziert die Anziehung, die Goethes Anstrengung und Aufforderung zu Freundlichkeit und Teilnahme auf Walser üben. Mehr als die vorsätzliche Ungüte, die jetzt so prächtig in der Kunst gedeihe, tut es ihm Goethes vorsätzliche Güte an (*LI* 257), und zwar wird sie ihm glaubwürdig eben dank ihrer Vorsätzlichkeit, ihrem angstgeborenen, entschlossenen So-als-ob-das-Positive-möglich-Sei: Edelmut, Widerstand gegen Niedertracht, Güte als Leistung, Geschichte (story) als schöner Verlauf. Goethe glaubt, daß so etwas, daß »etwas Schönes, Gutes — und sei es reines Produkt — Besseres bewirke als die Nachgiebigkeit gegenüber dem infam Vorhandenen.« Walser gibt zu: »Das wollen wir doch nicht bestreiten.«

Schöne, wohltuende Worte, weil sie von dem stammen, der *In Goethes Hand* schrieb und der sich offen bekennt zu eigener »Erfahrung [...] mit dieser Nachgiebigkeit gegenüber dem infam Vorhandenen, gegenüber der Übermacht der Niedertracht« (*LI* 258 f.). Goethe, der am Leben litt und mehr als andere litt, ist nicht einfach der »Dichter der Glücklichen«, wie Walser ihn gleichzeitig im Stück abtut (*GH* 135). Die Harmonisierungen, sonst so geschmäht, rechtfertigen sich vom Leiden und vom Erlösen-Wollen her. Sie erscheinen als Tapferkeit, Kraft, als unbeugsamer Wille zum Besseren.

Goethe tritt da neben Schiller. Ein Stück große Vergangenheit hat Walser zurückerobert für sich und einige, denen er es erst entwenden half. Erreicht er noch die Studenten und die Lehrer, die er so ins Leben schicken half, und deren Schüler? Für viele kommt seine Umkehr, die Rückkehr dieses verlorenen Sohns, gewiß zu spät. Wer schreibt und auch wer lehrt, der zeitigt Wirkungen, die, sagt Goethe, nicht abzusehen sind. Die Aufgabe, mitzuwirken, durch Gegensteuern auszugleichen, ist unendlich. Und man muß wachsam sein. Schmuggelt Walser nicht bei seiner reuevollen Rückkehr im Handgepäck sein böses Goethe-Stück mit ein? Wer nicht bloß mitfährt auf dem *bandwagon* dessen, den der Tageserfolg krönt, wer mitsteuern helfen will, der muß eben oft, wie Lessing sagt und vorführt, die Toten retten vor den Lebenden. Natürlich besonders auch vor denen, die den Toten blind und feierlich ergeben sind und sie damit erst wahrhaft töten. »Es ist so schwer, den falschen Weg zu meiden«, sagt Mephistopheles von der Theologie: »Es liegt in ihr so viel verborgenes Gift, und von der Arzenei ist's kaum zu unterscheiden.« Von Literatur, Literaturkritik und -wissenschaft kann man wohl Gleiches sagen. Alle drei *schlagen* die Brücke zur Vergangenheit — oder sie *brechen* diese Brücken *ab* bzw. ersetzen sie durch falsche.

Totalitäre Regimes ordnen an, die Geschichte einer Nation umzuschreiben und die Vergangenheit, so wie sie war und mit all dem, was sie an Resistenz gegen die Gegenwart anbietet, der Vergessenheit anheimzugeben. Milan Kundera, einer der emigrierten Dissidenten, warnt: Eine Nation, die das Gedächtnis ihrer Vergangenheit verliert, verliert sich selbst.[12] Welche Verwirrung muß in einem Lande herrschen, dessen Intellektuelle, stolz auf ihr fortgeschrittenes politisches Bewußtsein, die Zerstörung ihrer geschichtlichen Vergangenheit betreiben — ohne daß sie die Regierung dazu zwingt! Oder müßten wir hier doch die ministeriellen Rahmenrichtlinien gewisser Länder nennen?

Walser spricht bei Goethes Kunst von Heilsverlangen. Anderswo setzt er Religion in Verbindung mit Musik. Tatsächlich verstand die klassische Dramatik sich als Verwandte der Oper, der Musik, und damit als Medium jenes großen Zusammenhanges aller Dinge, dessen religiöser Ursprung noch im Gedächtnis lebte. Solche Kunst widmete sich nicht allein dem Selbst des Zeitgenossen, wie Walser das von Kunst und Theater ganz allgemein erwartet (*EL* 66). Vielmehr wollte sie, was Goethe (am 24. 8. 1825 an Zelter) der Musik zusprach: sie wollte, wie alle höheren Genüsse, den Menschen aus und über sich selbst, zugleich auch aus der Welt und über sie hinaus heben. Schiller sagte lakonisch-streng: sie wolle den Menschen emporführen zur Gattung. Das Bedürfnis danach kennen wir noch immer. Walser versteht es ebenfalls. Und das religiöse Heilsbedürfnis kennt er besser als ich. Wie die ältere Musik bietet die Klassik Dinge, die wir noch immer brauchen und die die neue Kunst — aus historischen Gründen — nun einmal nicht anbietet. Die Alternative zwischen Moderne und Vergangenheit ist eine Mißgeburt der Mode und, nicht zu vergessen, der Rivalität, der Konkurrenz. Sie geht niemanden oder auch wieder jeden

168 / *Walser, Goethe und die Klassik*

an, der teilhat an der Welt des Geistes, und unvermeidlich heißt das, an der Vergangenheit. Wir haben beides, die Kunst der Gegenwart und die aus der Vergangenheit, wir haben Walser und Goethe.

Das wäre ein glimpflicher Schluß. Dennoch möchte ich — zum Ausgleich — mit Goethe schließen. Ich knüpfe an das an, was auf Walser so große Anziehungskraft ausübt: die Künstlichkeit der Goetheschen Harmonisierungsanstrengungen. Walser liest sie zwischen den Zeilen, erschließt sie aus dem Verhältnis von Biographie und Werk. Sie steht aber, die Künstlichkeit, sehr oft direkt im Text. Goethe rückt da geradezu mit einem Ruck von der Katastrophe zur Heilung. Die Heilung gelingt auf anderer, höherer Ebene und kann nur dort gelingen. Und deshalb kann die Unheilbarkeit der Katastrophe — Goethe sagt, ihr »unherstellbarstes Elend« — im irdischen Bereich ohne jede Schonung auftreten. Die bekanntesten Beispiele sind die Schlüsse von *Faust* I und II.

Statt das näher auszuführen, zitiere ich das Ende der Euphorion-Episode (*Faust* II, Ende 3. Akt). Der Ruck geschieht da nicht von der Erde zum Himmel, sondern lediglich von Leben und Tod zu der Natur und zur Musik, zum Lied. An die Stelle erinnerte ich mich, als ich bei Walser von der tragikomischen Entdeckung las, die wir alle eines Tages machen: daß wir bloß Imitatoren sind, Trabanten streitender Systeme, und leider keine Fixsterne (*EL* 92). Goethe spricht hier ebenfalls davon, daß wir keine Fixsterne sind. Und er, das selbstbewußte Kunstgenie, reißt da den Abgrund der Sinnlosigkeit des Daseins in seiner ganzen Schwärze auf — bevor er sich und uns die Harmonie des Liedes, des Lebens, der Natur aufzwingt, so, als gäbe es jenen Abgrund nicht. Es handelt sich um die Schlußstrophen des Chores an der Leiche des Gestürzten. Von ferne erinnert er an Lord Byron, Ikarus und ihresgleichen. Der Ruck geschieht mit einem »Doch« von geradezu unverschämter, nackter Künstlichkeit, Gewalt:

> Wolltest Herrliches gewinnen,
> Aber es gelang dir nicht.
>   Wem gelingt es? — Trübe Frage,
> Der das Schicksal sich vermummt,
> Wenn am unglückseligsten Tage
> Blutend alles Volk verstummt.
> Doch erfrischet neue Lieder,
> Steht nicht länger tief gebeugt:
> Denn der Boden zeugt sie wieder,
> Wie von je er sie gezeugt.

Anmerkungen

1. Rezension in Arbitrium, 3 (1983), S. 326-330, bes. S. 330.
2. Ronald Hayman, A Last Interview with Brecht, in: The London Magazine, 3 (1956), no. 11, S. 50: "In Shakespeare, the original is worth keeping, as in a museum. Of course, you can't play him word for word. This is 1956, and his experience was different — he couldn't do things we can. He never flew in the air." — Hier zitiert nach: Rodney T. K. Symington, Brecht and Shakespeare, Bonn 1970, S. 175.
3. Aufsatz, in dem sich Brecht 1954 der Erbe-Politik der DDR anpaßte. Vgl. B. B., Gesammelte Werke, Bd. 17, Frankfurt/M. 1967, S. 1275-77.
4. Vgl. Wolfgang Wittkowski, Unbehagen eines Praktikers an der Theorie. Zur Rezeptionsästhetik von Hans Robert Jauß, in: *CG*, 12 (1979), S. 1-23.
5. Bertolt Brecht, Vorrede zu Macbeth, in: B. B., Gesammelte Werke, Bd. 15, Frankfurt/M. 1967, S. 118 f. Vgl. Wolfgang Wittkowski, Aktualität der Historizität: Bevormundung des Publikums in Brechts Bearbeitungen, in: Brechts Dramen. Neue Interpretationen, hrsg. von Walter Hinderer, Stuttgart 1984, S. 343-368.
6. Vgl. Wolfgang Wittkowski, Theodizee oder Nemesistragödie? Schillers Wallenstein zwischen Hegel und politischer Ethik, in: Jahrbuch des Freien Deutschen Hochstifts 1980, S. 178-237, sowie die dortige Auseinandersetzung mit der Forschung.
7. Vgl. Ivan Nagel, Epitaph und Apologie auf Steins Tasso, in: Goethe u. a., Torquato Tasso. Regiebuch der Bremer Inszenierung, hrsg. von Volker Canaris, Frankfurt/M. 1970, S. 174-192; hier S. 175.
8. Fritz Hackert, Iphigenie auf Tauris, in: Goethes Dramen. Neue Interpretationen, hrsg. von Walter Hinderer, Stuttgart 1980, S. 144-168, bes. S. 160. — Vgl. Wolfgang Wittkowski, »Bei Ehren bleiben die Orakel und gerettet sind die Götter«? Goethes *Iphigenie*: Autonome Humanität und Autorität der Religion im aufgeklärten Absolutismus, in: Goethe-Jahrbuch, 101 (1984), S. 250-268.
9. Walter Grab, Ein Volk muß seine Freiheit selbst erobern. Zur Geschichte der deutschen Jakobiner, Frankfurt/M. 1984, S. 29.
10. Ein Ausschnitt aus dem Stück erschien auch in dem Sammelband *Mein Goethe* (Frankfurt/M. 1982).
11. Vgl. Wolfgang Wittkowski, Georg Büchner. Persönlichkeit — Weltbild — Werk, Heidelberg 1979.
12. Milan Kundera, The Book of Laughter and Forgetting, trans. Michael Henry Heim, New York 1984, S. 234 f. des Nachworts.

Der Schriftsteller als Literaturkritiker

Ein Porträt Martin Walsers

Thomas Nolden

KANN EIN KRITIKER über jede Art Stück schreiben?[1] — Martin Walsers Antwort auf diese von ihm selbst in einem Leserbrief gestellte Frage ließ keine Eindeutigkeit vermissen: Wenn Ivan Nagel entscheidende Vorlieben für das »Absurde, Makabre, Hermetische« hege, das »Politische ihm aber etwas weit draußen Liegendes, Graues« sei, so sei nicht einzusehen, warum die Feuilletonredaktion der *Süddeutschen Zeitung* ausgerechnet den »Delikatessenspezialisten« Nagel um eine Kritik des *Trotzki*-Stückes von Peter Weiss bitten mußte.

In Sachen Literatur kann es für Walser ein objektives Richteramt nicht geben; im Gegenteil, erst Befangenheit legitimiert für ihn zum kritischen Geschäft. Was immer der Schriftsteller Walser in den letzten zwanzig Jahren an der Praxis der Literaturkritik auch zu monieren hatte — ihre Kurzatmigkeit, ihr vorwiegendes Interesse an ›herrschaftslegitimierender‹ Literatur, ihr apodiktisches Operieren mit scheinbar allgemeingültigen Normen — immer wieder begegnet man im Kern dem Vorwurf der Selbstlosigkeit, der Abstraktion des Kritikers vom Erfahrungsschatz der eigenen Person. Nach Walser hat der Kritiker seine Subjektivität als Grundlage der literarischen Rezeption ernst zu nehmen; seine subjektiven Voraussetzungen gilt es nicht zu reflektieren, um sie sodann relativieren oder gar eliminieren zu können, vielmehr müssen sie als erkenntnisleitende Bedingungen für die Beschäftigung mit Literatur erkannt und auch thematisiert werden. Das Prinzip der Selbstlosigkeit, dem die Kritik in den Augen Walsers anhängt, scheint seiner Meinung nach Frucht einer Literaturwissenschaft zu sein, deren Empfehlung eben »Selbstlosigkeit« (*EL* 78) laute, deren Interpretationsansatz auf die vermeintliche Überzeitlichkeit der betrachteten Werke ziele, auf deren Gehalt an ›schlechthin Menschlichem‹, während ihr die Aufmerksamkeit für die spezifische Historizität und Singularität des einzelnen Werkes im Grunde abgehe.

Da Walser — wenn auch nicht explizit herausgearbeitete — Parallelen zwischen der Vorgehensweise von Literaturkritik und Literaturwissenschaft zieht, scheint es angebracht, kurz auf sein Verhältnis zur Literaturwissenschaft einzugehen. Noch im Nachwort zur Buchausgabe seiner Kafka-Dissertation stellte der promovierte Germanist Walser die Behauptung auf: »Auch die Literaturwissenschaft kann so exakt sein, daß man ›wahr‹ und ›falsch‹ sinnvoll gebrauchen kann« (*BF* 129 f.). Und obwohl er aus seiner leidenschaftlichen Begeisterung für Kafka keinen Hehl machte, heißt es an derselben Stelle: »Man muß sich dieses Werk sozusagen vom Leibe halten und lediglich als Zuschauer das Spiel und Widerspiel der Parteien beobachten, man darf sich mit keiner Partei mehr einlassen als mit einer anderen, auch nicht mit dem ›Helden‹« (*BF* 130).

Mit diesem eher positivistisch anmutenden Konzept schien sich Walser in der Nähe einer Position zu bewegen, gegen die er später selbst Einspruch erheben sollte. Der sich als neutral entwerfende Interpret verkürze das Bedeutungskontinuum des Werkes, der »objektivistische« Zugang versperre eine spontane, authentische Begegnung mit dem Werk. Die Möglichkeit eines von Objektivität getragenen Umgangs mit Literatur stellte Walser aber auch 1974 nicht in Frage, als er hinter der literaturwissenschaftlichen Forderung nach der Selbstleugnung des Interpreten eine zwar »unverabredete«, aber dennoch nicht zufällige Zusammenarbeit zwischen »Kritik, Wissenschaft, Staat und Kapital«[2] zu konstatieren wußte.

In den Vorlesungen über Selbstbewußtsein und Ironie wurde dann ein Konzept aufgeworfen, das folgerichtig vor allem an die »eigene Fronterfahrung« des Interpreten appellierte: »Das ist, glaube ich, sogar für Literaturwissenschaftler eine Art Bedingung, daß der kühle Kopf das Wenigste vermag« (*SI* 156). Der »kühle Kopf«, das literaturwissenschaftliche Vokabular liefert allenfalls Interpretationen — so hoch aber will Walser selbst anscheinend gar nicht hinaus: »Ich möchte nicht den Anspruch erheben, Interpretation zu betreiben. Lieber möchte ich durch nacherzählendes Abtasten des Hauptverlaufs einer solchen Geschichte die Gesetzmäßigkeit aufscheinen lassen, nach der sie möglicherweise entstanden ist« (ebd.).

Die Bescheidenheit, mit der dies Programm formuliert ist (mit der Terminologie Max Benses nannte er ein solches Verfahren in der nur in der Dissertationsfassung seines Kafka-Werkes enthaltenen Einleitung eine »technologische Beschreibung«), darf indes nicht darüber hinwegtäuschen, daß Walsers Erkenntnisziel keinesfalls unter dem des wissenschaftlichen Interpreten angesiedelt ist: das Ent-decken der den Phänomenen zugrunde liegenden Gesetzmäßigkeit muß ja geradezu als die klassische Beschreibung wissenschaftlicher Aufgabenstellung gelesen werden. Eine solche Art »rationaler Beschäftigung auch mit der Schönheit« (*SI* 156 f.) eines Textes liegt für Walser also durchaus im Bereich des Realisierbaren — allerdings nur dann, wenn diese Rationalität auf ursprünglicher Angesprochenheit, auf »Betroffenheit« beruht. Wie aber Subjektivität — und nur sie — als Bedingung der Möglichkeit von Literaturwissenschaft dienen kann, wird von Walser nicht weiter ausgeführt. Ansätze zu einer solchen Begründungsmöglichkeit werden auch in den Frankfurter Vorlesungen mehr thesenhaft-provokativ eingestreut als in einem methodologischen Diskurs begrifflich entwickelt. Wenn Walser in seiner 1980 gehaltenen Rede anläßlich des 25jährigen Bestehens des Marbacher Literaturarchivs schließlich eingesteht: »Ich weiß nicht, was Wissenschaft ist oder sein soll, aber ich ahne, was der Roman vermag«,[3] so scheint er damit einen Schlußstrich unter die Diskussion um die wissenschaftliche Erkenntnismöglichkeit überhaupt gezogen zu haben. Nicht Walsers bruchstückartige Theorie einer subjektiv zu begründenden Literaturwissenschaft, sondern sein Begriff und seine Praxis einer subjektiv verorteten Literaturkritik soll hier im folgenden betrachtet werden.

»Viele Kritiker aber, obwohl sie doch Schriftsteller sind, schreiben nach fremdem Maß. Sie sehen von sich ab. Mit Hilfe eines geradezu überpersönlichen Wissens urteilen sie. Meistens im Indikativ.«[4] Marcel Reich-Ranickis Erwiderung auf diese Kritik Martin Walsers aus dem Jahre 1964 zielte darauf ab, den vermeintlichen Anachronismus der Walserschen Argumentation bloßzustellen: Angesichts des »fatalen Erbes der deutschen Romantik«, angetreten beispielsweise von Alfred Kerr und Friedrich Sieburg, könne man über einen Literaturkritiker, der bemüht sei, seine Persönlichkeit eher zu unterdrücken, nur froh sein — so Reich-Ranicki: »Was Walser bedauert und beklagt, halte ich jedoch für notwendig und erfreulich.«[5] Aber wollte Walser tatsächlich einer »poetischen Kritik« im Sinne Friedrich Schlegels das Wort geredet oder für Alfred Kerrs Konzeption einer »Kritik des Kritikers wegen« plädiert haben? Daß Reich-Ranickis Bedenken an Walsers Vorstellung vorbeitrifft, läßt sich einsehen, wenn man Walsers Argumentation im

Rahmen seiner Theorien der ästhetischen Produktivität und der Literaturrezeption untersucht.

»Ich muß gestehen, ich lese nicht zu meinem Vergnügen, ich suche weder Entspannung noch Ablenkung, noch andere Freuden dieser Art. Ein Buch ist für mich eine Art Schaufel, mit der ich mich umgrabe« (*LI* 9). Dieser pointierte Einstieg in den Essay »Leseerfahrungen mit Marcel Proust« aus dem Jahre 1958 macht deutlich, daß Walser seine Lesemotivation vor allem in der Beschäftigung mit der eigenen Person verankert weiß. Hier spricht kein ›idealer Leser‹, kein ›professioneller Literaturspezialist‹, kein ›Sachverständiger‹ oder wie immer die gängigen Selbstverständnisse von Literaturkritikern auch lauten mögen, sondern zunächst eine Person, die Literatur als Medium der intimen Auseinandersetzung mit dem eigenen Ich versteht. Konkretisiert findet sich dieses Bekenntnis beispielsweise in einem Beitrag Walsers zum Kongreß »Arbeitswelt und Bibliothek« aus dem Jahre 1975, in dem markant der »private Gebrauchswert« von Literatur als Selektionskriterium für die Lektüre benannt wird: »Nicht der Karatgehalt Klassik macht ein Buch brauchbar für mich, sondern der Umstand, daß da einer ähnliche Schwierigkeiten hatte, wie ich selbst. Wenn ich als Leser von mir absehen muß, erlischt die Kraft zum Lesen. Ich lese doch nicht dem 18. Jahrhundert zuliebe.«[6]

Der Rezeptionsprozeß wird gesehen als eine Auseinandersetzung zwischen einem sich im literarischen Text manifestierenden Ich und einem Leser, der Affinitäten zwischen sich und dem Text wiedererkennen möchte. »Angesprochenheit« — die, wie Walser im Kafka-Kapitel seiner Frankfurter Vorlesungen anmerkt, nicht immer schon identisch sein muß mit »Verstehen« — ist also die conditio sine qua non für eine gelingende Lektüre und stellt die entscheidende Legitimationsbasis für die literaturkritische Stellungnahme dar, wobei diese Angesprochenheit die Entdeckung einer partiellen Identität zwischen der Autor-Identität und der des Lesers meint. Identität allerdings ist für Walser bekanntlich eine höchst fragile Größe, eher ein ideales Konstrukt denn ein realisierbares und frei verfügbares Lebens-Konstituens. Literatur dient hier als Medium der Selbstfindung, als Mittel der Identitätsbildung. Das defiziente, seiner selbst unsichere Ich stellt sich bei der Lektüre die Frage nach der eigenen Lebensart, die Lektüre wird zum Medium der Selbstvergewisserung, der fragenden Konfrontation mit den eigenen Mängeln, mit der eigenen Erfahrung. Ohne diesen Einsatz kann sie nicht gelingen, genauer: das, was der Leser dem eigenen Erfahrungsschatz nicht anpassen kann, bleibt, wie es im frühen Proust-Essay heißt, »taube Lese-Erfahrung« (*LI* 30) und wird von Walser konsequenterweise bei der Behandlung des Werkes auch ausgespart. Die individuelle Mangelerfahrung ist es auch, die laut Walser den Schreibakt provoziert, die in sich inkonsistente, problematische und als problematisch erfahrene Personalität treibt zur ästhetischen Produktion, entwirft sich als *poetica personalità*. Für Walser wurzeln Literaturproduktion und Literaturrezeption also in ein und derselben personalen Disposition, weshalb er in seinem Hölderlin-Essay aus dem Jahre 1960 denn auch das Proust-Wort zitieren kann,»ein Leser sei, wenn er liest, ›ein Leser seiner selbst‹« (*LI* 48). Was Walser in der Wiener Goethe-Rede über seine Goethe-Lektüre äußert, gilt demnach für seine Beschäftigung mit anderen Autoren überhaupt:»Ich habe mich aber, das muß ich zugeben, meistens um meinetwillen mit ihm beschäftigt« (*LI* 240). Eine derart motivierte Lektüre wird im extremsten Fall von dem Wunsch nach völliger Verschmelzung von Werk und Leser getragen. Der 53jährige Walser über seinen jugendlichen Umgang mit Schiller:»Die Hoffnung des Lesenden war wohl, das eigene Ich könne sich lesend so mit dem Gedicht synchronisieren, daß einem schließlich geschehe, was man liest« (*LI* 166). Freilich ist solche Identifikation eine unerreichbare Maximalbestimmung gelingender Lektüre. Die Minimalbestimmung hingegen wird von Walser an keiner Stelle zu einer befriedigenden Klärung gebracht.»Wer sich selbst genug ist, hat bei Brecht nichts verloren bzw. er wird bei ihm nichts finden« (*LI* 221), heißt es beispielsweise über den »unzeitgemäßen Brecht«, der sich prinzipiell ebenso angefochten und unterlegitimiert gefühlt habe wie ein Hölderlin, ein Kafka oder ein Robert Walser.

Nur eine Artverwandtschaft zwischen Leser und Autor ermöglicht für Walser also Interesse, und zwar sowohl Interesse im Sinne von Lesemotivation als auch im Sinne von Erkenntnisinteresse: Erst eine Affinität, die der Leser zwischen sich und dem Autor entdecken kann, stellt für Walser auch ›rezeptive‹ und damit ›literaturkritische Kompetenz‹ her. Wenn hingegen versucht wird, von der Verankerung der literaturkritischen Stellungnahme in der eigenen und eigentümlichen Subjektivität abzusehen — und das heißt für Walser: wenn der Kritiker sein eigenes Schriftsteller-Dasein verleugnen will —, dann begibt er sich im Grunde seiner Legitimationsgrundlage.

Denn unter Schriftsteller versteht Walser ja nicht in erster Linie eine spezifische Berufstätigkeit, sondern vor allem einen bestimmten Umgang mit der eigenen psychischen Disposition, deren soziale Geprägtheit für ihn bekanntlich ein weitaus entscheidenderes Merkmal darstellt als etwa das Moment individueller Begabung. Walsers in vielen theoretischen Aufsätzen dargelegter Begriff des Schriftstellers wird von ihm auch in seine Arbeiten über andere Autoren hineingetragen und anhand von Schriftstellern wie

Hölderlin, Brecht, Büchner, Robert Walser, Heine, Swift und natürlich Kafka (aber auch anhand von Gegenwartsautoren wie z. B. Herbert Achternbusch, Maria Menz, Max Frisch, Wolfgang Bächler oder Walter Kappacher) exemplifiziert. Das Ungenügen an sich selbst, das Bedürfnis, sich schreibend verändern zu wollen, und eine nicht-konforme Haltung gegenüber der Gesellschaft sind dabei die wichtigsten Eigenschaften des »realistischen Schriftstellers«, dessen Wesen Walser in seinen literaturkritischen Essays immer wieder thematisiert. Walsers Bestimmung des Schriftstellers (von der aus er ja eine Typologisierung verschiedener Autortypen vornimmt), besitzt zudem wirkungsästhetische Implikationen, insofern nämlich die Authentizität und Intensität des zum Schreiben treibenden Leidensdruckes dem entstehenden Werk nicht äußerlich bleibt. »Was für den Autor nicht notwendig ist, wird für den Leser schon gar nicht notwendig« (WL 136). Ein Autor, »der alles schon weiß, oder alles schon besser weiß, der kann nicht mehr so schreiben, daß es zu jener spannenden Entdeckungsfahrt kommt, an der der Leser dann wirklich teilnimmt« (ebd.). Über diese Eigentümlichkeit ästhetischer Produktion kann sich für Walser keine Autorintention hinwegsetzen, hier läßt sich nichts simulieren, der Kunst des Autors sind hier feste Grenzen gesetzt, deren Überschreitung dem Leser nicht entgehen wird. Man wird dem Werk ansehen können, welche Legitimierungsnöte, welche Haltung, welche Lebensart ihm zugrunde lag — nicht zuletzt darauf zielt ja die Ironie-Analyse der Frankfurter Vorlesungen ab.

Was hier für die Produktion sogenannter Primärliteratur angemerkt wird, gilt für die literaturkritische Äußerung nicht weniger. Denn der besondere Modus der Subjektivität, der zur ästhetischen Tätigkeit drängt und zugleich die Lektüre, die Möglichkeit einer Auseinandersetzung zwischen Werk und Leser bestimmt, führt für Walser auch zur Aufhebung des Unterschiedes zwischen dem Verfassen von Primär- und Sekundärliteratur: »Ich glaube nicht an diese strikte Einteilung von Literatur und Literaturkritik. Denn ich weiß aus Erfahrung, daß Schreiben Schreiben ist.«[7] Lediglich der Stoff ist beim Kritiker ein anderer, während die Tätigkeit an sich eine schriftstellerische bleibt — und das heißt, sie ist an dieselben Voraussetzungen und Gesetzmäßigkeiten gebunden wie der literarische Schreibakt im engeren Sinne: an die nicht zuletzt sozial bestimmte Identitätsnot, an das Interesse an einer Welt, die diese Not nicht mehr kennt, sowie an das Gebot der ehrlichen Prüfung der Lebensart.[8]

Zusammenfassend läßt sich feststellen, daß Walsers Plädoyer für eine Kritik, die sich als subjektiv verankerte wahr- und ernstnimmt, Konsequenz eines bestimmten, recht weitgefaßten Begriffes des Schriftstellers ist, der sowohl produktionsästhetische als auch rezeptionsästhetische Implikationen aufweist. Der Leser (also der potentielle Literaturkritiker) muß in ein bestimmtes Verhältnis zum Werk treten können, um dieses in seinen entscheidenden Dimensionen würdigen zu können. Die aus sozialen und geschichtlichen Bedingungen erwachsene fragwürdige, ungesicherte Identität leitet sowohl den Leseakt (»Wer glaubt, nichts mehr zu fürchten und nichts mehr zu wünschen zu haben, kann ganz sicher keinen Kafka mehr lesen. Wer zum Beispiel glaubt, er sei an der Macht, er sei oben, er sei erstklassig, er sei gelungen, er sei vorbildlich, wer also zufrieden ist mit sich, der hat aufgehört, ein Leser zu sein.« [WS 94 f.]) wie auch den Schreibakt, so daß Walser diese beiden Akte ebenso als Ausprägung ein und derselben Tätigkeit verstehen kann wie das Verfassen von Primär- und Sekundärliteratur.[9] In diesem Sinne soll sich der Kritiker als Schriftsteller bekennen und artikulieren, was nicht heißt, daß er gleichsam nur noch über sich selbst schreibt (gegen diese Auffassung polemisiert Walser übrigens im nichtgedruckten Einleitungsteil seiner Dissertation). Der Kritiker ist hier auch nicht mehr der Experte, der ideale Leser — Idealität wird ihm gerade abgesprochen —, er wird vielmehr zurückgeworfen auf den Standpunkt seiner gesellschaftlich beeinflußten und persönlich angeeigneten Erfahrungsrealität, einen jeweils spezifischen Standpunkt, der eben nicht als Grundlage für die kritische Beschäftigung mit jeder Form von Literatur taugt.

Wie sieht nun Walsers eigene literaturkritische Praxis aus, inwiefern wird sie seinem Postulat einer »subjektiven Kritik« selbst gerecht? Die folgende Analyse verschiedener Arbeiten Walsers (Zeitungsartikel, Reden, Essays) wird zum einen zeigen, daß Walser eine Form der Literaturkritik praktiziert, in der er sich gleichsam mit in das von ihm gezeichnete Bild anderer Autoren setzt: Er ist selbst ein Teil des Porträts; zum anderen wird deutlich werden, wie er von seinem subjektiven Ausgangspunkt her mitunter doch versucht, Aussagen mit intersubjektivem Gültigkeitsgrad zu treffen. »Das Porträt eines Dichters muß immer zuerst eine Charakteristik seiner Sprache sein, denn nur durch sie ist er ja für uns da.«[10] So lautet Martin Walsers methodische Vorgabe zu seinem Arno Schmidt-Porträt aus dem Jahre 1953, das als Resultat die Einsicht in die vollkommen kontingenzlose Notwendigkeit der Sprachgestaltung Schmidts erbrachte. Auch im Zentrum seines Enzensberger-Porträts (1961), das die Feuilletonredaktion der Zeit mit dem Hinweis einleitete, hier schreibe ein Freund über den Freund, stand eine behutsame Betrachtung der Sprache. Das Programm, die »Sprache Enzensbergers einem Verhör zu unterziehen« — »[...] denn in seiner Sprache muß ja aufbewahrt sein, was ihm begegnete«[11] — erfüllt Walser hier mit regelrechten Auflistungen Enzensbergerscher Vokabeln: Um dem kontrastiv arbeitenden Lyriker auf die Spur zu kommen, stellt Walser einen »Katalog Enzensbergerschen Unmuts« einem »Katalog der Anmut« gegenüber und diskutiert daran die Arbeits- und Sichtweise des Autors.

Solch detaillierte Sprachanalysen treten in den folgenden literaturkritischen Arbeiten Walsers eher in den Hintergrund. Als die *Süddeutsche Zeitung* im August 1961 mit dem Vorabdruck von Uwe Johnsons *Das dritte Buch über Achim* begann (»Wir wissen, daß wir unseren Lesern einiges zumuten [. . .]«[12]), trat Walser als Vermittler zwischen Werk und Leser und pries an dem Roman vor allem den genauen und nüchternen »Dokumentationscharakter«. Hier wie im Gros der später erscheinenden Arbeiten konzentriert sich Walser vornehmlich auf Aspekte des Inhaltes wie auf die Person des Autors. Genauigkeit der Sprache aber bleibt ein Kriterium, das sich konsequent durch Walsers Auseinandersetzung mit Literatur zieht und deren Vorhandenheit dem Schriftsteller Walser stets den größten Respekt abnötigt — gleich, ob im Prosawerk oder in der Lyrik. Die »genaueste Anschaulichkeit« Uwe Johnsons, die »Genauigkeitskraft« der Mundartdichterin Maria Menz, Max Frischs »Genauigkeitsschönheit«, der »Genauigkeitsglanz« Heinrich Heines, die »geniale Genauigkeit« Büchners, die »zufallsfreie Genauigkeit« Hölderlins, die »Genauigkeit« der Darstellungsweise Kafkas, das »kleinbürgerlich-realistische Genaue« bei Robert Walser wie die »Genauigkeit« Prousts — die formelhafte Wendung meint im Kern stets eine hochentwickelte, sensible Wahrnehmungsfähigkeit, die sich stilistisch in höchst verschiedener Weise manifestieren kann: in der knappen oberländischen Lyrik der Maria Menz ebenso wie im Pathos eines Heinrich Lersch, in Heines journalistischen Arbeiten ebenso wie in den Dramen Büchners, in der weitausholenden Prosa Prousts nicht minder als in den Oden Hölderlins. In der Kategorie der Präzision der Apperzeption wie des Ausdrucks hat Walser ein Kriterium zur Hand, mit dem er verschiedene Literaturformen nicht nur hinsichtlich ihrer stilistischen Merkmale, sondern auch hinsichtlich ihres Grades an Realismus vergleichen und nebeneinanderstellen kann: Exaktheit gilt ihm als die Eigenschaft eines Realismus mit »utopischer Tendenz« (*EL* 92), dessen Vertreter demzufolge die bevorzugten Objekte der Walserschen Literaturbetrachtung sind.

Wie aber läßt sich solche Exaktheit feststellen? Anhand einer Passage aus Walsers Rede anläßlich der Premiere des Gedichtbandes *Oberland* von Maria Menz läßt sich exemplarisch untersuchen, wie diese »Tiefenschärfe«, Autorerfahrung und Leserinteresse nach Walser zusammenhängen:

Als ich Frau Menz fragte, ob das eine allgemeine Ausdrucksweise sei, »herrisch« und »d'Herraleut«, antwortete sie: »Ja. Das ist eine Klassenbestimmung.« Das ist die historische Erfahrung. Und für jeden, der gern historischen Erfahrungen begegnen will, ist dieses Buch eine Schatztruhe. Wie arm sind die dran, die nach Wagenrädern, Wagendeichseln und Melkschemeln rennen, verglichen mit uns, die wir den vollen Bluehscht des Oberlandes durch die Sprachtreue dieser Oberessendorfer Dichterin in einem gotzigen Buch in die Hand nehmen können.[13]

Abgesehen von der regionalsprachlichen Verwandtschaft, die Martin Walser hier gegenüber der Lyrikerin Menz stolz geltend macht und der äußerst persönlichen Bezugnahme, die Walser nicht nur als Lobredner einzubringen versteht, sondern die fast ausnahmslos alle seine literaturkritischen Texte auszeichnet,[14] ist hier vor allem der hergestellte Bezug von Autor- und Lesererfahrung von Bedeutung: Literarische Sprache (und Darstellung) kann dann präzise sein, wenn sie überindividuellen Strukturen (»Klassenbestimmung«) individuellen, authentischen Ausdruck verleiht, der als solcher erkannt werden kann, wenn der Leser selbst Zugang zu diesen Strukturen besitzt. Diesen Zugang vermittelt Literatur nicht immer unbedingt per se, sondern er wird geschaffen durch ein Interesse des Lesers. Den Genauigkeitsgrad der ästhetischen Präsentation einer Erfahrungswelt kann der Leser also nur wahrnehmen und auch kritisch würdigen, insofern er selbst in einem Bezug zu dem im Werk niedergeschlagenen Erfahrungsschatz steht oder einen solchen Bezug — und sei es, wie hier, durch die Nachfrage — herstellen möchte. Das Interesse, das diese Bezugnahme in Gang setzt, ist bei Walser kein abstrakt literatur- oder sozialgeschichtliches. So schreibt Walser 1980 über Heinrich Lerschs Lebenserinnerungen: »Wer sich für die Geschichte der menschlichen Arbeit interessiert, wer es interessant findet, wie einer, was er tun muß, sinnvoll machen will, der kann die *Hammerschläge* schon lesen, ohne daß er Schaden nähme an seiner Seele.«[15] Die eigentliche Motivationsgrundlage für die Auseinandersetzung wird auch hier offen benannt: »Als ich die *Hammerschläge* las, las ich in meiner Geschichte, und hatte das Gefühl, es sei unsere Geschichte« (ebd.).

Ähnliche Formulierungen finden sich bei Walser immer wieder, stets vollzieht er offen eine In-Bezug-Setzung von Werk, Autor- und Lesererfahrung und führt die Möglichkeit einer solchen Koppelung der eigenen Erfahrung auch als Motiv der publizistischen Auseinandersetzung an. Die Kategorie der Erfahrung beherrscht die Besprechung so unterschiedlicher zeitgenössischer Werke wie Draginja Dorpats auf den Index jugendgefährdender Schriften gesetzten Roman *Ellenbogenspiele*,[16] Roland Langs Roman über die Politisierung eines Graphikers im Laufe der

Studentenunruhen,[17] Sartres *Die Wörter*,[18] Ernst A. Rauters Bericht über seine Erfahrungen in der russischen Arbeitswelt[19] oder etwa Walter Kappachers Roman *Morgen*.[20] Das Mißlingen der Liebe (bei Dorpat), der politische Entwicklungsgang von Langs Helden Philipp Ronge, die Unlebbarkeit des Lebens (bei Kappacher), die Erkenntnisse eines westdeutschen Arbeiters in Sibirien (bei Rauter) oder der frühe Entwicklungsweg eines Schriftstellers (bei Sartre) — stets diskutiert Walser Bücher vor dem Hintergrund der sozialen Lebensformen und Entwicklungsgänge, die in ihnen greifbar werden. Sein Begriff von Realismus erweist sich dabei als weit genug, um unterschiedlichste Stilformen unter ihnen fassen zu können: Wolfgang Bächlers Traumprosa (»Es gibt über den sogenannten Literaturbetrieb der letzten 20 Jahre kein realistischeres Buch als diese Sammlung aufgeschriebener Träume.«[21]) ebenso wie z. B. den nüchtern-lapidaren Erzählstil Kappachers, über den es heißt: »Sein Arbeitsprogramm ist das echte Roman-Arbeitsprogramm. Prüfung einer Lebensart. Nicht Darstellung einer Lebensart, sondern Antwort auf eine Lebensart. Unsere Lebensart hat jetzt einen ernsthaften Feind mehr.«[22]

Gerade in diesem Anschreiben gegen eine sich mit allem abfindende »Lebensart« sieht Walser die entscheidende Leistung des Schriftstellers — von hier aus kann er deshalb etwa Brecht und Hölderlin nicht nur auf der Ebene eines identischen Bedürfnisses nach Selbstrechtfertigung, sondern auch auf der eines Engagements für das Nicht-Abfinden, für das Wach-Bleiben nebeneinanderstellen. Der Titel des zweiten Hölderlin-Essays ist demnach als ein programmatischer zu lesen, er soll auf alle Beschäftigung mit Literatur angewendet werden: es gilt einer literarischen Tradition zu entsprechen, in der sich der Schriftsteller gegen die Gleichgültigkeit angesichts der Umstände schreibend zur Wehr setzte, in der sich die beschädigte Person nicht über ihren Zustand selbstgenügsam hinwegtäuschte, sondern sich an ihm kritisch abarbeitete, sich »schreibend verändernd« verhielt. Diesen Zug thematisiert Martin Walser in seinen Arbeiten über Proust, Hölderlin, Heine, R. Walser, Brecht, Kafka, Büchner, Schiller und Swift. An diesen Autoren interessiert ihn nicht allein der Komplex schriftstellerischer Legitimationsprobleme im engeren Sinne und der Versuch ihrer Bewältigung — Walser betreibt keine Fachsimpelei mit oder über Kollegen. Der breite Raum, den diese Thematik in den einzelnen literaturkritischen Essays, Reden und Artikeln einnimmt, rechtfertigt sich vielmehr dadurch, daß die schriftstellerische Legitimationsnot für Walser aus einer Haltung herrührt, die mit den Normen der jeweiligen Umwelt nicht konform geht. Die Identitätsproblematik der von Walser analysierten Autoren hat ihren gesellschaftlichen Ort und Ursprung: Swift, der im Grunde gerne hätte ›Ja‹ sagen wollen; Heines jüdische und deutsche Identität (»Aber zwei Identitäten, das ist weniger als eine« [*LI* 183]); Schillers »schlafloser Freiheitsdurst«; Brecht, der »sich selbst nicht genug war« usf.

Das Band, das Walser zwischen sich und diesen Autoren knüpft, führt zur Vergegenwärtigung einer Traditionslinie, in der das Harmoniebedürfnis von Schriftstellern nicht im ästhetischen Konfliktarrangement mündete (wie Walser dies bei Goethe unterstellt), sondern in dem Versuch, sich der eigenen Vermittlungsfunktion zwischen Jetzt und Noch-Nicht auszusetzen. »Ich merke inzwischen, daß mir Freundlichkeit und Teilnahme immer schwerer fallen. Es kommt mir vor, als werde ich erzogen zu einer feindsinnigen Feindseligkeit« (*LI* 234). Dies in der Büchnerpreisrede gegebene Eingeständnis Walsers ist folglich ebenso Teil seines Subjektivitätskonzeptes wie das in der ersten Person Plural formulierte Bekenntnis in der Auseinandersetzung mit Heine: »Um unseretwillen sprechen wir von ihm« (*LI* 200). Denn Walser erkennt diesen Zug seiner Befindlichkeit als einen kollektiven, aber eben subjektiv am eigenen Ich erfahrenen: »Zu meiner eigenen Verwunderung sehe ich immer wieder, daß ich typisch bin« (*LI* 234), heißt es wenige Sätze nach der oben zitierten Äußerung in der Büchner-Rede.

Insofern spricht Walser also auch als Repräsentant seiner Gegenwart. Vom subjektiven Ansatzpunkt aus wird schließlich intersubjektives Terrain gewonnen. Gegenüber der Erfahrung der Teilnahmslosigkeit, der allgemeinen Indifferenz, die Walser in seiner Auseinandersetzung mit Schriftstellern artikuliert und thematisiert, kann Literatur — und zwar Primärliteratur wie Sekundärliteratur — als Korrektiv dienen. Das Absehen von der eigenen Person hingegen würde nicht einmal zur Erkenntnis der Notwendigkeit eines solchen Korrektivs führen.

Anmerkungen

1 M. W., Es fehlt ihm das Verpackungswesen, in: Süddeutsche Zeitung, 31. Januar 1970.

2 M. W., Rascher Überblick über unser Vermögen, in: Deutsche Volkszeitung, 14. November 1974.

3 M. W., Der unterirdische Himmel, in: Jahrbuch der Deutschen Schillergesellschaft, 24 (1980), S. 492.

4 M. W., Tagtraum, daß der Kritiker ein Schriftsteller sei, in: Kritik — von wem/für wen/wie. Eine Selbstdarstellung deutscher Kritiker, hrsg. von Peter Hamm, München 1968, S. 11 f.

5 Marcel Reich-Ranicki, Ein bißchen Amtsarzt, ein bißchen Moses, in: Literarisches Leben in Deutschland. Kommentare und Pamphlete, München 1965, S. 276.

6 M. W., Eine Zelle Öffentlichkeit. Überlegungen zum Kongreß »Arbeitswelt und Bibliothek«, in: Frankfurter Rundschau, 10. Mai 1975.

7 M. W., Bemerkungen zur Literaturkritik, in: Text + Kritik, Heft 41/42 (1974), S. 54.

8 Hier findet sich übrigens eine überraschende Parallele zu den Überlegungen des Strukturalisten Roland Barthes: »Sollte es Gesetze der literarischen Schöpfung geben, die nur dem Schriftsteller, nicht aber für den Kritiker gelten? Jede Kritik muß in ihrem Diskurs (sei es auch auf noch so diskrete und abgewandte Weise) einen implizierten Diskurs über sich selbst enthalten. Jede Kritik ist Kritik des Werkes und Kritik ihrer selbst. [. . .] Die Kritik ist keineswegs ein Verzeichnis von Resultaten oder ein Korpus von Urteilen, sie ist wesentlich eine Tätigkeit, das heißt, eine Folge von intellektuellen Handlungen, die tief in der historischen und subjektiven (beides ist dasselbe) Existenz dessen wurzeln, der sie ausübt, das heißt, der die Verantwortung für sie übernimmt. Kann eine Tätigkeit ›wahr‹ sein? Sie gehorcht ganz anderen Forderungen.« Roland Barthes, Was ist Kritik?, in: R. B., Literatur oder Geschichte, Frankfurt/M. 1969, S. 65.

9 Vgl. die Argumentation in WS 94-101.

10 M. W., Arno Schmidts Sprache, in: Der Solipsist in der Heide. Materialien zum Werk Arno Schmidts, hrsg. von Jörg Drews und Hans-Michael Bock, München 1974, S. 17.

11 M. W., Einer der auszog, das Fürchten zu lernen. Vermutungen über Hans Magnus Enzensberger, in: Die Zeit, 15. September 1961.

12 M. W., Was Schriftsteller tun können. Zu dem Roman *Das dritte Buch über Achim* von Uwe Johnson, in: Süddeutsche Zeitung, 26./27. August 1961.

13 M. W., Eine Landschaft meldet sich zu Wort, in: Stuttgarter Nachrichten, 2. März 1979.

14 Walser beispielsweise über Achternbusch: »Lieber Herbert Achternbusch, möchte man sagen, das vergeß' ich dir nie. Das ist ganz prima, daß du das riskiert hast. Ich trau mich jetzt auch etwas deutlicher zu sagen, was mir fehlt.« M. W., Das Unmögliche kann man nur darstellen. Herbert Achternbuschs zweiter Film, in: Frankfurter Rundschau, 8. August 1976.

15 M. W., Ein Prolet von Gottes Gnaden. Martin Walser über Heinrich Lerschs *Hammerschläge*, in: Frankfurter Allgemeine Zeitung, 30. Januar 1981.

16 M. W., Die Unschuld des Obszönen, in: Frankfurter Allgemeine Zeitung, 2. August 1967.

17 M. W., Über die Empfindlichkeit realistischer Schreibweise: Roland Langs Roman *Ein Hai in der Suppe*, in: Frankfurter Rundschau, 12. April 1975.

18 M. W., Glänzende Skrupel. Martin Walser über Jean Paul Sartre *Die Wörter*, in: Der Spiegel, 19 (1965), Nr. 12, S. 129 f.

19 M. W., Was einer in Sibirien sucht und findet. E. A. Rauters *Kunerma — der Ort, wo niemand wohnt*, in: Frankfurter Rundschau, 30. Juni 1979.

20 M. W., Ernsthafter Feind. Ein stilles Bild von brutaler Zurückhaltung. Walter Kappachers Roman *Morgen*, in: Die Zeit, 14. Februar 1975.

21 M. W., »Bundesrepublik«: von einem, der nicht fertig wurde mit ihr. Über Wolfgang Bächlers Traumprosa, in: Frankfurter Rundschau, 3. Juni 1972 (Abdruck von Walsers Nachwort zu Bächlers *Traumprotokolle*).

22 M. W., Was einer in Sibirien sucht und findet (s. Anm. 19).

»Wer wird nicht einen Walser loben...«
Zur Rezeption Walsers in der Sowjetunion[*]

Henry Glade & Peter Bukowski

Als sich die parteipolitische Bindung der sowjetischen Schriftsteller und Kritiker an den sozialistischen Realismus nach dem Tode Stalins (1953) und dem 20. Parteikongreß (1956) zu lockern begann, konnte auch die moderne nichtsozialistische Literatur westlicher Länder wieder in die literarische Diskussion einbezogen werden. Grundlage hierfür war ein revidierter theoretischer Ansatz, welcher dem sogenannten kritischen Realismus eine selbständige Rolle und Funktion zwischen Modernismus und sozialistischem Realismus zuerkannte. Dabei wurde der kritische Realismus vorwiegend nach inhaltlichen Kriterien bestimmt, so daß es beispielsweise für die Wertung der unmittelbaren Nachkriegsliteratur der BRD ausschlaggebend war, inwieweit sie antifaschistische Haltung, die Anerkennung der Kollektivschuld und die gesellschaftlichen Ursachen des Nationalsozialismus reflektierte. Wolfgang Borchert und der frühe Heinrich Böll waren die ersten Vertreter der »Generation der Heimkehrer«, deren Werke unter diesen Gesichtspunkten in der UdSSR rezipiert worden sind. Seitdem ist es ein wesentliches Ziel der sowjetischen Literaturwissenschaft und -kritik geblieben, den kritischen Realismus an Hand solcher und ähnlicher Bewertungsmaßstäbe eindeutig vom Modernismus innerhalb der BRD-Literatur abzugrenzen.

Im Rahmen dieses ideologisch-gehaltlich oder formalästhetisch anwendbaren kritischen Schemas gibt es zudem eine weitreichende Skala der Ansatz- und Darstellungsweisen, die von vulgärmarxistischen, für die breite

---

[*]Eine textlich leicht veränderte Fassung dieses Beitrags wurde 1985 in den *Germano-Slavica* vorabgedruckt.

Masse bestimmten Ausdeutungen bis zu differenzierten, nur den Fachkundigen ansprechenden strukturellen und ästhetischen Analysen reicht. Die Auflagenhöhe einer jeweiligen Publikation wird dadurch entscheidend beeinflußt, so daß sich an ihr — weit mehr noch als beim westlichen Buchhandel — bereits die intendierte Leserschicht ablesen läßt.

Daß Martin Walsers Werk gesellschaftlich genügend engagiert sei, um vor dieser politisch orientierten Kritik Gnade zu finden, möchte man meinen. Der Autor selbst bestimmte einmal in einem Briefwechsel mit Jurij Trifonov seinen Standort als zwischen dem der DKP und dem der SPD liegend.[1] Die politische Haltung Walsers wird in der Sowjetunion auch immer wieder hervorgehoben und in Interviews bestätigt.[2] Dennoch sind bisher erst wenige Werke veröffentlicht worden, im Gegensatz zu einer umfangreichen Sekundärliteratur.

Wer wird nicht einen Walser loben? — Aber die sowjetische Kritik tut sich schwer mit den Werken des Autors. Einen Hinweis auf die Gründe dafür gibt einer der bedeutendsten sowjetischen Germanisten, Dmitrij Zatonskij, mit seiner Frage:»Was ist Walser nun — ein Avantgardist oder ein Gegner des Avantgardismus; ein Wortkünstler oder ein sozialer Kritiker?«[3]

Diese Frage liegt mehr oder weniger extensiv fast allen sowjetischen Arbeiten über die Werke Walsers zugrunde. Es ist daher kein Zufall, daß zunächst Dramen Walsers in der Sowjetunion erschienen sind. Hier kann die sowjetische Kritik diese Frage am klarsten in ihrem Sinne beantworten.

Übersetzungen von *Eiche und Angora*, *Überlebensgroß Herr Krott* und *Der schwarze Schwan* erschienen 1974.[4] Eine rein politische Interpretation der Stücke geben Vladimir Steženskij und Lidija Černaja in ihrer für die breitere Öffentlichkeit bestimmten Darstellung *Literaturnaja bor'ba v FRG* (1978): *Eiche und Angora* sowie *Der schwarze Schwan* bezeichnen sie als antifaschistische Stücke, in denen sich der Autor auch gegen neonazistische und revanchistische Ideen in der BRD wende. In dem Stück *Überlebensgroß Herr Krott* werde die Frage nach der Ablösung des überlebten Monopolkapitalismus gestellt.

Nina Pavlova, Mitarbeiterin am Gorki-Institut, wendet sich mit ihrer Arbeit »Antifashistskie p'esy Martina Val'sera« in *Teatr* 6, 1975 an ein fachkundigeres Publikum. Das zeigt sich nicht nur in ihrer inhaltlich differenzierteren, sondern hauptsächlich auch in der formalen Analyse der Stücke. Sie geht auf die metaphorischen Elemente sowie auf die Funktion der Leitmotive ein und setzt sich auch mit der Wirkung der Stücke auf das Publikum auseinander.[5] Es ist nebenbei aufschlußreich, daß sie beispielsweise das nur ins Estnische übersetzte Stück *Die Zimmerschlacht* sehr viel positiver bewertet als im allgemeinen die DDR-Kritik. Sie hebt die präzisen psychologischen Beobachtungen, den glänzend geschriebenen Dialog über das Thema Ehe als Modell der Beziehungen in der bürgerlichen Gesellschaft hervor, während die DDR-Kritik gemeinhin die subjektive Sicht in dem Stück verurteilt und vom Abschied Walsers aus der Politik spricht.[6]

Eine nahezu werkimmanente Interpretation gibt E. Vengerova in ihrer Rezension des Stückes *Das Sauspiel*, die in Nr. 2 der Referate-Zeitschrift *Sovremennaja chudozhestvennaja literatura za rubezhom* erschienen ist. Da dieses Blatt ausschließlich in der Originalsprache erschienene ausländische Werke bespricht, richtet es sich also nur an den relativ kleinen Kreis der Fachgermanisten und sprachlich entsprechend Gebildeten.

Breiten Raum nimmt in der sowjetischen Kritik die Auseinandersetzung mit der Ansicht westlicher Rezensenten ein, die in den Stücken — besonders im *Krott* — Einflüsse des absurden Theaters und insbesondere Parallelen zu Beckett sehen. Wesentliche Unterschiede machen die sowjetischen Kritiker dagegen im Ausgangspunkt und in der ideellen Konzeption beider Autoren. So ist nach Zatonskij Becketts *Warten auf Godot* eine Parabel der Sinnlosigkeit der menschlichen Existenz überhaupt, während die Personen und Situationen bei Walser konkrete historische Züge haben. Zatonskij läßt Walser selbst die Gründe für das Fehlen eines szenischen Handlungsablaufs und einer dramatischen Fabel sowie die Lethargie seiner dramatis personae erläutern[7] und kommt dann zu der Schlußfolgerung: »Für Beckett ist die Lethargie eine allgemeine, ja fast eine kosmische Erscheinung, für Walser eine konkret bedingte soziale.«[8]

Nach der Publikation dieser drei Stücke blieb Walser bei den sowjetischen Kritikern zwar weiter im Gespräch, und es erschienen zahlreiche Artikel über seine Werke; es dauerte jedoch fünf Jahre, bis 1979 in einem Sammelband die Romane *Ehen in Philippsburg* und *Jenseits der Liebe* sowie eine Auswahl von Kurzgeschichten veröffentlicht wurden.[9]

Zunächst sah die sowjetische Kritik die frühen Geschichten Walsers ganz in der Tradition Kafkas und stimmte hierin mit dem Gros der westlichen Kritik überein. Von dieser ersten Wertung entfernten sich die Kritiker dann immer weiter und hoben die Eigenständigkeit Walsers hervor. Dabei beschränken sie sich allerdings häufig auf politisch-gesellschaftliche Gesichtspunkte.

Die Überbetonung dieser Gesichtspunkte wird besonders bei Pavel Toper, einem der konservativen Mitarbeiter am Gorki-Institut, sichtbar, wenn er die Satire »Nach Siegfrieds Tod« (aus *Lügengeschichten*) interpretiert: » ›Nach Siegfrieds Tod‹ enthüllt deutlich [. . .] die realen Klassenverhältnisse im Leben der BRD — die Allmacht der Unternehmer und die rechtlose Existenz derer, die ihr täglich Brot mit schwerer Arbeit verdienen.«[10] Das bedarf keines Kommentars.

Auch Zatonskij geht in seiner Arbeit auf die Parallelen zu Kafka ein und streicht dann die Konkretheit der sozialen, kritischen Tendenz in der Darstelllung der Entfremdung und Isolation des Individuums bei Walser heraus. Im Gegensatz zu Kafka bleibe Walser nicht bei der Psychologie stehen, sondern bediene sich ihrer, um metaphorische soziale Modelle zu schaffen. Und noch etwas unterscheide Walser von Kafka: die bewußte Ironie, der satirische Humor. Am Beispiel der Erzählung »Was wären wir ohne Belmonte« zeigt Zatonskij, wie es Walser gelingt, durch eine »ungewöhnliche, provozierende und aufreizende Form«[11] ein soziales Thema zu gestalten und das Wesentliche eines Problems scharf zu erfassen.

Im Jahre 1981 erscheint die Geschichte »Ein Flugzeug über dem Haus« in der UdSSR und gibt dem Sammelband *Samolet nad domom. Rasskazy pisatelei FRG o molodezhi* (»Erzählungen von Schriftstellern der BRD über die Jugend«) seinen Titel. Die Herausgeberin des Buches, Nina Litvineč, schreibt im Vorwort: »Nicht zufällig steht die Erzählung ›Ein Flugzeug über dem Haus‹ an erster Stelle in diesem Sammelband. Die gesamte Summe von psychischen, inneren, persönlichen Problemen eines jungen Menschen, die Walser so exakt zog, wurde eine Art Startpunkt, von dem diese Jugendthematik in der westdeutschen Literatur ausging und im Laufe der Zeit immer klarere soziale und politische Konturen erlangte« (S. 6). Und während andere sowjetische Kritiker einen Trennungsstrich zwischen den früheren Geschichten Walsers und seinen späteren Werken ziehen, stellt Litvineč an gleicher Stelle einen Zusammenhang her: »In der Tat gibt diese Erzählung den Ton für das weitere Werk Walsers an. In dieser Erzählung werden die für Walser wichtigsten psychologischen Probleme berührt, die er später in seinen umfangreichen Romanen in einer für ihn charakteristischen Fülle von Details darstellt; und zwar in bezug auf unterschiedliche Altersstufen, soziale Schichten und Gruppen« (S. 6).

Einen Höhepunkt im Schaffen Walsers sieht die sowjetische Kritik in dem Roman *Ehen in Philippsburg*. Die Kritiker stimmen darin überein, daß dieses der formal traditionellste Roman Walsers ist. Mit diesem Werk knüpfe der Autor an die Tradition des kritischen Realismus an.

Irina Mlečina verweist in ihrem Vorwort des Sammelbandes von Werken Walsers besonders auf die Verwandtschaft mit Heinrich Mann und dessen Roman *Im Schlaraffenland*. Richtig sieht sie nicht nur im Sujet Parallelen, sondern auch in der »satirisch zugespitzten Darstellung der Stützen des deutschen Bürgertums, in der genau wiedergegebenen Atmosphäre des geistigen Verfalls und der sittlichen Verarmung« (S. 8).

Sie bescheinigt Walser, bereits in seinem ersten Roman die Dialektik des heutigen Kapitalismus erkannt und gezeigt zu haben — die Jagd nach Erfolg und den Verlust der Moral einerseits sowie die Wahrung der persönlichen Identität und den Konflikt mit der Gesellschaft andererseits. Ein wichtiges Strukturelement sieht Mlečina hier in den Notizen des Schriftstellers Klaff. Sie objektivierten und korrigierten die individuellen und subjektiven Erzählelemente, ohne diese jedoch zu beseitigen, und machten damit diese Dialektik besonders deutlich.

Zatonskij präzisiert den Bezug des Romans zum kritischen Realismus. Im Unterschied zur Mehrzahl der Romane von Andersch, Böll, S. Lenz, Schallück und Nossack ordnet er den Roman Walsers der Tradition des kritischen Realismus Balzacs zu und schließt sich damit der westlichen Kritik an, die den Bezug zu Balzac in vielen Rezensionen herausgestellt hat.[12] Zatonskij bezeichnet es als ein Hauptmerkmal der zeitgenössischen westlichen Autoren, wie z. B. der oben angeführten, daß sie besonders den »kleinen Mann« und seine Probleme in den Vordergrund ihrer Werke stellen. Balzac dagegen habe seine Aufgabe darin gesehen, einen Querschnitt durch die Gesellschaft zu geben. Indem Walser seinen Roman kompositionell ähnlich aufbaue wie Balzac seinen Roman *Vater Goriot*, könne er ebenso wie dieser das Oben und das Unten sowie die Beziehungen zwischen beiden Bereichen darstellen. Auf einen Unterschied weist Zatonskij allerdings hin: Während der Held Balzacs aktiv handle, bleibe Walsers Held Hans Beumann ein »passiver Dutzendmensch«. Darin, in der Gewöhnlichkeit und dem Konformismus, sieht Zatonskij Walsers Antwort auf die Frage, die er sich in seinem Roman stellt: »Was ist die spätkapitalistische Welt?« In diesem Zusammenhang weist Zatonskij Roland Wiegensteins Kritik (*Frankfurter Hefte*, Mai 1958) zurück, der in den Stationen der Entwicklung Beumanns »mehr Schulstunden zur Erlernung des Konformismus als eine Lehre, sich selbst zu finden« sieht. »Der Autor ist frei,« so Zatonskij, »sein Problem selbst zu wählen, und braucht nicht den Kritiker um Erlaubnis zu bitten. Und wesentlich ist nur, ob er seine Frage richtig gestellt hat.«[13] Es hat schon seine besondere Ironie, daß hier ein sowjetischer Gelehrter für die künstlerische Freiheit eines westlichen Schriftstellers eintritt.

Das eingangs erwähnte »Gefälle« innerhalb der sowjetischen Kritik mögen zwei Wertungen nochmals verdeutlichen. Jurij Archipov bezieht sich in seiner Besprechung der russischen Übersetzung von *Ehen in Philippsburg* sehr eingehend auf die formalen und stilistischen Mittel Walsers. Er stellt der Traditionalität und Banalität des Materials die Modernität des Stils gegenüber: »[. . .] die Konzentriertheit des dahineilenden Stils, die Schärfe der beißenden graphischen Zeichnung, die frontale Direktheit der Analyse, die Energie der kurzen, abgehackten Phrase, die an die postexpressionistische »Telegramm«-Prosa der zwanziger Jahre erinnert.«[14] Für Steženskij-Černaja dagegen ist der Roman lediglich »eine scharfe und böse Satire auf die westdeutsche Gesellschaft, die vom Wirtschaftswunder hypnotisiert ist.«[15]

Eine Verbindungslinie zwischen Franz Horn, dem Anti-Helden aus *Jenseits der Liebe*, und Hans Beumann zieht Irina Mlečina in ihrem Vorwort: »Horn könnte der alt gewordene Beumann sein. Dieser war auch einsam; die Zukunft war für ihn eine Ebene aus Eis, die sich in der Ferne verlor. Horn aber ist noch hundertmal einsamer und hoffnungsloser; seine Lebenskraft ist geschwunden. Hans Beumann war noch voll Hoffnung und strebte unaufhaltsam nach oben — Franz Horn fällt ebenso unaufhaltsam nach unten.« Gleichzeitig hebt Mlečina jedoch hervor, daß Walser nicht in Pessimismus verfalle. Durch das offene Ende bleibe die Hoffnung gewahrt — und mehr als das: »Die Gesellschaftskritik [...] mobilisiert den Leser und muß ihn zu ›konstruktiven‹ Schlußfolgerungen führen — das ist die Absicht des Autors« (S. 11).

Auf diese inhaltlichen und formalen Gesichtspunkte ist es wohl zurückzuführen, daß *Ehen in Philippsburg* und *Jenseits der Liebe* in der UdSSR veröffentlicht wurden und daß letztlich in der Zeitschrift *Inostrannaja literatura* (Nr. 8, 1983) *Ein fliehendes Pferd* erschien, nachdem das Wochenblatt *Literaturnaja Gazeta* am 7. Januar 1981 bereits Auszüge aus zwei Kapiteln vorabgedruckt hatte.

So hebt Karel'skij in seinem Nachwort in *Inostrannaja literatura* hervor, in welch starkem Maße das Genre der Novelle Walser zur Konzentration der Dramatik, zur Intensivierung des Sujets gezwungen und die Gefahr der Ausuferung und Langeweile gebannt habe: »Die Hinwendung zu einem klassischen Genre erwies sich für den Prosaiker Walser als außerordentlich wohltuend. Er wahrte alle Werte seiner künstlerischen Art — die feine Psychologie, die Ironie und den Scharfsinn der Analyse, die Fähigkeit, das richtige Wort und den der jeweiligen Situation angemessenen Ton zu finden — und hat diese Werte durch eine strenge Disziplin und Verbindlichkeit der Form ergänzt [...]« (S. 54).

Die Kristlein-Trilogie — *Halbzeit, Das Einhorn, Der Sturz* — ist zwar in der UdSSR nicht erschienen, wird aber ebenso ausführlich besprochen und analysiert wie die übersetzten Werke. Mit der Struktur der Romane sowie mit dem Verhältnis von Inhalt und Form beschäftigen sich vor allem Kalninja — eine lettische Germanistin — und Zatonskij in ihren Arbeiten. So erklärt Kalninja den Detailüberfluß in der Trilogie damit, daß es den

»ganzen Menschen« nicht mehr gebe. Alles werde gleich wichtig bzw. unwichtig — Literatur, Politik, kulinarische Genüsse.»Walser stellt das Fehlen einer echten menschlichen Grundlage im Verhältnis des Menschen zum Mitmenschen und zu den Dingen fragmentarisch und mit beabsichtigter Chaotik dar.«[16] Auf diesen Zusammenhang weist auch Zatonskij hin: »Gerade diese Art von Mosaik hat den gleichen Rhythmus wie die reale Unordnung, wie der reale ›Pluralismus‹ des hoffnungslos verworrenen, nach allen Seiten zerfallenden westdeutschen Lebens.«[17] Immer wieder wird jedoch auch von den Kritikern der Vorwurf erhoben, daß hinter dem Wortschwall des Erzählers die Hauptgedanken verlorengingen.

Unverblümt formuliert: Walsers Trilogie war den zuständigen Redaktionsmitgliedern einfach zu langatmig, um nicht zu sagen langweilig. In diesem Sinne drückte eine Verlagsleiterin uns gegenüber ihre Einstellung zu Walser aus. Dieser Einwand schlägt sich auch zehn Jahre später noch in der Kritik Karel'skijs nieder. Er bemängelt »jene bedrückende Empfindung der hoffnungslosen Langeweile des Alltags, die seine Romane zurückließen. Er hatte diese Empfindung natürlich absichtlich erzeugt, aber das hat dem Leser die Sache nicht gerade leicht gemacht.«[18]

In Übereinstimmung mit der westdeutschen Kritik weist Archipov auf die Evolution Walsers in den letzten Jahren hin — »vom Wortschwall zur Kürze.«[19] Diesen Wortschwall bzw. die »Geschwätzigkeit«, um es negativ zu sagen, betrachtet er als besondere »Krankheit« Walsers in den ersten Jahren und führt als weitere Mängel die Komposition, die Sprache, den Rhythmus und die Bildlichkeit der Vergleiche an. Angefangen von der *Gallistl'schen Krankheit* jedoch würden sich seine Werke »verschlanken«, ökonomischer in ihren stilistischen Mitteln werden und sich auf ein Minimum an handelnden Personen beschränken. Diese Evolution verlaufe jedoch nicht geradlinig — auf die schwache *Gallistl'sche Krankheit* folge der gelungene Roman *Jenseits der Liebe*, auf die glänzende Novelle *Ein fliehendes Pferd* der »Übergangs«-Roman *Seelenarbeit*, der die »alte Leier« wieder aufnehme.

Wer wird nicht einen Walser loben, aber wird ihn jeder lesen? Wer kann ihn schon in der UdSSR lesen? Um es noch einmal zusammenzufassen, publiziert wurden von Walser in russischer Sprache: einige Kurzgeschichten, drei Dramen, *Ehen in Philippsburg, Jenseits der Liebe* und *Ein fliehendes Pferd*. Das ist ein bißchen wenig für einen Autor, der von publizistischen Organen über den grünen, oder sollte man sagen, über den roten Klee gelobt wird.

Paradigmatisch für die Rezeptionsbedingungen in der UdSSR ist die Aufnahme der *Gallistl'schen Krankheit*, eines Romans, der in die Zeit fällt, in der Walser der DKP nahe stand. Mit der Hinwendung zum Marxismus und Kommunismus als Ausweg aus der Krise, als Weg zur Selbstverwirklichung des Individuums scheint der Roman geradezu prädestiniert für eine Veröffentlichung in der Sowjetunion. Aber zugleich heißt es dann in dem Roman: »[...] trotzdem glaube ich nicht, die Sowjetunion könne für uns denken. [...] Internationalismus? Das ist eine Notwendigkeit für jeden lokalen Sozialismus. Aber es genügt nicht, Ergebenheit über die Grenzen zu transportieren« (GK 109).[20] Damit geht es in einem ganz anderen Maße als mit der Kritik am Kapitalismus um Fragen, welche die Sowjetunion unmittelbar politisch betreffen und welche dann natürlich sofort die Hüter der »richtigen« Ideologie auf den Plan rufen. Ist das auch der richtige Weg zum Marxismus, den Gallistl geht? Deckt sich Walsers Standpunkt gegenüber dem Marxismus mit dem offiziellen Standpunkt? Diese Fragen verneinen die Kritiker kategorisch und betonen immer wieder, wie naiv, primitiv und voller Klischees Gallistls Vorstellungen vom Marxismus und Kommunismus sind, wie schematisch und unrealistisch die Kommunisten in dem Werk dargestellt werden. So monieren beispielsweise Steženskij-Černaja: »[...] ihr Wesen ist völlig schematisch, sie treten im Roman als Verkünder bestimmter Ideen und Thesen auf. In der Regel haben diese Thesen, die sich ›sozialistisch‹ und ›kommunistisch‹ nennen, mit solchen Thesen nichts gemein, sondern drücken die naiven, bis zur Primitivität vereinfachten Vorstellungen Gallistls über Sozialismus und Kommunismus aus.«[21] Jewgenija Knipovič weist in ihrer Rezension[22] diejenigen Ausführungen entschieden zurück, in denen Walser in seinem Roman individuelle Handlungsweisen und gesellschaftliche Verhältnisse auf frühkindliche Erziehungsmaßnahmen zurückführt. Sie bezeichnet das als »dumme ›psychologische‹ und ›freudianische‹ Interpretation der Ursachen des ›Klassenkampfes‹« und spricht von »reaktionären Gedanken«. Angesichts der »tiefen Zweifel«, der »Hamlet-Fragen« sowie der »einfältigen ›Kritik des Marxismus‹« könne der Roman dem sowjetischen Leser natürlich nicht »zugemutet« werden.

Vor solchen Problemen wie bei diesem Roman Walsers stand die sowjetische Kritik generell bei den Werken der westlichen Linken, solange diese sich dezidiert politisch artikulierten und dabei Ideen entwickelten, die sich nicht mit der sowjetischen Ideologie deckten und vom real existierenden Sozialismus abwichen. Weniger Kopfzerbrechen bereitet der Kritik dagegen die neue Innerlichkeit, auch wenn die Autoren sich literarischer Methoden und Strukturen bedienen, die bisher als typisch für den Modernismus galten. Im Dienst einer kritischen Analyse der gesellschaftlichen Wirklichkeit des Kapitalismus kann die sowjetische Literaturkritik diese Methoden jedoch ohne weiteres akzeptieren. So betrachtet sie heutzutage Werke wie *Ein fliehendes Pferd* oder auch Werke von Peter Handke als »authentische Ausdrucksformen für die ›gesellschaftlichen Konsequenzen des entfremdeten Daseins‹ des Individuums in der kapitalistischen Welt.«[23]

Anmerkungen

1 Vgl. Sowjetliteratur heute, hrsg. von Gisela Lindemann, München 1979, S. 184.
2 Vgl. Martin Val'ser, Nado izuchat' marksizm, in: Teatr, 9 (1977), S. 135-137.
3 Istorija Literatury FRG, Moskva 1980, S. 342. — Alle Übersetzungen ins Deutsche von den Autoren der vorliegenden Arbeit.
4 Martin Val'ser, Dub i krolik, Gospodin Krott v sverchnatural'nuiu velichinu, Chernyi lebed'. Die Ausgabe erschien im Moskauer Verlag Progress. Nina Pavlova besorgte die Auswahl, das Vorwort schrieb Irina Mlečina. Die Auflagenhöhe ist nicht bekannt.
5 So zeigt Pavlova zum Beispiel die Doppeldeutigkeit der Symbolik des *Schwarzen Schwans* einerseits — den Anfangsbuchstaben nach — als Bezeichnung für die SS, andererseits als Ausdruck romantischer Hoffnungslosigkeit. Eine besondere emotionale Atmosphäre für den Zuschauer schafft Walser ihrer Meinung nach durch die Verbindung von Schrecklichem und Heiterem, von Verbrechen und Unschuld.
6 Vgl. dazu Otto F. Riewoldt, Von Zuckmayer bis Kroetz. Die Rezeption westdeutscher Theaterstücke durch Kritik und Wissenschaft in der DDR, Berlin (West) 1978, S. 141-143.
7 Zatonskij nimmt hier vor allem Bezug auf die Schriften Walsers »Vom erwarteten Theater« (1962) und »Imitation oder Realismus« (1964). Walser legt darin seine Ansicht über die gegenwärtige Möglichkeit des Dramas dar und kommt u. a. zu dem Schluß, daß die Erfindung einer dramatischen Handlung die gesellschaftlichen Verhältnisse um des Dramas willen geradezu verfälschen würde, weil auf diese Weise die gesellschaftspolitische Lethargie und der soziale Leerlauf in den Hintergrund gerieten (*EL* 59-93).
8 Istorija Literatury FRG, a. a. O., S. 356.
9 Der Sammelband erschien wiederum im Moskauer Verlag Progress in einer für russische Verhältnisse relativ kleinen Auflage von 50.000 Exemplaren. Aus *Ein Flugzeug über dem Haus* wurden übersetzt: »Ich suchte eine Frau«, »Der Umzug«, »Die Klagen über meine Methoden häufen sich«, »Templones

Ende«, »Die letzte Matinee«. Aus den *Lügengeschichten*: »Mein Riesenproblem«, »Bolzer, ein Familienleben«, »Nach Siegfrieds Tod«, »Eine unerhörte Gelegenheit«. *Jenseits der Liebe* wurde erstmals 1979 in Inostrannaja literatura Nr. 6 publiziert. Eine größere Liberalität der estnischen Presse zeigt sich darin, daß sie die Kurzgeschichten Walsers lange vorher veröffentlicht hat.

10 Pavel Toper, Ovladenie real'nost'iu. Stat'i, Moskva 1980, S. 448.

11 Istorija Literatury FRG, a. a. O., S. 345.

12 Balzac hat als »Stammvater« des Realismus einen besonderen Stellenwert in der sowjetischen Literaturtheorie. Ein nicht geringer Grund dafür ist sicher, daß Marx ihn sehr schätzte, da er in den Handlungen und Personen, die Balzac darstellte, eine Bestätigung derjenigen ökonomischen und sozialen Gesetzmäßigkeiten sah, die er aufgedeckt und beschrieben haben wollte. Zatonskij hat sich mit dieser Fragestellung eingehend beschäftigt: »Sowohl Balzac wie Stendhal [. . .] taten den entscheidenden Schritt im Erfassen und in der Darstellung der gesellschaftlichen Gesetzmäßigkeiten, welche die menschliche Welt lenken.« Vgl. D. V. Zatonskij, Zerkala Iskusstva. Stat'i o sovremennoi zarubezhnoi literature, Moskva 1975, S. 12.

13 Istorija Literatury FRG, a. a. O., S. 346.

14 Jurij Archipov, Botichelli semeinogo kracha, in: Inostrannaja literatura, 6 (1980), S. 254.

15 V. Steženskij/L. Černaja, Literaturnaja bor'ba v FRG, Moskva 1978, S. 145.

16 D. Kalninja, Chelovek i mir v romanach Martina Val'sera. Ideinochudozhestvennye printsipy v zarubezhnoi literature XIX-XX vekov, Voronezh 1977, S. 18.

17 Istorija Literatury FRG, a. a. O., S. 350.

18 Vgl. A. Karel'skijs Nachwort zu *Skachushchaja loshad'*, in: Inostrannaja literatura, 8 (1983), S. 54.

19 Jurij Archipov, Botichelli semeinogo kracha, a. a. O., S. 254.

20 Die gleichen Ansichten vertritt Walser in einem Interview einige Jahre später. Vgl. Sibl. 45-56.

21 Vgl. V. Steženskij/L. Černaja, Literaturnaja bor'ba v FRG, a. a. O., S. 153.

22 Jewgenija Knipovič, Novyi roman Martina Val'sera, in: Inostrannaja literatura, 1 (1973), S. 268.

23 Felix Philipp Ingold, Deutschsprachige Gegenwartsliteratur in der UdSSR, in: Neue Zürcher Zeitung, 30. Juli 1982.

Über den Umgang mit Literatur[*]

Martin Walser

MEINE DAMEN UND Herren! Der Grund, warum ich nicht gleich anfangen konnte, ist verhältnismäßig banal, sehr äußerlich auf jeden Fall. Ich wollte einen Satz an den Anfang stellen, der auf Seite 292 meines Romans steht, den ich im Laufe des letzten Jahres geschrieben habe und der in Kalifornien spielt. Jetzt mußte das Manuskript gerade geholt werden, diese Seite 292, weil da ein Satz draufsteht, mit dem ich hier anfangen wollte. Der Satz ist auch nicht von mir und er ist in einem vielleicht losen Bezug zu unserer gemeinsamen Situation. Mein Roman heißt *Brandung* und spielt in Oakland, Kalifornien, an einer Washington University — die es hoffentlich nicht gibt. Mein Held in diesem Roman heißt Helmut Halm, der mit Sabine nach Kalifornien geht für ein Semester und die Rolle, die, sehr beschränkt, im *Fliehenden Pferd* Klaus Buch spielte, die spielt jetzt dieses wunderbare Land Kalifornien. Das ist ein größerer Gegner, deswegen ist das Manuskript länger, hat also 326 Seiten, und es wird dem Helmut Halm, glaube ich, mit Kalifornien nicht ganz so leicht gemacht wie mit Klaus Buch. Er trifft dort auf einen deutschen früheren Kommilitonen, auch aus Tübingen, der ihn dahin eingeladen hat, der heißt Rainer Mersjohann, aus — wie Sie vielleicht dem Namen entnehmen können — Münster in Westfalen stammend. Mit dem hat er sehr viel und sehr Schweres zu tun, und das ganze Semester über gibt es so ein winziges Nebenmotiv zwischen den beiden, weil ja beide *papers* vorbereiten müssen, und der Mersjohann wird Ende November in Houston, Texas,

---

[*]Diese Rede und die daran anschließende Diskussion vom letzten Konferenztag wurden mitgeschnitten und später mit Herrn Walsers Hilfe leicht überarbeitet. (J. S.)

an einem Symposium teilnehmen, das sich mit Literatur und Musik beschäftigt, und Rainer Mersjohann hat das Referat dort, das heißt: »Schuberts Textverständnis«. Und wann immer sie Karten spielen oder trinken, geht es immer wieder darum, wie weit der Rainer Mersjohann mit diesem Referat sein würde oder nicht ist — das kriegt mein Halm nie so ganz heraus. Der Mersjohann fliegt dann von San Francisco nach Houston am Donnerstag morgen, sehr früh, mit *United*. Er hat sein Referat am Freitag nachmittag dort über Schuberts Textverständnis, aber es wird dann zurückgemeldet, schon am Freitag abend an seine Frau, daß er völlig angezogen auf dem Bett im Hilton-Hotel vom Campus in Houston tot aufgefunden worden sei. Neben sich das Manuskript, ein einziges Blatt. Darauf ein einziger Satz und der heißt: *Auch würde es sich ja schlecht ziemen, ihr Männer, in solchem Alter gleich einem Knaben, der Reden vorbereitet, vor euch hinzutreten*. Ein Mann, der in der Gesellschaft ist, in der man über dieses unglückliche Ende spricht, ein Philosoph, Felix Theodor Auster, sieht sofort, daß das nicht Mersjohanns Text ist: »das ist Zitat«, sagt er. »Platons Sokrates ist das, in der Schleiermacher-Übersetzung.« Und diesen Satz also wollte ich an den Anfang stellen: Auch würde es sich ja schlecht ziemen, Ihr Frauen und Männer, in solchem Alter gleich einem Knaben, der Reden vorbereitet, vor Euch hinzutreten.

Ich wollte also, obwohl ich keine Begabung zur Voraussicht und gar Prophetie habe, nicht vor Sie hintreten mit einem vorbereiteten Manuskript, und ich glaube, das war nicht falsch; denn ich dachte, wenn Sie all das gesagt haben würden, von dem ich noch nicht wußte, was es sein würde, daß ich dann doch in Verlegenheit kommen könnte, wenn ich etwas Festgelegtes haben müßte und nichts anderes als dieses Festgelegte hätte. So hatte ich mir das gedacht. Allerdings muß ich jetzt zugeben, dieses Manuskript nicht zu haben —, auch so ist es nicht ganz leicht zu reagieren. Ich will deshalb also doch ein paar Bemerkungen machen aus verschiedenen Zusammenhängen, die mit unserem Metier zu tun haben und ich würde vorschlagen, daß wir danach wirklich miteinander ins Gespräch kämen, und daß ich in diesem Gespräch vielleicht ein paarmal Gelegenheit hätte, etwas zu antworten, was ich vorgestern und gestern nicht geantwortet habe, weil ich einfach zugehört habe.

Und da will ich zuerst, weil das ja die Voraussetzung für alles ist, ein paar Zeilen aus einer solchen Rede über das Lesen vorlesen. Weil das für mich das Wichtigste ist, was das eigentlich ist, das Lesen:

> Der Leser ist vergleichbar eher dem, der musiziert, als dem, der Musik hört. Der Leser braucht die gleichen Voraussetzungen, die der Musizierende braucht. Ich spreche nicht von Bildungsquanten. Wie

klänge ein Schubert-Lied, wenn der, der es singt, nichts hätte als eine Stimme und eine Ausbildung, von dem Unerträglichen aber, gegen das diese Lieder geschrieben wurden, hätte er keine Ahnung! So wenig genügt es, lesen gelernt zu haben, um Kafka lesen zu können. Wer, zum Beispiel, unter Umständen lebt, die ihn über seine Lage hinwegtäuschen, liest nicht. Wer glaubt, nichts mehr zu fürchten und nichts mehr zu wünschen zu haben, kann ganz sicher keinen Kafka mehr lesen. Wer zum Beispiel glaubt, er sei an der Macht, er sei oben, er sei erstklassig, er sei gelungen, er sei vorbildlich, wer also zufrieden ist mit sich, der hat aufgehört, ein Leser zu sein. [...] Wer aber noch viel zu wünschen und noch mehr zu fürchten hat, der liest. Lesen hat keinen anderen Anlaß als Schreiben. Auch das Schreiben findet statt, weil einer etwas zu wünschen und zu fürchten hat. Lesen und Schreiben wären also eng verwandt? Es sind zwei Wörter für *eine* Tätigkeit, die durch die unser Wesen zerreißende Arbeitsteilung zu zwei scheinbar unterscheidbaren Tätigkeiten gemacht wurde. Also, weil einem etwas fehlt, schreibt er, und weil ihm etwas fehlt, liest er? Wenn der Leser nicht die gleichen Erfahrungen gemacht hat, die der Autor gemacht hat, sagt ihm das Buch nichts, ist es tot für ihn. Man sagt dann, er kann mit dem Buch nichts anfangen. [...] Man muß es hundertmal sagen, daß das Schreiben nicht Darstellen ist, nicht Wiedergeben, sondern Fiktion, also eo ipso Antwort auf Vorhandenes, Passiertes, Wirkliches, aber nicht Wiedergabe von etwas Passiertem. Fiktion ist also das Produkt der Verhältnisse, nicht ihr Spiegel. Fiktion ist auch nicht Zutat, sondern Verwandlung von etwas Geschehenem in etwas Erwünschtes. Der Leser antwortet. Er antwortet mit seinem eigenen Wünschen und Fürchten. Er antwortet auf die Fiktion des Schreibers mit *seiner* Fiktion. Der Leser potenziert also die Fiktion. Erst in ihm entfaltet die Fiktion ihre Protestkraft, Kritikkraft, Wunschkraft. Auch ein Buch, das kein happy end hat, zeigt durch seine Stimmung, daß es lieber gut ausginge; daß es den Zustand beklagt, der zu diesem unhappy end führte; daß es eine Wirklichkeit wünscht, in der das Ende glücklich wäre. Ich kenne nicht ein einziges Buch, in dem ein unglückliches Ende bejubelt wird, in dem der Schreiber sich glücklich zeigt über das unglückliche Ende, das seine Geschichte unter den herrschenden Umständen nehmen mußte. Das ist das Gemeinsame: Leser und Schreiber wünschen ein besseres Ende jeder Geschichte, d. h. sie wünschen, die Geschichte verliefe überhaupt besser. [...] Religion ist [...] die erste Literatur überhaupt. Sie ist die Gründung der Fiktion. Was wir als Literatur haben, ist bastadisierte Religion. Gott mit allem Drum und Dran ist ja nichts anderes als unsere erste Antwort auf unsere Hilflosigkeit, Hilfsbedürftigkeit. Deshalb haben wir ihn ausgestattet mit Allmacht, Allgegenwart, Unsterblichkeit. Eben mit allem, woran es uns permanent fehlt. Aber es spricht für uns, finde ich, daß wir Gott so *gut* geschaffen haben. Und daß wir den Teufel mit ein bißchen weniger [...] Kraft ausgestattet haben als Gott, spricht auch für uns. Für uns Schriftsteller bzw. Menschen. Der Mensch ist prinzipiell ein Schriftsteller. Und ein Leser. Ein Leser ist ein Schriftsteller, der seine Bücher nicht schreibend, sondern lesend hervorbringt. Dafür gibt es viele Gründe. Aber den Leser für keinen Schriftsteller zu halten, wäre genauso unsinnig, wie einen Betenden nicht für fromm oder religiös zu halten bloß weil er zum Beten einen Text benutzt, der von einem anderen entworfen wurde. Wenn schon Unterschiede sein sollen, könnte man vermuten, der, der Gebetstexte liefert und nur mit *eigenen* Texten betet, sei weniger fromm oder religiös als der, der sein Gebet mit fremdem Text verrichtet. (WS 94-97)

Das ist also sozusagen mein Mini-Credo über das Lesen.

Da ist mir jetzt von Lichtenberg ein Satz in die Hände gefallen als eine Legitimierung für jenen Satz: »Deshalb ist Lesen auch nicht Zurkenntnisnehmen, sondern Entgegnung.« Lichtenberg: »Es gibt eine Art von Lektüre, wobei der Geist gar nichts gewinnt und viel mehr verliert. Es ist das Lesen ohne Vergleichung mit seinem eigenen Vorrat, ohne Vereinigung mit seinem Meinungssystem.« Da ist beides drin, der eigene Vorrat, das ist doch sicher der ganze unwillkürliche Gefühlsvorrat, und Vereinigung mit dem eigenen Meinungssystem. Also ich glaube, mit dieser Voraussetzung, dieser Art zu lesen, wird doch auch wahrscheinlich die sogenannte Literaturwissenschaft betrieben.

Ich will — zögernd, wie Sie sehen — jetzt also mein Verhältnis zu dieser Wissenschaft schnell umreißen, beginne vielleicht mit einem Text, der mir vor zwei Jahren in die Hände gekommen ist, von einem Germanisten, Horst Steinmetz in Leiden, der in Konstanz an der Universität einen Vortrag gehalten hat: »Negation als Spiegel und Appell. Zur Wirkungsbedingung Kafkascher Texte«. Das Ergebnis dieser Arbeit: vierzig Jahre Kafka-Interpretation und kein Konsensus. Eine Lage, die Horst Steinmetz offenbar fast zur Verzweiflung treibt. Also hinsichtlich Kafkas hat sich eben dieser höchst erwünschte Konsensus bis heute nicht eingestellt: »Wir ringen noch immer mit der Unerreichbarkeit einer Formulierung, die die innere Wahrheit seiner Texte für uns alle oder doch für eine Mehrheit von uns verbindlich oder wenigstens plausibel zu fassen vermöchte«, und dann spricht er von »dieser provozierenden Unerreichbarkeit«. Sehen Sie, er findet es wünschenswert, daß in den Werken etwas verborgen sein müßte, was man finden könnte. Was alle miteinander finden könnten. Und damit würde es ihnen wohler diesen Texten gegenüber. Er führt am Schluß etwas ein, weil er sagt, wenn nach vierzig Jahren disziplinärer Bemühungen das Ergebnis von Politzer bis XY so ist, dann muß man einfach zugeben, daß es das nicht gibt. Und jetzt führt er — für Kafka allerdings nur, aber wenn so etwas einmal eingeführt ist, könnte es sich ja ausbreiten — er führt als Kategorie ein: »das unverstandene Kunstwerk«. Darüber könnte man sich einigen.

Ich will ein ganz krasses Beispiel nennen, das zustandekommt, wenn man glaubt, man könne etwas suchen in einem Text. Mir hat jemand einen Sonderdruck geschickt, einen Vergleich vom *Fliehenden Pferd* und *Wahlverwandtschaften*, und zwar ging es hauptsächlich um Otto. Es hieß auch »Auf den Hund gekommene *Wahlverwandtschaften*« oder so ähnlich. Das erhielt ich in dem Winter, nachdem ich mich einen Sommer lang wieder mit Goethe für eine Goethe-Rede beschäftigt hatte, die ich im Wiener Theater halten sollte, »Goethes Anziehungskraft«. Die war schon publiziert. In dem Winter danach kam diese Auf-den-Hund-gekommene-*Wahlverwandtschaften*-Arbeit. Es stand in diesem Aufsatz, daß ich aus diesem Kind einen Hund gemacht habe. Nun, ich hatte die *Wahlverwandtschaften* in diesem Sommer mit ungeheurem Interesse wieder gelesen, aber vielleicht zum erstenmal wieder seit 1960 oder 55, und ich habe leider überhaupt kein Gedächtnis für solche Feinheiten. Ich hatte also auch von Otto, als ich *Ein fliehendes Pferd* schrieb, natürlich keine Ahnung mehr, und Otto hieß bei mir der Hund, weil ich Hunden nicht gern Hundenamen gebe, aber jemanden im Kopf hatte, der dem ein bißchen gleichsah, und so habe ich ihn Otto genannt. Die ganze Findigkeit in diesem Aufsatz, der Feinsinn, alles wunderbar Gelehrte und Vergleichstüchtige, was da aufgewendet war zur Verfolgung dieser Spur wirkt auf mich natürlich eher grotesk. Nun ist das vielleicht auch gar nicht so schlimm, denn jemand, der nicht gerade in der unglücklichen Lage ist wie ich, diesen Otto so verschuldet zu haben, dem kann das ja egal sein, daß man glaubt, aus diesem Kind wird ein Hund gemacht. Ich hatte ihn vergessen. Erst in diesem Sommer, als ich mich wieder mit Goethe beschäftigte, bin ich wieder draufgekommen, was da passiert mit diesem Kind.

Ich erwähne das Beispiel, weil es natürlich ein groteskes, zugespitztes Beispiel ist, aber es kann vielleicht sagen, was ich meine: daß dieser ganze Weg — ich nenne das also das »Ostereiersuchen« im literarischen Text —, daß dieses Ostereiersuchen natürlich eine rührende und schöne und auch zeitfüllende Beschäftigung ist, aber daß es fast nichts mit der Sache zu tun haben muß. Das ist auch nicht schlimm, denn ich bin ja grundsätzlich dafür, daß man *sein* Buch macht beim Lesen, und in diesem Aufsatz hat ja auch der Verfasser sein Buch gemacht, nämlich mit diesen zwei Ottos. Das ist ganz und gar die Produktion des Wissenschaftlers, das hat mit mir nichts zu tun. Und insofern erfüllt es ganz das, was ich meine — jeder macht sein Buch —, wenn auch auf etwas zugespitzte Weise.

Das einzige, was man dazu noch sagen könnte: Wenn sprachlich in dieser Art zu arbeiten zum Vorschein käme, daß es sich um eine Produktion des literaturwissenschaftlichen Autors handle, das wäre schön. Aber da steht mit vielen Fußnoten — die äußerste Beweisanstrengung, vor der jedes Schwurgericht kapitulieren würde —, daß es so *ist*, da gibt es keinen Konjunktiv. Ich bin also der, der aus dem Kind den Hund gemacht hat. Und das habe ich mit Fleiß gemacht. Und warum habe ich es mit Fleiß gemacht? Weil ich zu gering von Goethe denke. Das ist natürlich schon fast ein Vorwissen des literaturwissenschaftlichen Autors, nehme ich an. Also wie man dem *Fliehenden Pferd* ansehen kann, daß ich zu gering von Goethe denke, ist mir unklar. Ich habe keine Sekunde lang an die *Wahlverwandtschaften* gedacht, das heißt aber nicht, daß die *Wahlverwandtschaften*, inzwischen in meine Erbmasse eingegangen, in mir nicht gewirkt haben können; das will ich auch gar nicht abweisen. Nur der Weg dieses Nachweisens ist zu wissenschaftlich, glaube ich.

Was könnte man anstelle von solch detektivischer Arbeit anbieten? Da fühle ich mich jetzt nach diesen Tagen nicht so unwohl. Das war für mich aus folgendem Grund sehr lehrreich: Da ich ja die Texte in diesem Fall gut kannte, konnte ich die Umgangsmethoden als solche rein erleben. Und das ist sehr angenehm, denn dann vergleicht man ja solche Umgangsmethoden mit denen, die man selber am liebsten oder weniger gern hat, und so hat sich also die Skala von Möglichkeiten in mir ziemlich deutlich abgebildet, und wenn man die extrem benennt, sind es doch wahrscheinlich die: Also die eine, dieses den Text umkreisende Nacherzählen, bis der Text sich sozusagen ergibt, aber dem Text nie willentlich zu nahe treten wollen, sondern ihn immer wieder, immer wieder nacherzählen, nacherzählen, nacherzählen; das ist also eine, das ist mir die liebste Umgangsmethode, wenn ich selber etwas in der Richtung tun soll.

Wenn man mich am 15. Dezember anruft und sagt, Sie sollen am 28. Februar die Heinrich-Heine-Medaille in Empfang nehmen in Düsseldorf und Sie sollen vierzig Minuten sprechen über Heine, dann sage ich, gut, danke schön, und dann lasse ich alles andere liegen und lese sechs, acht Wochen ununterbrochen Heine, Heine, Heine, schreibe alle Sätze mit der Hand ab, bis ich fast mehr geschrieben habe als Heine. Dann merke ich, daß ich zuviel geschrieben habe, dann muß ich die wichtigeren Sätze wieder herausschreiben. Dann schreibe ich alles aus meinen Sätzen wieder ab, was mir jetzt noch mehr Eindruck macht, und dann schreibe ich es wieder ab. Und so schreibe ich ab und ab und ab, also es ist wie eine Eindampfungsmethode, wie man Gelee macht, wahrscheinlich. So gehe ich also vor und fühle mich nach sechs Wochen Mit-der-Hand-Abschreiben Heine näher als vorher, kann man sagen. Und ich bin also von seiner Vielseitigkeit dann *der* Seite gelinde nah, mit der ich vielleicht in Kontakt treten kann. Dann fang ich an, auch darüber zu schreiben. Das ist also das vollkommen programmlose, absichtslose, tendenzlose, richtungslose, das reine Sich-Hingeben. Das ist das eine.

Ich habe dafür ein Beispiel selber durch jahrelangen Umgang erlebt, da könnte ich zwei Bücher nennen, mit denen ich so umgegangen bin. Das ist einmal *Wilhelm Meister* und einmal *Der Prozeß* von Kafka. *Wilhelm Meister* habe ich, Sie haben recht, zuerst nicht zu schätzen und zu würdigen gewußt, als ich ihn zum erstenmal las, aber schon damals hab ich ihn fast ganz abgeschrieben. Und jetzt, meinen *Wilhelm Meister*-Leseprozeß verkürzend, habe ich in dem Goethe-Vortrag gesagt, ich hätte ihn früher mit ausgestreckter Hand nur lesen können. Also ich habe ihn immer näher an mich herangezogen und dabei entdeckt, was ich mit dem Roman tun kann. Aber da *Wilhelm Meister* ein einfacheres Objekt ist, literarisch, wissenschaftlich, nehme ich Kafkas *Prozeß*, der ein schwierigeres Objekt ist.

Den habe ich also als Student — etwas willkürlich und sicher vorschnell und unausgerüstet — rein positivistisch beschrieben, aber wirklich auf die einfachste Art: mit dem Fenster zu Fenstern, Bärte zu Bärten, Männer zu Männern, Türeingänge zu Türeingängen, schlechte Luft zu schlechter Luft, Vorstadt zu Vorstadt, und was kommt dann heraus? Dann beschreibt man also ein Phänomen, wie wenn man in eine Stadt gehen würde als Architekturstudent und müßte so einen Bericht liefern.

Das war also ganz lange, lange her, und als ich 1973 die erste Einladung nach Amerika bekam — zwei auf einmal, den Sommer in Vermont, Middlebury, und den ganzen Herbst in Texas —, da hatte ich im Januar zugesagt, daß ich etwas versuchen würde über Ironie und ich wußte auch, daß ich etwas über Kafka machen würde. Und dann habe ich mich nach so vielen Jahren — also von 1950 bis 1973, nach 23 Jahren — wieder mit der Sache beschäftigt. Seitdem, von 1973 bis 83, wo ich das zum letztenmal in Kalifornien gemacht hab, habe ich mich zehn Jahre lang, immer wenn ich in Amerika war — und das waren einige Male — oder immer, wenn ich an einer Universität für ein Semester war, immer wieder mit diesem *Prozeß* so beschäftigt. Das Phantastische daran ist, daß mir dieser *Prozeß* beim Immer-wieder-Lesen *niemals* langweilig geworden ist, und daß ich auch immer neue Sachen herausschreiben konnte aus diesem *Prozeß*. Und ich habe ja damals dieses Romanphänomen nicht deswegen beschrieben, weil ich irgendeine Souveränität hatte, sondern nur weil ich den Roman überhaupt nicht verstand. Ich hatte nichts zu sagen zu diesem Roman. Ich war schicksallos, aber fasziniert und wußte nicht, warum. Im Lauf der Zeit, also in diesen zehn Jahren, scheint es mir, daß ich dem Roman wirklich näher gekommen bin, und zwar durch nichts als durch Umkreisen, Herausschreiben, immer wieder, immer wieder.

Jetzt sage ich ganz schnell: was hat sich dabei ergeben? Vielleicht finden Sie das viel zu wenig für zehn Jahre und so viel Umkreisung, aber da ich vorher gar nichts hatte, kommt es mir jetzt schon fast als zu viel vor. Ich halte heute den *Prozeß* für eine Selbstmordgeschichte. Das ist also mein vielleicht nicht mehr revidierbarer Eindruck; das kann ich jetzt noch nicht sagen, aber es hat sich darauf zugespitzt. Also eine in Krise geratene Person an einem gewissen, entscheidenden Tag usf. usf. Und dann wird alles mobilisiert, versuchsweise, was einem helfen kann. Nicht wahr, von der Rechtsstaatlichkeit, auch politisch fundiert, bürgerrechtlich, 1789 bis heute, bis zur Kunst bei dem Maler, bis zum höchsten Hilfsmittel, bis zum positiven Recht, bis zur Religion. Alle versagen, und dann kommt im letzten Kapitel dieser hingestotterte Selbstmord nach Maßgabe dieses Ausdrucksgebildes, denn ein Selbstmord kann nur so vonstatten gehen, wahrscheinlich. Anders kann ich es mir nicht denken. Mit diesen Gegenangeboten, die man dann wieder wegräumen muß. Und dann geht es doch weiter auf diesen Platz zu, bis man es dann schafft. Das ist also, ohne daß ich dafür irgendein historisches, gelehrtes Hilfsmittel brauche, für mich immer noch wirksam, der *Prozeß*-Roman.

Natürlich hab ich einiges gelesen, was an Vokabular angeboten wird, um diesem Roman näherzukommen. Viel von diesen Angeboten ist mir fremd und beim Vergleichen mit dem Gelesenen störend. Mir ist fremd, was Politzer, mir ist sehr fremd, was Emrich geschrieben hat. Das Maß des vor dem Roman schon fertig zur Verfügung stehenden Prüfungsvokabulars, das Ausmaß der Fertigkeit dieses Vokabulars oder des Systems, so daß der Roman dann wirklich wie unter ein Gerät gelegt wird und durch ein Gerät angeschaut wird. Da hab ich eben das Gefühl, dann sehe ich das Gerät und nicht mehr den Roman — auch wenn es, wie bei Sokel, glänzende Passagen und Seiten gibt, dem fällt ungeheuer viel ein. Und trotzdem finde ich es nicht richtig, daß Josef K., wenn er im Prüglerkapitel die Türe zumacht, sich auf die Seite deutscher Kleinbürger stelle, die die Schreie der Gefolterten in den KZs bewußt überhörten. Das ist zutiefst daneben, für mich also. Gut, es gibt nichts Falsches in unserem Gebiet, aber in mir sträubt sich *alles* dagegen.

Unsere Verschiedenheit kommt heraus dadurch, daß jeder von uns seinen *Prozeß* schreibt, wenn er seinen *Prozeß* liest. Und wenn man das berufsmäßig betreibt, wird — ist ja wohl klar — die Sache komplizierter, als wenn man es nur so aus eigener, sozusagen existentieller Notwendigkeit betreibt. Es ist klar, daß das für mich Fragwürdige im professionellen Umgang dann beginnt, wenn die persönliche Existenz vor lauter Methode nicht mehr durchkommen kann.

Dabei gebe ich zu — das ist jetzt das andere Beispiel —: In diesen drei Tagen haben ja einige diese Umkreisungs-Beschreibungsart gewählt und andere haben nicht diesen Gefühlsweg, sondern den Wissensweg mit Vokabular, mit Wörtern oder Methoden oder historischen Mitteln ausgerüstet vorgezogen. Und das hab ich eben dabei auch gesehen: Ich bin im Grunde genommen ein bißchen negativer diesem zweiten Weg gegenüber gewesen letzte Woche als ich es jetzt bin und ich habe mich dabei gefragt, ob ich das auch schon einmal versucht haben könnte. Und dabei ist mir aufgefallen, als ich mir das überlegte, daß ich über das andere Buch von Kafka, *Das Schloß*, nicht so viel sagen könnte wie über den *Prozeß*. Aber das, was überhaupt an diesem *Schloß*-Roman für mich schon Deutlichkeit gewonnen hat, das habe ich allerdings Ausrüstungen zu verdanken, die mehr auf jenem zweiten, auf dem Wissensweg gewonnen werden. Es handelt sich ja da doch um einen Niederlassungs-, um einen Berufsverwirklichungs-, Selbstverwirklichungsweg und da ist es klar, daß es einem sehr hilft, wenn man an die Turmgesellschaft vom Wilhelm Meister denkt, die alles so arrangiert, daß dem Wilhelm nichts passieren kann. Wie dumm er sich auch immer anstellen will, es gerät alles zu seinen Gunsten, und wirklich das genaue Gegenteil findet im *Schloß*-Roman statt. Alles, was K. versucht, wird ihm zum Verderben, zum Mißlingen, es kann nichts gelingen, und da hilft natürlich historische Überlegung schon: Was muß passiert sein zwischen 1794 und 1922/24, daß in einer bürgerlichen Gesellschaft einmal einer vollkommen behütet ist, und zwar von den fortschrittlichsten Menschen seines Zeitalters — in der Vorstellung des Autors! Lothario, fortschrittlichster, reformfreudigster Adel, Revolutionen überflüssig machen wollender Adel — Steuergerechtigkeit und alles mögliche — und der sorgt für Wilhelm! Und da begreift man natürlich auch, was für ein Realist Goethe ist, daß er aus einem Künstlerroman einen Kaufmannsroman gemacht hat, denn schließlich: Wilhelm wird *investment banker* für die Turmgesellschaft. Er geht entweder nach Rußland oder nach Amerika, darüber ist sich Goethe in dem Augenblick noch nicht sicher — man kann nicht alles von ihm verlangen.

Also diese geniale Richtigkeit des historischen Entwurfs und ihre Vereitelungsmythe dazu im *Schloß*-Roman von Kafka. Das kann man wahrscheinlich schon behaupten, sich von außen nähernd, und mit den beiden Romanen so von außen umgehen. Trotzdem, während ich glaube, daß ich beim *Prozeß* auf jede Stelle reagieren kann, kann ich auf das

Feuerwehrfest im *Schloß* nicht so reagieren. Gut, *Das Schloß* bleibt also viele, viele Seiten lang für mich reine Kunst. Das ist nicht das Schlechteste, aber manchmal, wenn man dann das Buch weggelegt hat und liegt noch wach, erwacht dann doch der Ehrgeiz, dieses — wie Lichtenberg sagt — Mit-seinem-eigenen-Vorrat-vergleichen-Wollen und eben das zweite, die Vereinigung mit dem eigenen Meinungssystem. Es gibt zum Glück nichts, was uns vorschreiben kann, wann wir haltmachen sollen in der Aneignung eines solchen Leseerlebnisses und eines solchen Textes, aber das Bedürfnis, *Das Schloß* ganz und gar zu verstehen, ist bei mir noch nicht erloschen, d. h. mit allen seinen Teilen auch auf eine fast meinungshafte Weise vertraut zu werden, das wäre mein Ehrgeiz.

Ich habe einmal von Reich-Ranicki irgendwo gelesen in einem Büchlein, da stand ein Satz über *Das Schloß* drin, der das ganze *Schloß* sozusagen in einem Satz meinungshaft zusammenfaßt und der schon ein sehr guter Satz ist. Also er schreibt da, *Das Schloß* ist nichts anderes als eine jüdische Niederlassungsgeschichte. Das ist ja ganz sicher von Reich-Ranicki aus gesehen ein vollkommener Umgang mit dem Buch. Aber wenn ich mich zu dem Konsensus mit diesem Satz durchringen würde, dann würde ich gerade lügen, denn für mich kann *Das Schloß* nicht die Geschichte einer jüdischen Niederlassungsproblematik sein. Da würde ich lügen. Und genau das, der Nichtkonsensus verpflichtet uns, mit der Sache nicht aufzuhören, bevor wir die Vergleichung und Vereinigung, von der Lichtenberg redet, wirklich versucht haben. Nun rede ich von den zwei, drei höchsten Büchern dieser ganzen Literaturgeschichte, es gibt natürlich einfachere Fälle — Otto-Otto — und so will ich es also nicht komplizierter machen.

Ich habe hier in diesen Tagen ein paar Beispiele gehört — das will ich doch noch zum Schluß sagen — von vollkommen anderer Annäherung an meine Gegenstände als meine eigene und diese andere Annäherung ist mir vollkommen verständlich, zutiefst verständlich. Einige dieser Annäherungen haben mich sehr beeindruckt, obwohl sie nichts mit dem zu tun haben, was ich dabei gedacht habe. Ich will jetzt einmal das extremste, ein ganz pathetisches Beispiel wählen. Herr Fischer hat das gebracht: diese Szene vor dem Supermarkt, wo Horn Vater und Sohn auf den Supermarkt zugehen sieht. Er hat da ein Bild entworfen von diesen zwei glücklichen Menschen, frei, reich, gesund, gutes Wetter usw. Ich darf das jetzt auch gar nicht wiederholen, schon durch meine Wiederholung kränke ich seine Vision, denn seine Vision ist ja unbelastet von meiner Perspektive. Für diesen Franz Horn ist es natürlich ein fürchterlicher Anblick, diese zwei Herren; er sagt, er würde sich am liebsten mit seinen Nägeln das Gesicht zerreißen. Aber ich kann mir vorstellen, daß jemand — das habe ich jetzt da einfach gehört —: ich war zutiefst beeindruckt von diesem freien Zugang. Und wäre es nur so, daß dieser Diskonsens — Dissens —, daß der üblich wäre! Z. B. eben auch in der Schule. Die Schüler werden gequält mit Texten und wenden sich dann mit Recht an den Autor und sagen, so, jetzt bitte! Und ich verbringe einige Zeit mit immer kürzer werdenden Antworten. Die Schüler können mit der Sache nichts anfangen und spüren, daß der Lehrer will, daß sie auf eine solche und solche Weise mit der Sache etwas anfangen können sollen. Und das können sie nicht. Sie fühlen sich vergewaltigt, dann wenden sie sich an mich. Einen Menschen für einen Aufsatz benoten, da beginnt es natürlich schon. Das sind nicht Vergleichbarkeiten, die man in Noten ausdrücken kann. Gut. Wenn das aber so ist, daß Noten vorerst unabschaffbar sind in diesen Schulen, dann muß man wenigstens die Lehrer so erziehen, daß sie von der Vorstellung zurücktreten, es gebe das »Osterei« und wer es findet, kriegt einen Einser usw. usw. Das gibt es nicht. Man muß dem Schüler die Möglichkeit eröffnen, dem Text gegenüber frei zu sein. Das heißt z. B. er muß über diesen Text schreiben können, daß er absolut nichts damit anfangen kann. Und wenn er beweisen kann, warum er nichts damit anfangen kann, kann das natürlich ein viel besserer Aufsatz sein, als wenn er sein nachgeplappertes Lehrerverständnis reproduziert. Sein eigenes Nichtverhältnis zu einem Text entfalten, das entfaltet den Schüler, und nur darum, daß es ihn — oder sie — entfalte, kann es ja in einem Aufsatz gehen.

Also das wäre unter diesen Umständen ein Umriß eines Vorschlags für den Umgang mit Literatur, und wenn Sie jetzt noch ein bißchen Lust zu einem Gespräch haben, so würde ich daran gerne teilnehmen.

Schlußdiskussion

GILES HOYT: Sie sagen, der Leser und der Schreiber müssen etwas wünschen bzw. es fehlt dem Leser und dem Schreiber etwas und deswegen liest man, deswegen schreibt man. Wenn ich so eine persönliche Frage stellen darf, was fehlt Ihnen und was wünschen Sie?

MARTIN WALSER: Ja, das ist natürlich eine Frage, die meine ganze Geschichte enthält. Ich müßte etwa dieselbe Antwort geben, wenn Sie gefragt hätten: Warum schreiben Sie?, oder: Warum haben Sie angefangen zu schreiben? — Also, ich will eine konkrete Situation nehmen. Verlangen Sie nun allerdings eines bitte nicht, denn da würden wir uns zutiefst mißverstehen: Ich bin Belletrist, ich antworte mit Fiktion deswegen auf Realitäten, weil ich diese Realitäten als solche nicht in den Mund nehmen kann. Also nicht etwa, daß ich jetzt sage, also da ist das und das passiert und dann... Wie unser Bundeskanzler muß ich da generalisieren, ich kann das nur allgemein sagen. Ich kann nicht so indiskret sein, das, was ich nun glücklich in eine erträglichere Sprachart gebracht habe, wieder zurückzuverwandeln in seine unsägliche Ursache.

Also, es waren für mich z. B. einmal die ungünstigsten Stimmungen eingetreten. Ich mußte meine Arbeit aufhören, ich konnte nicht weiterarbeiten und ich mußte von einem Tage auf den anderen ohne jede Vorbereitung etwas Neues anfangen. Ich wußte überhaupt nicht, was. Und ich habe auch in diesem Fall gar nicht suchen müssen, ich hatte sofort einen Chauffeur. Ich weiß nicht, warum. Ich habe wohl einen Chauffeur gebraucht, weil ich meine Abhängigkeit auf eine peinlich dramatische Weise demonstriert bekommen habe, Abhängigkeiten, denen gegenüber ich so wenig tun kann wie der Xaver, der immer fahren muß und dahinten sagt jemand, wo du hinfahren mußt. Und da sagt jemand, ja was haben Sie als freier Schriftsteller mit einem Chauffeur zu tun? Das sind natürlich falsche Vorstellungen von dieser Berufsbezeichnung »freier Schriftsteller«. Ich empfinde mich nicht als frei. Keine Sekunde. Und das kann keine Einbildung sein und das ist keine negative Illusion, ich habe diese Unfreiheit zu oft demonstriert bekommen. Dafür könnte ich viele Anlässe nennen, aber die sind in jedem Beruf. Ich beklage mich darüber nicht speziell. Ich finde, es ist ein ungeheures Privileg, mit dem, was einem nicht bekommt, sich in ein Zimmer zurückziehen zu dürfen und im Gegenzug eine Antwort zu versuchen, die das Gewesene und Geschehene so verändert, daß man das peinlich Gewesene und Geschehene nachher als Geschriebenes nahezu leicht in der Hand hat und es ist angenehm, daß der jetzt Xaver heißt und Zürn heißt und das tut mir gut. Mit dem habe ich mir geholfen, mit dieser Figur habe ich mir geholfen. Und in diesem Fall eben habe ich das Erlebnis einer Abhängigkeit, einer deformierenden Abhängigkeit beantwortet.

CARL STEINER: Herr Walser, ich habe Sie so verstanden: Als Leser sind Sie auf der Suche und als Sucher sind Sie ein *homo religiosus*. Sind Sie das auch als Schriftsteller, habe ich mich gefragt, während ich Ihnen zugehört habe und ich habe das bejaht, also stelle ich diese Frage gar nicht mehr. Aber ich stelle die andere Frage, nämlich die, woher kommt dann die Ironie?

MARTIN WALSER: Ich weiß natürlich nicht, ob ich ein *homo religiosus* bin. Ich bin sehr, nicht nur sehr, ich bin ungeheuer katholisch aufgewachsen, aber ich hab den Spiegel nicht, in den ich schauen könnte um zu sehen, ob ich ein *h. r.* bin. Aber natürlich, Ihre Frage ließe sich auch ausweichend zu Kierkegaard beantworten, der soll ja sowohl religiös wie ironisch gewesen sein. Also schlimmstenfalls ließe sich das vereinbaren. Man muß es annehmen. Er hätte es ja nicht ausgehalten. Er mußte sein Glaubensproblem zum Sprachproblem machen und nachdem es ein Sprachproblem geworden war, hat er es nur in einer Form fassen können, die er selber die »Gegensätzlichkeitsform« genannt hat in der deutschen Übersetzung, d. h. er mußte alles umgekehrt ausdrücken und deswegen hat er Schwierigkeiten mit seinem Bischof gehabt. Daran denke ich immer gern, weil — wir haben alle unsere Bischöfe.

SIEGFRIED MEWS: Herr Walser, ich glaube, es ist fair zu sagen, daß man Ihnen vielleicht eine gewisse Theoriefeindlichkeit oder etwas milder ausgedrückt, Theorieskepsis vorwerfen könnte. Aber was Sie am Anfang über Ihr Leseverhalten sagten, deckt sich das nicht etwa mit den Theorien eines Ihrer Nachbarn in Konstanz, nämlich mit den Theorien von Wolfgang Iser, der das Lesen ja auch als kreativen Akt bezeichnet und das Dazubringen, das Einbringen...

MARTIN WALSER: Sollte mich das stören?

SIEGFRIED MEWS: Nein, ich frage Sie nur.

MARTIN WALSER: Ich würde dieses Wort — mir ist das Wort »kreativ« selbst in der Fremdwortform peinlich, noch peinlicher ist es mir, wenn man eine Tätigkeit eine »schöpferische« nennt. Aber — ich nehme natürlich an den Sitzungen und Leistungen der Konstanzer Universität nicht teil — aber es freut mich immer, wenn ich nicht allein bin mit etwas.

THOMAS ROTHSCHILD: Wenn jetzt noch auf diese Einleitung die Rede gekommen ist, dann will ich doch gern etwas dazu sagen. Also mit dieser Verwandtschaft zu Iser wird Ihnen möglicherweise Unrecht getan. Aber wenn Sie hier Ihre Lektüre vom *Prozeß* erzählen oder Sie erzählen das bei Seminaren an amerikanischen Universitäten, so vertrauen Sie doch offenbar darauf, daß das mitteilbar ist, was Sie sagen. Das heißt, Sie vertrauen doch darauf, daß dieser Vorrat an Gefühlen und Erfahrungen, den Sie von Lichtenberg herbeizitiert haben, irgendwo sich überschneidet zumindest, wenn nicht sogar weitgehend identisch ist mit dem Gefühls- oder Erfahrungsvorrat, den andere haben. Sonst wäre es ja nicht mitteilbar. Das heißt...

MARTIN WALSER: Halt, jetzt muß ich — nur daß wir uns nicht mißverstehen: Warum?! Warum?! Ich meine, ich biete meine an auf eine Weise, die dem anderen Mut machen soll, seine anzubieten.

THOMAS ROTHSCHILD: Ja, gut. Wenn das aber überhaupt interessant sein soll für den anderen, muß es irgendetwas geben, was der andere mit ihm gemeinsam hat, d. h. worauf ich letzten Endes hinauswill, ist: Man könnte Sie so mißverstehen — ich bin sicher, daß Sie es nicht so gemeint haben —, als wären Interpretationen beliebig. Ich würde doch gerade ...

MARTIN WALSER: Schicksal ist ja nicht beliebig.

THOMAS ROTHSCHILD: Ich möchte das genauer formulieren: Ist es denn nicht so, daß zwar sicher nicht mit einer naturwissenschaftlichen Genauigkeit, wie Sie es parodiert haben an dem Beispiel dieser Arbeit über Otto, daß also nicht mit einer naturwissenschaftlichen Eindeutigkeit eine Interpretation angeboten werden kann, daß es aber Kriterien gibt wie z. B. Plausibilität oder Widerspruchsfreiheit, daß man also sagen kann, wenn ich mal annehme, es handelt sich im *Prozeß* um die Beschreibung eines Selbstmords, dann erlaubt mir dieses Erklärungsmodell, bestimmte Details des Romans widerspruchsfreier zu erklären, als es Emrich, Sokel, Politzer tun. Es erlaubt mir, diesem Detail einen Sinn zu geben, der sich in einen Zusammenhang bringen läßt mit dem anderen Detail. Das heißt, ganz so willkürlich ist doch das Verständnis nicht, und zwar unabhängig davon, was Sie oder er oder ich erlebt haben. Und ich muß auch sagen, wir würden uns ja sehr beschneiden, es würde uns sehr schlecht gehen, wenn wir wirklich nur damit was anfangen könnten, was sich mit unseren eigenen Erfahrungen und Gefühlen in Einklang bringen läßt. Ich hoffe ja doch, durch Lektüre noch Erfahrungen zu gewinnen, die ich bis dahin nicht gehabt habe, und es gibt solche Fälle.

MARTIN WALSER: Es geht ja nur darum, daß wir nicht glauben, es gibt eine Methode und die kann man am Montag, Dienstag, Mittwoch, Donnerstag — nicht wahr. Ich muß allerdings dazusagen, deswegen habe ich auch das *Schloß*-Beispiel gewählt: Das historische Vergleichen, der wissende Weg ist bei Gott einer, und er kann sehr gut sein. Ich verlange aber nicht, daß wir alle auf dasselbe kommen sollten. Ich hab das ja auch nicht erfunden, Herr Rothschild, daß die Ergebnisse so differieren. Nur, ich beklage das nicht, daß sie verschieden seien, wie Steinmetz, sehen Sie. Ich halte das nicht für einen Mangel der Disziplin. Ich bin nur davon ausgegangen, daß man sich nicht bemühen sollte, Kafka gegenüber Einsinnigkeit herzustellen.

THOMAS ROTHSCHILD: Nicht Einsinnigkeit, aber ich wehre mich dagegen zu behaupten, jede Interpretation sei gleich gut und gleich viel wert.

MARTIN WALSER: Es kommt darauf an, wie sie entfaltet wird. Es hat überhaupt nichts mit ihrer Bewertung oder was sie auffindet zu tun, es kommt nur darauf an, wieviel der Autor eines solchen Verstehenstextes von sich da hineinbringt.

THOMAS ROTHSCHILD: Nein, wieviel er an Plausibilität hineinbringt. Daß allerdings ein ungeheures terminologisches Imponiergehabe getrieben wird, daß permanent irgendwelche Begriffssysteme erfunden werden und keine Erkenntnisse gefunden werden damit — sofort einverstanden. Aber man kann natürlich nicht wegen der 99prozentig überflüssigen wissenschaftlichen Arbeiten dieses eine Prozent wegwerfen, auf das es dann ankommt.

MARTIN WALSER: So haben Sie von dem einen gesprochen?!

WOLFGANG WITTKOWSKI: Sie hatten nochmal wiederholt, was vorhin von Ihnen in der Einleitung gesagt wurde. Der Leser, der den Schriftsteller verstehen solle, müsse eigentlich die gleichen Erfahrungen gemacht haben. Und das scheint mir ein Problem zu sein: Wie alt muß man sein, wann soll man denn also Ihre späteren Romane lesen? Es gibt doch in der Phantasie die vorausnehmende Phantasiefähigkeit des Menschen, des Lesers. Eine ganz wesentliche Sache, daß man vielleicht mit einem Autor zusammenkommt, der ganz andere Erfahrungen gemacht hat, und daß man sich nun als Leser in eine Welt hineinziehen läßt, die einen auf jeden Fall fähig macht, ähnliche Erfahrungen, wenn nicht zu machen, dann sie doch zu verstehen.

MARTIN WALSER: Ja, aber das ist ja nicht altersabhängig. Ich kriege wirklich von einem 18jährigen Briefe, der *Jenseits der Liebe* gelesen hat. Und genau diese Einsamkeit, die der Herr Horn da in England empfinden muß, die kennt der von zu Hause und schreibt mir einen 6-Seiten-Brief, wo ich genau merke, daß die Frequenz dieses Romans diesen 18jährigen jetzt dazu veranlaßt hat. Das ist nicht unbedingt Alterssache. Man kriegt auch Briefe, die sind von Schicksalsgenossen, die sind so parallel, daß man gleich denkt, während man den Brief noch liest, sitzt der schon neben einem. Eins ums andere hat der genauso wie du. Das gibt es auch. Aber man muß nicht wie im selben Zug dieselben Stationen gefahren sein. Das meine ich nicht.

HELGA KRAFT: Ich wollte Sie fragen, Herr Walser, wenn Sie schreiben, dann teilen Sie sich jemand mit. Stellen Sie sich gewisse Leser vor, einen Leser, eine Leserin? Wem wollen Sie sich klarmachen?

MARTIN WALSER: Ja also, wenn man schreibt, ist das ja auf eine schöne Weise so anstrengend, daß man nicht noch an andere denken kann. Man ist so mit sich selber beschäftigt, daß man das herausbringt, daß es nicht verlorengeht beim Herausbringen, weil es ja gefährdet ist. Man bringt es eben immer zu wenig heraus. Und man ist auch vollkommen damit beschäftigt, es herauszubringen, aufs Papier zu bringen. Da ist man einfach total unsouverän. Aber nachher, wenn man es liest und überarbeitet, dann läßt es sich nicht vermeiden, daß gewisse zeitgenössische Eingebautheiten in einem sich wie Kontrollinstanzen zu Wort melden wollen und da bin ich allerdings sehr schlecht. Da bin ich ungeleitet und verleitbar. Also wenn ich Sachen in Büchern drinhab', die ich wieder herausmachen möchte, dann sind es meistens solche Sachen, die beim Überarbeiten hineingekommen sind. Die haben aber nicht damit zu tun, daß man sich einen Zeitgenossen vorstellt. Man kennt niemanden. Man hat das Schreiben ja selber nicht in dieser Weise in der Hand, daß man für einen anderen oder sich einen anderen vorstellend, dem zuliebe oder den anvisierend oder dem zum Verständnis schreiben könnte. Das nicht. Aber als Zeitgenosse, als gedrillter, dressierter, so und so verformter Zeitgenosse ist man allen möglichen Druckempfindungen ausgesetzt. Verstehen Sie, es ist so ein Slalomlauf zwischen nicht gesteckten Stangen, aber verletzen kann man sich trotzdem.

ISOLDE TEBA: Herr Walser, in Ihrem Interview in Berkeley 1983 mit Anton Kaes sagten Sie, Sie würden — ich glaube, Sie sagten, den »Geschlechtsäquator« überspringen, um sich demnächst als Frau darzustellen ...

MARTIN WALSER: Welchen würde ich, was würde ich benützen?

ISOLDE TEBA: Den »Geschlechtsäquatorsprung«. Ich glaube, das war Ihr Wort.

MARTIN WALSER: Den Geschlechtsäquatorsprung. Da haben Sie Kalifornien! Das war bei einem ganz anderen Wetter. Oder war es Anton Kaes? Ich weiß es nicht. Aber ich ahne schon, was da — er hat vielleicht gefragt, ob ich soweit gehen würde, auch einmal eine Frau als Hauptfigur ... Ja, das habe ich auch vor, ja. Allerdings nicht in einem enormen Ausmaß.

ASTA HELLER: Wir haben Ihre Video-Aufzeichnungen gesehen und da haben Sie doch mitgewirkt. Jedenfalls war Ihr Name dabei. Ich fand von dem, was ich gehört hatte über diese Erzählung, daß der Film ganz anders gelungen ist.

MARTIN WALSER: *Ein fliehendes Pferd?*

ASTA HELLER: Ja. Viele Sachen, von denen ich dachte, daß sie sehr wichtig seien, kamen gar nicht raus. Und auch die Typen, besonders die Frauen, dachte ich, waren eigentlich nicht so, wie Sie sie in der Erzählung dargestellt hatten.

MARTIN WALSER: Das kann man eigentlich auch nicht erwarten, denn Sie haben als Leserin Ihr Buch geschrieben, nicht wahr. Das ist fest. Das ist mindestens ein Film, was da im Kopf sich bildet. Da haben Sie das alles besetzt. Sie sehen die Leute, Sie sehen die Landschaft, das Licht und alles. Und jetzt kommt ein anderer und macht es auch noch direkt sichtbar.

Ich kann mir nicht vorstellen, daß ein gelesenes Buch und ein solches zu sehendes Buch, daß das je miteinander sehr viel zu tun haben könnte. Ich habe mich diesen Sachen gegenüber zurückgezogen auf die Formulierung, daß ein Buch einfach ein Steinbruch zu sein hat für einen Regisseur und der nimmt sich das, was er davon brauchen kann und dann baut er da *sein* Buch zusammen.

SABINE CRAMER: Sie sagen, daß jeder Leser sich seinen eigenen Roman schreibt. Wenn Sie selber Ihre eigenen Werke vorlesen, sind Sie dann ein anderer Schriftsteller als wenn Sie den Roman geschrieben haben?

MARTIN WALSER: Ja, das glaube ich schon. Natürlich, normalerweise liest man nicht aus einem so weit zurückliegenden Buch. Also in Deutschland könnte ich nicht aus dem *Fliehenden Pferd* vorlesen. Da wir nun einmal diese Form der Kommunikation, die Autorenlesung haben, ist das auch dann so geworden, wenigstens bei mir, daß immer der zuletzt geschriebene Text mein Text ist. Den probier ich dann aus. Die Situation: allein am Schreibtisch, über viele Monate, das hat auch, glaube ich, eine asozialisierende Kraft. Und die muß man, finde ich, versuchsweise aufheben, indem man mit diesem Text, der unter solchen Bedingungen geschrieben ist, nachher vor Leute geht und ihn vorliest. Und dann ist man allerdings jemand ganz anderer. Bei mir geht das so weit, daß manche Leute sich da ein bißchen betrogen vorkommen, weil sie sagen, das ist ja etwas ganz anderes als in dem Buch steht, was Sie da lesen. Ich streiche das zusammen, bis ich eine Art Vortragsstück habe und kein Romankapitel mehr, verstehen Sie. Das ist etwas ganz anderes.

MARIANNE KOCH: Wie erklärst Du Dir die Tatsache, daß unter all diesen Referaten hier, sich niemand mit den Frauenfiguren in Deinen Büchern auseinandergesetzt hat?

MARTIN WALSER: Weil Du kein Referat gehalten hast. — Nein, aber das verstehe ich sehr gut. Das ist ganz und gar meine Schuld. Meine Frauenfiguren laden einfach nicht dazu ein, über sie zu referieren. Das liegt daran, glaube ich — über das, was ich jetzt sagen soll, habe ich gestern nacht oder vorgestern nacht nachgedacht, nicht unter diesem Titel, aber dasselbe vielleicht empfindend — das hat man mir auch öfter schon gesagt: Menschen, die auftreten, ich meine jetzt nicht nur so oder auf der Bühne, sondern wenn man abends um einen Tisch herumsitzt, das ist doch so, daß dann oft sogenannte Männer das Wort führen. Und auch unter den Männern noch eine Selektion natürlich. Und damit hat es, glaube ich, zu tun. Einmal hat jemand zu mir gesagt: Im *Fliehenden Pferd*, die Frauen, die haben doch zu wenig zu sagen. Also habe ich gesagt, ja, aber ich stamme eben aus einer Welt und Zeit und vielleicht sogar bloß Gegend, in der findet alles vor den Frauen und ihnen zuliebe statt, auch wenn sie nicht das Wort führen. Das ist eine sehr traditionelle Einteilung, das weiß ich schon, eine sehr altmodische, aber aus dieser Einteilung komme ich. Dabei wäre es, könnte man sagen, vielleicht meine Aufgabe, diese Wichtigkeit zum Ausdruck zu bringen. Diese wortlose oder wortärmere oder Wörter sparende, wichtige Gegenwart. Und ich denke, das sei zum Ausdruck gebracht, aber Frauen empfinden es manchmal anders.

Allerdings, der Verlag hat sogar einen Satz beim *Fliehenden Pferd*, einen Werbesatz aus einer Zeitung: das sei das Frauenbuch der siebziger Jahre. Steht da drin, hat eine Frau geschrieben. Also das meine ich nicht. Aber ich glaube, das kommt daher, daß man das Schweigen nicht so gut ausarbeiten kann wie das, was in Wörter schon umgesetzt ist. Das ist nicht der Beitrag, der einem auffällt. Auffallen tut einem eben das Gegenteil, die wörtliche Rede und der Auftritt, und nicht das andere.

ASTA HELLER: Ich glaube, diese Männer hätten weniger Probleme, wenn die Frauen mehr zu sagen hätten.

MARTIN WALSER: Ja, das kann schon sein, daß sich das Problem dadurch bildet, daß man es formuliert.

RENATE VORIS: Moment mal, dies hier sind eigentlich Fragen, auf die ich schon sehr lange warte und ich glaube, es ist im Grunde genommen doch ein bißchen komplizierter. Wenn Sie sagen, Sie reden immer vom Leser, Leser, Leser, dann könnte ich sagen, was ist das überhaupt für ein Leser? Sie operieren einerseits mit einem mimetischen Sprachkonzept und andererseits insistieren Sie darauf, daß das Schreiben intransitiv sei, Sie sich also doch nicht an jemanden direkt richten. Dann könnte ich das in Verbindung bringen mit diesen Fragestellungen. Ich möchte zwei Sachen dazu sagen. Erstens würde ich sagen, ein Grund, warum ich als Frau — oder als Mann, es gibt das Interessengebiet ja auch bei Männern — mich mit Ihren Texten nicht auseinandersetzen kann von der Perspektive her, wie Ihre Frauengestalten dort erscheinen, ist, weil Sie mir sozusagen den Boden unter den Füßen wegziehen und mir die Perspektive mitliefern. Und da kann ich also rangehen und sagen, diese Männer, wie Sie eben sagen, produzieren sich vor diesen Frauen usw., und ich kann das dann also auch so darstellen. Andererseits könnte ich sagen, wenn das so ist, daß Geschwätzigkeit Ausdruck eines Mangels ist, dann müßte man diese Geschwätzigkeit, oder was immer das Symptom ist eines Mangels, auch den Frauen zugestehen können. Eine Frau in Ihren Texten, die wenig sagt und als positiv gewertet wird, bestätigt meines Erachtens immer nur wieder das, was sowieso existiert. So daß eine geschwätzige Frau — das ist ja auch ein Klischee, aber doch auf eine andere Weise, als Sie es Ihren Helden zugestehen, deren Nöte Sie ja in gewisser Weise privilegieren — die Frau also dabei verhältnismäßig verdrängt wird. Die Nöte der Frau erscheinen als sekundär.

MARTIN WALSER: Jetzt haben wir uns durch meine Schuld an dieser *Pferd*-Geschichte festgemacht. Das ist ein hauptsächlich dialogisches Buch, weil es die unwillkürliche Auseinandersetzung zwischen zwei Lebensarten zum Gegenstand hat. Es gibt natürlich auch andere Bücher, wo das Existieren innerhalb des Buches nicht so sehr auf wörtliche Rede angewiesen ist.

HEIKE DOANE: Vielleicht ist dieser Sprung über den Geschlechtsäquator, den wir besprochen haben, doch schon gelungen bis zu einem gewissen Grade. So viele Frauen fühlen sich zu diesen Typen hingezogen, nicht weil sie so anders sind und so männlich, oder weil überhaupt dieser Unterschied zwischen Mann und Frau so klaffend wäre, sondern weil wir uns einfach mit diesem Xaver in gewisser Weise identisch erklären. Das hat damit nichts zu tun, daß er ein Mann ist.

MARTIN WALSER: Ein Mensch ist ein Mensch, Marianne, das war von Dir jetzt ein Rückfall in die . . .

MARIANNE KOCH: In den Geschlechterkampf.

MARTIN WALSER: In die Teilungsideologie.

SIEGFRIED MEWS: Darf ich nun eine etwas globale Frage stellen. Sie wurde mehrmals angetippt, angesprochen am Anfang. Vielleicht ist es unfair, diese Frage überhaupt zu stellen oder vielleicht weigern Sie sich auch, sie zu beantworten, aber es scheint mir doch, daß das irgendwie zum Ausdruck kommen sollte, und zwar: Wie bestimmen Sie Ihren Standort etwa in der gegenwärtigen Literaturszene in der Bundesrepublik? Darf man so eine Frage stellen?

MARTIN WALSER: Wenn Sie in Kauf nehmen, daß ich sie nicht beantworten kann. Ich weiß nicht, wer ich sein müßte, um diese Frage zu beantworten. Da kommt sicher mal einer durch, den Sie da fruchtbarer fragen können. Es muß mal ein Kritiker her!

RALF NICOLAI: Ich habe eine Frage, die fällt etwas aus dem Rahmen. Sie erwähnten vorhin in einer Nebenbemerkung, Sie hätten gehört, daß die französische Übersetzung Ihrer Bücher vielleicht nicht sehr gut oder sehr glücklich wäre. Da Sie sich in der beneidenswerten Situation befinden, noch am Leben zu sein, während Sie übersetzt werden, werden Sie manchmal konsultiert oder weisen Sie vielleicht bereits auf bestimmte Schlüsselstellen hin, wo vielleicht — ich möchte jetzt nur ein willkürliches Beispiel geben: Es gibt ja Fälle, wo vielleicht irgendwelche literarischen Anspielungen erfolgen und die können sehr leicht mißverstanden werden, wenn der Übersetzer die entsprechenden Stellen nicht kennt. Gibt es da ein persönliches Konsultierungsverhältnis?

MARTIN WALSER: Frau Vennewitz und ich befinden uns, glaube ich, — so sieht es von mir aus aus — in einem mühelosen Kontakt. Oder nicht? Ich glaube schon. Ich erpresse Sie jetzt zum Nicken, aber auf jeden Fall: Lebendigkeit zwischen diesen beiden Autoren in zwei Sprachen merkt man wirklich daran, wenn der Übersetzer — ich habe das einmal auch mit dem Tennisspiel verglichen, man hat einen Ball, aber der Autor gibt an, der Übersetzer schlägt zurück —, wenn also der Übersetzer überhaupt dem Autor gegenüber reagiert. Aus Frankreich hat mich — seit 1958 werde ich ins Französische übersetzt — bis zum letzten Jahr noch nie eine Frage erreicht. Das heißt, dort war immer alles klar. Und das *kann* nicht sein. Während wir einen schönen Kontakt haben.

JAMES FINUCANE: Können Sie uns vielleicht ein bißchen hinter die Kulissen nehmen? Wie geht Ihr Tageslauf vor sich? Müssen Sie sich in Ihrem Zimmer von Ihrer Familie abriegeln? Wieviele Stunden arbeiten Sie, wieviele Seiten schreiben Sie pro Tag?

MARTIN WALSER: Wenn es recht hergeht, fange ich acht Stunden, nachdem ich ins Bett gegangen bin, an zu arbeiten. Das ist also dann ungefähr um neun Uhr oder um halb neun. Dann arbeite ich bis ein Uhr, halb zwei. Dann wird gegessen. Aber abgeriegelt muß nicht werden. Dann esse ich, wie andere Leute auch, und dann trinke ich Tee, rauche ein bißchen, und dann gehe ich wieder an die Arbeit bis um sieben. Dann wird wieder gegessen und wieder geredet und wieder geraucht, und dann kommt etwas Alkohol abends. Na ja, und dann ist es schon wieder nachts, zwölf, eins.

Zwischenruf: Treiben Sie auch Sport?

MARTIN WALSER: Sport, doch, natürlich. Entschuldigung. Jeden Morgen. Ich brauche das, ich habe einen sehr schlechten Blutdruck. Aber Sport, was heißt Sport? Ich habe selber eine mich schonende Art von Gymnastik entwickelt, die exekutiere ich jeden Morgen. Die gewährt mir einen Blutdruck, der reicht bis mittags um zwei, bis der Tee kommt. Und dann den Nachmittag mach ich nicht mit Gymnastik, sondern mit Tee. Und den Abend mach ich weder mit Gymnastik noch mit Tee, sondern mit Wein. Gymnastik, Tee, Wein — das ist mein ganzer Aufbau.

Contributors

ROBERT ACKER received his Ph.D. from the University of Texas at Austin and is currently an Associate Professor of German at the University of Montana. He is the editor of *Selecta: Journal of the PNCFL*, and has published several articles on twentieth-century German literature. He has just finished coediting a book on contemporary Swiss-German literature and is working on a history of the German film.

THOMAS BECKERMANN, born in Neisse in 1940, wrote his dissertation about Martin Walser. He was a reader for contemporary German literature at the Suhrkamp Verlag in Frankfurt (1969-74), a visiting professor at Tokyo University (1975-77), and has since then been a reader for contemporary German literature at the S. Fischer Verlag in Frankfurt. In 1980 he became the editor of the periodical *Neue Rundschau* and a lecturer on publishing at the Johann Wolfgang Goethe University in Frankfurt. Thomas Beckermann has edited books about Hubert Fichte, Max Frisch, and Martin Walser and published numerous essays about contemporary German literature.

PETER BUKOWSKI received his M.A. in Slavic Studies from the University at Hamburg and taught German as a second language. Currently without affiliation. He is the editor of two volumes in honor of Vladimir Vladimirovič Majakowskij and one about Tolstoy. His main field of research is the reception of West German literature in the Soviet Union.

JONATHAN P. CLARK, a graduate of the University of Washington and the University of California at Berkeley, is an Assistant Professor at Rutgers University. His dissertation deals with the politics of the personal in the works of Quirinus Kuhlmann and he has written articles on Gryphius's *Cardenio und Celinde* and Pietism. In addition to his area of specialization he takes interest in Enlightenment aesthetics and postwar German culture, especially literature and film of the seventies.

HEIKE A. DOANE, formerly a Professor of German at the University of Vermont, last held a visiting professorship at the University of North Carolina at Chapel Hill. She is currently without affiliation. With her book *Gesellschaftspolitische Aspekte in Martin Walsers Kristlein-Trilogie* (1978), a number of articles, and several studies about Martin Walser in progress, Heike Doane is one of the most prolific Walser scholars in the United States.

GERALD A. FETZ received his Ph.D. from the University of Oregon and is Professor of German at the University of Montana and a member of the Executive Council of the American Association of Teachers of German. He has published previously on Martin Walser, Thomas Bernhard, the German History Play, and other topics in twentieth-century German literature. At present he is completing work on a book on the modern German history play.

BERND FISCHER received his Ph.D. from the University at Siegen, Germany, and is an Assistant Professor of German at Ohio State University. His publications include a book on Achim von Arnim and Heinrich von Kleist and articles on Arnim, Kleist, Charles Sealsfield, B. Traven, and East German writer Christoph Hein.

HENRY GLADE is Professor of German and Russian and chaired the Department of Modern Languages of Manchester College, Indiana. Currently he holds a teaching position at the Slavic Institute of the University of Köln. In 1980 he coedited a book on the reception of Heinrich Böll in the Soviet Union and he has published numerous articles in essay collections, yearbooks, and journals about the reception of East and West German authors in the Soviet Union. An anthology of contemporary German literature in Soviet criticism is forthcoming.

PETER HAMM, born in 1937, is a literary critic and has been a broadcasting editor for cultural affairs with the Bavarian Broadcasting Service (Bayerischer Rundfunk) in Munich since 1964. His reviews on literature and music appear frequently in *Die Zeit* and *Der Spiegel*. Peter Hamm has produced TV features on Heinrich Böll, Ingeborg Bachmann, Robert Walser, Hanns Eisler, Hans Werner Henze, and Alfred Brendel. He edited several volumes of modern poetry (e.g., *Aussichten — Junge Lyriker des deutschen Sprachraums*, 1966) and one on literary criticism (*Kritik/von wem/für wen/wie*, 1968). Other publications include *Robert Walser: Leben und Werk im Bild* (1980), *Der Balken* (1982), *Welches Tier gehört zu dir?* (1984), and *Die verschwindende Welt* (1985).

DONNA L. HOFFMEISTER received her Ph.D. from Brown University in 1979 and is currently Assistant Professor of German at the University of Pittsburgh. During 1983-84 she was a Humboldt Research Fellow and also taught at the University of Augsburg, Germany. She has published a sociolinguistic study of the plays of Marieluise Fleißer and Franz Xaver Kroetz and is particularly interested in literature and everyday life from a sociological perspective.

STEVEN D. MARTINSON is an Assistant Professor at UCLA. His dissertation on the poetics and aesthetics of the early German Enlightenment was published in 1977. In 1984, he edited a Reclam edition of Johann Elias Schlegel's *Vergleichung Shakespears und Andreas Gryphs*. He has published articles on Lessing, Schiller, Georg Lukács, Günter Eich, among others. His recent book, *Between Luther and Münzer: The Peasant Revolt in German Drama and Thought*, appeared as vol. 24 of the *Frankfurter Beiträge zur Germanistik* with Carl Winter in Heidelberg.

THOMAS NOLDEN studied German literature and philosophy at the universities of Köln, Hamburg, Tübingen, and UMass/Amherst and is currently pursuing his Ph.D. degree in German literature at Yale University. He regularly contributes to the literature sections of various German newspapers and journals.

THOMAS ROTHSCHILD studied Slavic and German literature in Vienna, Moscow, and Prague. After receiving his Ph.D. from the University at Vienna in 1968, he first taught linguistics (1968–71) and has since then been teaching literature at the University of Stuttgart. His major research and publication field is twentieth-century literature and includes such diverse topics as political poetry, song writers, and the media.

JÜRGEN E. SCHLUNK received his Ph.D. in American drama from Philipps-University at Marburg and is an Associate Professor of German at West Virginia University. His main research areas are the German classical period and twentieth-century literature. He has published articles on Schiller, Peter Weiss, German theatre, and the New German Cinema. He organized the *International Martin Walser Symposium* in 1985.

JOACHIM J. SCHOLZ received his Ph.D. from the University of Chicago and has since taught in Munich (Hochschule für Philosophie, 1977–78), at Tulane University in New Orleans (as an Andrew Mellon Fellow, 1979–80), and is presently an Assistant Professor of German at Washington College in Chestertown, Maryland.

ARMAND E. SINGER, Ph.D., Duke University, 1944, Emeritus Professor of Romance Languages, has edited the *West Virginia University Philological Papers* for over thirty-five years, a volume of studies on George Sand, another on mountaineering literature, and coedited a two-volume anthology of selections from the humanities. He compiled two bibliographies on the Don Juan theme, and is presently finishing an updated version of these and their several supplements. Dr. Singer has done a book on Paul Bourget and numerous articles and reviews on matters of literature, pedagogy, philately, and travel.

SIEGFRIED UNSELD, born in 1924, studied German literature, philosophy, library science, and sinology at the University of Tübingen and received his doctorate in 1951 with a dissertation on Hermann Hesse. In the following year he began working for Suhrkamp Verlag in Frankfurt, whose president he became in

1959. Since 1963 he holds the same position with Insel Verlag. Siegfried Unseld paid his first visit to the United States in 1955 as a participant of Henry Kissinger's "International Summer Seminar" at Harvard University—as did Martin Walser three years later. In 1967 he was a visiting professor in Austin, Texas, and he has lectured widely at American universities. He is a member of the German and the International PEN Club and received numerous national and international awards; he was awarded the doctorate honoris causa by Washington University, St. Louis, in 1980 and by the Johann Wolfgang Goethe-University, Frankfurt, in 1985. His many publications include two books on Hermann Hesse and several volumes about publishers and publishing.

LEILA VENNEWITZ was born in England and has been a resident of Vancouver, Canada, for thirty-seven years. She was educated in England and later attended the Sorbonne in Paris, where she began studying German. Before coming to Canada she spent twelve years in China, where she studied Chinese and Italian. For the past twenty-five years she has been at work on the translation into English of contemporary German literature. The publication in 1965 of *The Clown* by Heinrich Böll marked the beginning of the long series of translations of Böll's works on which she remained engaged even after his death. Her translations of Martin Walser include *Runaway Horse, The Swan Villa, The Inner Man (Seelenarbeit), Letter to Lord Liszt,* and *Breakers.* Among other German authors whose works she has translated are Jurek Becker, Nicolas Born, Franz Fühmann, Fritz Rudolf Fries, Walter Kempowski, Alexander Kluge, and Uwe Johnson. In 1968 the Society of Authors in London awarded her the Schlegel-Tieck Prize for *End of a Mission,* her translation of Böll's *Ende einer Dienstfahrt*; and in 1979 she received the American PEN award for *And Never Said a Word,* her translation of Böll's *Und sagte kein einziges Wort.*

MARTIN WALSER, born in 1924 in Wassserburg at Lake Constance, studied literature, history, and philosophy at Regensburg and Tübingen and received his doctorate with a dissertation on Franz Kafka (*Beschreibung einer Form,* 1951). From 1949-1957 he was affiliated with the South German Broadcasting and Television Network (Süddeutscher Rundfunk) and reported about political events and cultural affairs. During those years Walser traveled to Italy, France, Czechoslovakia, and Poland. In 1958 he first visited the United States as a participant in Henry Kissinger's "International Seminar" at Harvard University and he has returned several times since to teach at American colleges and universities (Middlebury College, Vermont, and University of Texas, Austin, 1973; West Virginia University, Morgantown, 1976; Dartmouth College, New Hampshire, 1979; University of California, Berkeley, 1983). In addition to twelve novels, ten plays, numerous short stories, and various collections of speeches, lectures, and literary essays, Walser has written radio plays and film scripts. He has received some of the most distinguished German literary awards for his works and is today considered to be one of West Germany's foremost writers.

WOLFGANG WITTKOWSKI received his Ph.D. at the University of Frankfurt in 1954. He is Professor of German at SUNY/Albany and his publications include books about Hebbel, Büchner, and Kleist. He edited Schiller's *Maria Stuart* and *Demetrius* and published many articles about the classical period, the romantic period, and nineteenth- and twentieth-century authors. Wolfgang Wittkowski has organized a series of symposiums at Albany about today's reception of *Goethezeit* literature, and has published the proceedings with Niemeyer Verlag: *Friedrich Schiller,* 1982, *Goethe im Kontext,* 1984, *Verlorene Klassik?* 1986.